Schadensersatz- und Entschädigungsansprüche
des Investors gegen die Gemeinde
bei Änderung der Bauleitplanung

Europäische Hochschulschriften

Publications Universitaires Européennes
European University Studies

Reihe II
Rechtswissenschaft

Série II Series II
Droit
Law

Bd./Vol. 2838

PETER LANG
Frankfurt am Main · Berlin · Bern · Bruxelles · New York · Wien

Maike Tjarda Müller

Schadensersatz- und Entschädigungsansprüche des Investors gegen die Gemeinde bei Änderung der Bauleitplanung

unter besonderer Berücksichtigung des Vorhaben- und Erschließungsplans nach § 12 BauGB (ehemals § 7 BauGB-MaßnG)

PETER LANG
Europäischer Verlag der Wissenschaften

Die Deutsche Bibliothek - CIP-Einheitsaufnahme

Müller, Maike Tjarda:

Schadensersatz- und Entschädigungsansprüche des Investors gegen die Gemeinde bei Änderung der Bauleitplanung : unter besonderer Berücksichtigung des Vorhaben- und Erschließungsplans nach § 12 BauGB (ehemals § 7 BauGB-MaßnG) / Maike Tjarda Müller. - Frankfurt am Main ; Berlin ; Bern ; Bruxelles ; New York ; Wien : Lang, 2000
(Europäische Hochschulschriften : Reihe 2, Rechtswissenschaft ; Bd. 2838)
Zugl.: Mannheim, Univ., Diss., 1999
ISBN 3-631-35917-9

D 18
ISSN 0531-7312
ISBN 3-631-35917-9

Vorwort

An dieser Stelle möchte ich meinem Doktorvater Herrn Prof. Dr. Wolf-Rüdiger Schenke für die Anregung des Themas, die Begleitung der Arbeit sowie für die zügige Erstkorrektur danken. Herrn Prof. Dr. Eibe Riedel danke ich für die ebenfalls zügige Zweitkorrektur.

Darüber hinaus gilt mein Dank der ebs Immobilienakademie in Oestrich-Winkel sowie der G.I.F. (Gesellschaft für Immobilienwirtschaftliche Forschung), stellvertretend hiefür Herrn Prof. Dr. Karl-Werner Schulte sowie Herrn Karl Dieter Kloth, für die finanzielle Unterstützung dieser Arbeit.

Abschließend danke ich ganz besonders meinen Eltern und meinen Freunden für deren Betreuung.

Ich widme diese Arbeit meinen Großeltern Maya und Arthur Fuhrmann, die dieser Tag mit großer Freude erfüllt hätte.

Mannheim im November 1999

Maike Tjarda Müller

Abkürzungsverzeichnis

AG	Aktiengesellschaft
AGBGB	Ausführungsgesetz zum Bürgerlichen Gesetzbuch
AfK	Archiv für Kommunalwissenschaften
AgrarR	Argrarrecht
ALR	Allgemeines Landrecht für die preußischen Staaten
AöR	Archiv des öffentlichen Rechts
Art.	Artikel
BauGB	Baugesetzbuch
BauGB-MaßnG	Baugesetzbuch-Maßnahmengesetz
BauNVO	Baunutzungsverordnung
BauR	Baurecht
BayBGm.	Der bayrische Bürgermeister
BayVBl.	Bayrisches Verwaltungsblatt
BB	Betriebsberater
BBauG	Bundesbaugesetz
BGB	Bürgerliches Gesetzbuch
BGBl.	Bundesgesetzblatt
BGH	Bundesgerichtshof
BGHZ	Entscheidungen des Bundesgerichtshofes in Zivilsachen
BNatschG	Bundesnaturschutzgesetz
BSG	Bundessozialgericht
BSGE	Entscheidungen des Bundessozialgerichts
BuG	Bauamt und Gemeindebau

BVerfG	Bundesverfassungsgericht
BVerfGE	Entscheidungen des Bundesverfassungsgerichts
BVerfGG	Bundesverfassungsgerichtsgesetz
BVerwG	Bundesverwaltungsgericht
BVerwGE	Entscheidungen des Bundesverwaltungsgerichts
c.i.c.	culpa in contrahendo
DÖV	Die öffentliche Verwaltung
DJZ	Deutsche Juristenzeitung
DR	Deutsches Recht
DVBl.	Deutsches Verwaltungsblatt
FS	Festschrift
GFZ	Geschossflächenzahl
GG	Grundgesetz
GmbH	Gesellschaft mit beschränkter Haftung
GRZ	Grundflächenzahl
HS	Halbsatz
JA	Juristische Arbeitsblätter
JR	Juristische Rundschau
Jura	Jura
JuS	Juristische Schulung
JZ	Juristenzeitung
KStZ	Kommunale Steuer-Zeitschrift
LKV	Landes- und Kommunalverwaltung
NJW	Neue Juristische Wochenzeitung

NJW - RR	Neue Juristische Wochenzeitung - Rechtsprechungsreport
NuR	Natur und Recht
NVwZ	Neue Zeitschrift für Verwaltungsrecht
NVwZ - RR	Neue Zeitschrift für Verwaltungsrecht - Rechtsprechungsreport
OLG	Oberlandesgericht
PlanzVO	Planzeichenverordnung
p. V. V.	Positive Vertragsverletzung
RG	Reichsgericht
RGZ	Reichsgerichtszeitung
Rspr.	Rechtsprechung
UPR	Umwelt- und Planungsrecht
UVPG	Gesetz über die Umweltverträglichkeitsprüfung vom 12.2.1990 (BGBl. I, S.205)
VBlBW	Verwaltungsblätter Baden-Württemberg
VerwArch	Verwaltungsarchiv
VVDStRL	Veröffentlichungen der Vereinigung der Deutschen Staatsrechtslehrer
VWGO	Verwaltungsgerichtsordnung
VwVfG	Verwaltungsverfahrensgesetz
WiVerw	Wirtschaft und Verwaltung
WM	Wertpapier Mitteilungen
WRV	Weimarer Reichsverfassung
ZfBR	Zeitschrift für Baurecht
ZPO	Zivilprozeßordnung

Inhaltsverzeichnis

Einleitung

Die Schaffung von Baugebieten durch öffentlich-rechtliche Kooperationsverträge[1] ist mittlerweile nicht mehr ungewöhnlich. Kooperationsverträge, für die sich auch die Bezeichnung „Public Private Partnership[2]" eingebürgert hat, werden zwischen einem privaten und einem öffentlichen Partner geschlossen. Der Private ist hierbei entweder eine natürliche oder aber eine juristische Person. Der öffentliche Partner ist regelmäßig eine Kommune bzw. ein kommunaler Eigenbetrieb oder aber eine öffentlich-beherrschte Gesellschaft des Privatrechts, wie z. B. ein kommunaler Versorgungsträger in der Rechtsform der GmbH oder der AG.

Der Vorhaben- und Erschließungsplan, der sich immer größerer Beliebtheit erfreut, stellt eine Möglichkeit dar, wie die Gemeinde in enger Zusammenarbeit mit dem Bauträger Bauland erschaffen kann. Der Vorteil, der sich für die Gemeinde aus einer engen Zusammenarbeit mit dem Investor ergibt, besteht zum einen darin, daß der Bauträger sein „Know how" in das Projekt mit einbringt, da das Planungspotential einer durchschnittlichen Gemeinde oft nicht ausreicht, die organisatorischen, technischen und rechtlichen Probleme zu lösen, die sich bei der Aufstellung von Bauleitplänen für größere Gebiete ergeben[3]. Zum anderen besteht die Möglichkeit, daß der Bauträger sich vertraglich zur Übernahme der Kosten für Schulen, Kindergärten, Sportanlagen u.s.w.[4], den sog. Folgekosten verpflichtet sowie zur Übernahme der ganzen oder teilweisen Erschließungskosten.

Die Besonderheit bei einem Vorhaben- und Erschließungsplan ist, daß der Investor, der an der Bebauung eines bestimmten Gebietes interessiert ist, mit dem Vorhaben an die Gemeinde herantritt. Hierbei verfolgt er das Ziel, daß er und die Gemeinde einen sogenannten Durchführungsvertrag schließen und diese dann einen vorhabenbezogenen Bebauungsplan, der das Vorhaben realisierbar macht, erläßt. Zwischen diesem Zeitpunkt, wenn der Bauträger auf die Gemeinde zugeht und dem Satzungsbeschluß, trifft der Investor erhebliche finanzielle Dispositionen. Zu den Planungsaufwendungen, die er tätigt, wie Beraterhonorare, Bodenun-

---

1 Hier sind neben dem Vorhaben- und Erschließungsplan nach § 12 BauGB, exemplarisch vor allem der Erschließungsvertrag nach § 124 BauGB und die sonstigen städtebaulichen Verträge nach § 11 BauGB zu nennen.

2 *Public Private Partnership* ist ein dem individuellen Projekt angemessenes verabredetes Verfahren, wie die notwendige Aufgaben- und Risikoverteilung in gegenseitigem Vertrauen und gegenseitiger Hilfestellung möglichst zielführend und reibungsfrei organisiert werden kann. (*Schriever*, in: Handbuch Immobilien-Projektentwicklung, S. 378).

3 Vgl. *Degenhart*, BayVBl. 1979, S. 289.

4 Siehe auch weitere Beispiele bei *Asam*, BayVBl. 1967, S. 186; *Bouska*, BayBgm 1969, S. 85 (86); *Ernst*, in: Ernst/Zinkahn/Bielenberg, § 127 Rdnr. 26; *Heitzer/Oestricher*, Kommentar zum BBauG, vor § 123 Anm III A 2 d; *Scholz*, Öffentliches Baurecht, S. 17; *Stettner*, AöR 102 (1977), S. 544 (549); *v. Mutius*, VerwArch 65 (1974), S. 201 (202); *Zuck*, Recht des Bebauungsplans, S. 74.

tersuchungen, Kosten für Architekten und Statiker[5] u. s. w. sowie den Personalkosten, kommen Vorausleistungen aus Folgelasten und Erschließungskosten[6]. Nicht zu vergessen sind die Kosten, die eventuell für den Grundstückserwerb aufgewendet wurden[7]. Ändert die Gemeinde ihre Planungsabsichten, indem sie z. B. die Bauleitplanung ändert, ist der Schaden oft sehr hoch.

Nach den allgemeinen Erläuterungen über das Planungsinstrument „Vorhaben- und Erschließungsplan“ im ersten Teil dieser Arbeit, ist die Prüfung der Ansprüche des Vorhabenträgers gegen die Gemeinde, wenn diese - unabhängig vom Planungsstadium - ihre ursprünglichen Planvorstellungen in einer für den Vertragspartner ungünstigen Weise abändert, Problemschwerpunkt des zweiten Teils. Dies ist der Fall, wenn die Gemeinde ihre begonnene Bauleitplanung abbricht und es somit nicht zum Erlaß eines vorhabenbezogenen Bebauungsplans kommt[8]. Auch besteht die Möglichkeit, daß die Gemeinde ihre Bauleitplanung ändert, indem sie den vorhabenbezogenen Bebauungsplan ergänzt, ändert oder aufhebt bzw. bei Projekten vor der Baurechtsnovelle, also vor dem 1.1.1998 (nachfolgend stets „Altfälle“ genannt) - bei denen statt des vorhabenbezogenen Bebauungsplans eine „Satzung über den Vorhaben- und Erschließungsplan“ erlassen wurde - diese ändert oder ergänzt, bzw. nach Erlaß dieser Satzung einen Bebauungsplan aufstellt, der die Vorhaben- und Erschließungsplansatzung außer Kraft setzt. Der „neue“ Bebauungsplan sieht möglicherweise andere Festsetzungen, wie beispielsweise der Art und des Maßes[9] der baulichen Nutzung vor. Die im Vertrauen auf den Bestand des vorhabenbezogenen Bebauungsplans bzw. der Vorhaben- und Erschließungsplansatzung getätigten Aufwendungen, verlieren dann an Wert. Die für solche Fälle gedachte Entschädigungsregelung des § 39 BauGB war für ein Vorhaben aufgrund von § 7 BauGB-MaßnG vor der Übernahme des Vorhaben- und Erschließungsplans in das Baugesetzbuch vom Wortlaut her nicht anwendbar und ist - wie es sich zeigen wird - auch weiterhin auf diese „Altfälle“ nicht unmittelbar anwendbar. Wurde noch keine Baugenehmigung erlassen, so hat der Vorhabenträger auch noch keine planungsrechtlich gesicherte Position.

---

5 Siehe hierzu den Sachverhalt der Entscheidung BayObLGZ 1976, S. 47 (49) = BayVBl, S. 976, S. 378; *Degenhart*, BayVBl. 1979, S. 289 (290); *Luhmann*, BayVBl. 1974, S. 456; *Zuck*, Recht des Bebauungsplans, S. 88.

6 Siehe den Sachverhalt der Entscheidung *BGHZ* 71, S. 386 (387) = NJW 1978, S. 1802 = DVBl.1978, S. 798; *Degenhart*, BayVBl. 1979, S. 289 (290); *Luhmann*, BayVBl. 1974, S. 456.

7 Siehe den Sachverhalt der Entscheidung *BGHZ* 76, S. 16 (17) und (19) = NJW 1980, S. 826 = DVBl.1980, S. 679 und *BGHZ* 71, S. 386 (387) = NJW 1978, S. 1802 = DVBl. 1978, S. 798; *Degenhart*, BayVBl. 1979, S. 289 (290); *Luhmann*, BayVBl. 1974, S. 456; *Zuck*, Recht des Bebauungsplans, S. 88.

8 Siehe hierzu den Sachverhalt in BayObLGZ 1976, S. 47 (49) = BayVBl. 1976, S. 378; *Luhmann*, BayVBl.1974, S. 456; *Zuck*, Recht des Bebauungsplans, S. 89.

9 Siehe den Sachverhalt in der Entscheidung *BGHZ* 71, S. 386 (388) = NJW 1978, S. 1802 = DVBl. 1978, S. 798; *Luhmann*, BayVBl.1974, S. 456; *Zuck*, Recht des Bebauungsplans, S. 89.

Gründe für die Änderung der Planungsabsichten gibt es viele[10]. Zum einen kann diese aufgrund von Anregungen und Bedenken der Träger öffentlicher und privater Anlieger[11], z. B. aufgrund der Einflußnahme von Bürgerinitativen[12] erfolgen oder aber wegen einer Verschlechterung der finanziellen Lage der Gemeinde[13]. Denkbar ist auch eine Änderung wegen der Verringerung des Bedarfs an neuem Wohnraum[14]. Nicht selten ist die Änderung durch die Versagung der Genehmigung seitens der Aufsichtsbehörde[15] oder durch einen Mehrheitswechsel in den politischen Entscheidungsgremien der Gemeinde[16] bedingt.

Nach der Darstellung der möglichen Ansprüche des Investors gegen die Gemeinde, soll aufgezeigt werden, daß bei diesen „Altfällen" nur die analoge Anwendung des § 39 BauGB, dem Vorhabenträger seinen Vertrauensschaden für erfolglos getätigte Aufwendungen ersetzen kann, da alle anderen Ansprüche ohne zusätzliche Pflichtverletzung der Gemeinde nicht zum Erfolg führen werden. Nur eine analoge Anwendung von § 39 BauGB auch auf diese Fälle, führt zu einem, dem in Art. 20 Abs. 3 GG verankerten Rechtsstaatsprinzip entsprechendem, gerechten und sozialen Ergebnis.

Ferner wird im zweiten Teil im Rahmen der Prüfung von Amtshaftungsansprüchen das Problem des normativen Unrechts dargestellt. Des weiteren wird das aktuelle und höchst umstrittene Problem erörtert, ob ein mit einer Auflassungsvormerkung dinglich gesicherter Grundstückserwerber (vor Übergang von Besitz und Lasten) zum Kreis der Entschädigungsberechtigten nach § 39 BauGB zu zählen ist. Hierbei wird sich zeigen, daß der Auflassungsvormerkungsberechtigte auch vor Besitzerlangung und aktueller Nutzungsbefugnis nach § 39 BauGB anspruchsberechtigt ist und dies auch dann der Fall ist, wenn dem Käufer ein Rücktrittsrecht eingeräumt wurde. Darüber hinaus wird der Frage nachgegangen, ob auch der dinglich gesicherte Optionsberechtigte in den Kreis der Entschädigungsberechtigten mit einzubeziehen ist.

---

[10] Siehe die Beispiele bei *Stettner*, AöR 1977, S. 544 (546); *BGH* NJW 1978, S. 1802.

[11] Siehe hierzu den Sachverhalt der Entscheidungen *BGHZ* 76, S. 16 (18 f.) = NJW 1980, S. 826 = DVBl 1980, S. 679 und *BGHZ* 71, S. 386 (388) = NJW 1978, S. 1802 = DVBl. 1978, S. 798; *Plagemann*, WM 1979, S. 794 (799).

[12] Vgl den Sachverhalt in *BGHZ* 71, S. 386 (388) = NJW 1978, S. 1802 = DVBl 1978, S. 798; BayObLGZ 1976, S. 47 (48) = BayVBl 1976, S. 378; *Luhmann*, BayVBl 1974, S. 456; *Plagemann*, WM 1979, S. 794 (799); *Zuck*, Recht des Bebauungsplans, S. 89.

[13] *Zuck*, Recht des Bebauungsplans, S. 88.

[14] *Zuck*, Recht des Bebauungsplans, S. 88.

[15] Siehe hierzu den Sachverhalt der Entscheidungen *BVerwG*, NJW 1980, S. 2538 = DVBl. 1980. S. 686 (687) = BBauBl 1980, S. 582 (Berufungsinstanz *OVG Lüneburg* DVBl. 1978, S. 178) und *OLG München*, BayVBl 980, S. 504.

[16] *Degenhart*, BayVBl. 1974, S. 289 (290); *Luhmann*, BayVBl. 1974, S. 456; *Plagemann*, WM 1979, S. 794 (799); vgl. auch den kurzen Hinweis in *BGHZ* 71, S. 386 (399) = NJW 1978, S. 1802 (1805) = DVBl. 1978, S. 788 (802).

Weiterhin werden Absicherungsmöglichkeiten des Vorhabenträgers dargestellt und Möglichkeiten und Grenzen einer Kooperation der Gemeinde mit einem bauwillgen Investor aufgezeigt sowie die Sanktionen der Verhaltenspflichten der Gemeinden erläutert, die aus dieser Zusammenarbeit resultieren. Diese Probleme haben durch die allgemeine Institutionalisierung des Vorhaben- und Erschließungsplans durch den Bundesgesetzgeber noch an Aktualität und an Bedeutung gewonnen.

Im dritten Teil wird der Frage nachgegangen, ob ein Entschädigungsanspruch aus den Plangewährleistungsansprüchen § 39 und § 42 BauGB bei Vorliegen eines nichtigen vorhabenbezogenen Bebauungsplans bzw. einer nichtigen Vorhaben- und Erschließungsplansatzung gegeben ist.

Erster Teil

Der Vorhaben- und Erschließungsplan nach § 12 BauGB (ehemals § 7 BauGB-MaßnG)

A. Einführung

Der Vorhaben- und Erschließungsplan stellt ein Planungsinstrument für das Gebiet der ehemaligen DDR dar. Er war anfangs nur im Beitrittsgebiet im Sinne von Art. 3 des Einigungsvertrages anwendbar, also in den fünf neuen Bundesländern und dem Ostteil von Berlin[17]. Geregelt war er in § 55 der Bauplanungs- und Zulassungsverordnung (BauZVO). Die Bauplanungs- und Zulassungsverordnung wurde aufgrund der Wirtschafts- und Währungsunion in enger Abstimmung zwischen den Bauministerien des Bundes und der ehemaligen DDR erschaffen und von der Regierung „de Maizieres" im Juni 1990 für das Gebiet der damaligen DDR erlassen[18].

Der *Einigungsvertrag*[19] vom 31.8.1990 bestimmte dann, daß die Geltung des Baugesetzbuches (BauGB) der Bundesrepublik Deutschland, sich auch auf das Beitrittsgebiet erstreckt. Jedoch regelte der neu eingeführte § 246 a BauGB, daß gewisse Vorschriften der BauZVO unter anderem die Regelung des § 55 BauZVO über den Vorhaben- und Erschließungsplan bis zum 31.12.1997 im Beitrittsgebiet weiterhin wirksam sein sollten. Durch das Investitionserleichterungs- und Wohnbaulandgesetz[20] wurde dieses Planungsinstrument unter der Bezeichnung „Satzung über den Vorhaben- und Erschließungsplan" schließlich am 22. April 1993 in § 7 BauGB-MaßnG für das gesamte Bundesgebiet und damit auch für die alten Länder übernommen. Diese Rechtsgrundlage war - wie das Baugesetzbuch-Maßnahmengesetz insgesamt - allerdings bis zum 31. Dezember 1997 befristet. Dies ergab sich aus § 20 BauGB-MaßnG. Da die Regelungen über den Vorhaben- und Erschließungsplan (§ 7 BauGB-MaßnG) und auch den städtebaulichen Vertrag (§ 6 BauGB-MaßnG) sich bewährt und zu einer deutlich stärkeren Zusammenarbeit von Gemeinden und privaten Investoren beigetragen haben, wodurch es gelungen ist, zügig und zum Vorteil beider Vertragsparteien Bauland auszuweisen, sind beide Rechtsinstrumente durch das BauROG 1998 basierend

---

17 *Bunzel/Elsner/Scharmer*, Satzung über den Vorhaben- und Erschließungsplan, S. 12.

18 Verordnung zur Sicherung einer geordneten städtebaulichen Entwicklung und der Investitionen in den Gemeinden (*Bauplanungs- und Zulassungsverordnung - BauZVO*) vom 20.6.1990, Gesetzblatt der DDR 1990, S. 739.

19 Vertrag zwischen der Bundesrepublik Deutschland und der Deutschen Demokratischen Republik über die Herstellung der Einheit Deutschlands - *Einigungsvertrag* - vom 31. August 1990 (BGBl. II, S. 889).

20 Gesetz zur Erleichterung von Investitionen und der Ausweisung und Bereitstellung von Wohnbauland (*Investitionserleichterungs- und Wohnbaulandgesetz*) vom 22. April 1993 (BGBl. I, S. 466).

auf einem Vorschlag der Expertenkommission zur Novellierung des BauGB[21] mit Wirkung zum 1.1.1998 als Dauerrecht inhaltlich im wesentlichen unverändert in das BauGB übernommen worden. Die wesentliche Änderung gegenüber § 7 BauGB-MaßnG liegt darin, daß der Vorhaben- und Erschließungsplan nicht mehr als spezielle Satzung ausgestaltet wird, sondern nunmehr eine besondere Form des Bebauungsplans ist, nämlich ein „vorhabenbezogener Bebauungsplan", § 12 Abs. 1 S. 1 BauGB. Dieser ist auf die Planung konkreter einzelner Vorhaben gerichtet. Die Zulässigkeit von Vorhaben im Geltungsbereich eines vorhabenbezogenen Bebauungsplans ist nunmehr in § 30 Abs. 2 BauGB geregelt. Zu beachten ist allerdings, daß Vorhaben, mit denen vor dem 1.1.1998 begonnen worden ist, gem. §§ 243 Abs. 1, 233 BauGB, nach der bisher geltenden Vorschrift des § 7 BauGB-MaßnG abgewickelt werden. Das heißt, für diese Vorhaben gilt das bisher geltende Recht des BauGB-MaßnG weiter.

Grund für die Einführung dieses Planinstrumentes war neben der Schaffung von zügigem Baurecht[22] durch ein beschleunigtes Planungsverfahren, daß die Gemeinden in der ehemaligen DDR im Bereich der städtebaulichen Planung und Erschließung und bei der Bewältigung der sich aus städtebaulichen Entwicklungs- und Ordnungsaufgaben ergebenden Problemen vor Schwierigkeiten standen[23]. Die Erschaffung des Vorhaben- und Erschließungsplans sollte daher Planungserleichterung und Planungssicherheit gewähren.

Ziel dieses Planungsinstrumentes war, die verwaltungs- und finanzschwachen Kommunen durch Verlagerung der Planungs- und Erschließungstätigkeit, also insbesondere der Kosten auf den Investor, zu entlasten. Hieraus resultiert auch

---

[21] *Bericht der Expertenkommission zur Novellierung des Baurechts* v. 28.10.1995, Rdnr. 157 ff.

[22] Bis zum Ablauf des 30. April 1993, war es für den rechtmäßigen Erlaß eines Vorhaben- und Erschließungsplans nach § 55 Abs. 1 Satz 1 Nr. 2 BauZVO erforderlich, daß die Durchführung der Vorhaben für die Sicherung oder Schaffung von Arbeitsplätzen, zur Deckung eines Wohnbedarfs der Bevölkerung oder für erforderliche Infrastrukturmaßnahmen dringlich war. Diese Voraussetzung ist nicht in § 7 BauGB-MaßnG übernommen worden. Es ist somit seit dem 1. Mai 1993 für den Erlaß eines Vorhaben- und Erschließungsplans nicht mehr generell erforderlich, daß die Durchführung des Vorhabens dringlich ist (Vgl. dazu *Birk*, Festschrift für Weyreuther, S. 213 (216); *Krautzberger/Runkel*, DVBl. 1993, S. 453 (463); *Krautzberger*, NVwZ 1993, S. 520 (523). § 7 Abs. 8 BauGB-MaßnG bestimmte nur noch für investitionsrechtliche Vorhaben- und Erschließungspläne, daß diese ihre investitionsrechtliche Wirkung i.S.d. § 18 InvestionsvorrangG nur dann enfalten, wenn die Durchführung des Vorhabens nach dem Plan für die Sicherung oder Schaffung von Arbeitsplätzen, zur Deckung eines Wohnbedarfs der Bevölkerung oder für erforderliche Infrastrukturmaßnahmen dringlich ist. Allerdings werden die bauplanungsrechtlichen Wirkungen des investitionsrechtlichen Vorhaben- und Erschließungsplans durch das Fehlen einer derartigen Dringlichkeit jedoch grundsätzlich nicht beeinträchtigt.

[23] *Bielenberg/Krautzberger/Söfker*, Das neue Städtebaurecht der DDR, S. 31.

der Grund für die wachsende Beliebtheit des Vorhaben- und Erschließungsplans bei den Gemeinden: die knapper werdenden Haushaltskassen der Kommunen[24].

Wie bei jedem öffentlich-rechtlichen Vertrag auch, kann zusätzlich die Übernahme von Folgekosten durch den Investor vereinbart werden, etwa für Einrichtungen die erforderlich sind, um die bildungsmäßige, soziale oder verwaltungsmäßige Betreuung der Bevölkerung zu gewährleisten[25]. Zu diesen gehören beispielsweise die Übernahme der Kosten für Schulen, Kindergärten, Krankenhäuser, Verwaltungsgebäude, Feuerschutzeinrichtungen, Alten- und Pflegeheime, Sportplätze, Schwimmbäder, Einkaufszentren[26], Konzerthallen und Theatergebäude.

Die Besonderheit des Vorhaben- und Erschließungsplans ist, daß dieser von dem privaten Investor, dem sogenannten Vorhabenträger erarbeitet wird und dann von der Gemeinde gebilligt werden muß. Denn anders als beim Vorliegen eines „normalen" Bebauungsplans, handelt es sich bei einem Projekt aufgrund des Vorhaben- und Erschließungsplans nach § 12 BauGB nicht um eine Angebotsplanung für den Investor, sondern um die konkret projektbezogene Schaffung von Baurecht. Dies stellt eine erhebliche Erleichterung gegenüber dem Bebauungs-

---

[24] Nach Ansicht des Deutschen Städte- und Gemeindebundes ist die kommunale Selbstverwaltung gefährdet, weil die Kommunen vor dem finanziellen Kollaps stehen. Allein im ersten Quartal 1996 seien die Schulden um 5, 7 Milliarden DM auf 164 Milliarden DM gestiegen. Die Neuverschuldung der West-Gemeinden habe sich im vergangenen Jahr verdoppelt. Ursache der Misere seien wegbrechende Steuereinnahmen, vor allem bei der Gewerbesteuer und der explosionsartige Zuwachs bei den sozialen Leistungen. In einem nicht gekannten Ausmaß müßten soziale und kulturelle Einrichtungen geschlossen oder deren Angebot eingeschränkt werden, so der Präsident des Verbandes, Hans Gottfried Bernrath. Notwendig sei daher eine grundlegende Reform der Gemeindefinanzen. Die Abschaffung der Gewerbekapitalsteuer komme nur bei Ersatz durch eine unmittelbare Beteiligung der Kommunen an der Umsatzsteuer in Betracht. Das Jahressteuergesetz 1997 werde den Druck auf die Länder, zusätzliche Einschnitte im kommunalen Finanzausgleich vorzunehmen, noch verstärken, berfürchtet Bernrath. Bei den geplanten Steuerrechtsänderungen müsse es Ausgleich für die Länder geben. (Städtebund: Kommunen stehen vor dem Kollaps, FAZ v. 15.08.1996).

[25] Zur Definition der Folgeeinrichtungen *Asam*, BayVBl. 1967, S. 186; *Abreß/Grunewald/Merk/Oesterreicher*, in: Erschließungskosten und Nachfolgelasten, DEBA Jahrestagung 1969, S. 5 ff., 8, 18 ff., 30 ff., 40ff; Blücher, AfK 1968, S. 73 (89, 91); *Bouska*, BayBgm. 1969, S. 85; *Degmair*, KStZ 1965, S. 169; *Hucko*, KStZ 1964, S. 176; *Heuser*, Der Landkreis 1966, S. 76; *Koch*, BayVBl. 1965, S. 293 (294); *Rebhan*, Öffentlich-rechtliche Verträge, S. 316 ff.; *Röskau*, KStZ 1969, S. 192; *Tittel*, DVBl. 1967, S. 39.

[26] Siehe zur Ansiedlung großflächiger Betriebe des Einzelhandels im Geltungsbereich eines Bebauungsplans, *Schenke*, Rechtliche Fragen der Errichtung von großflächigen Betrieben des Einzelhandels, DÖV 1988, S. 233. Siehe auch *Schenke*, Die planungsrechtliche Problematik der Ansiedlung von größeren Einzelhandelsgeschäften und Einkaufszentren, UPR 1986, S. 281. Darin untersucht *Schenke* die Einschränkungen der bauplanungsrechtlichen Zulässigkeit von Einzelhandelsbetrieben in Misch- Gewerbe- und Industriegebieten durch § 11 Abs. 3 BauNVO sowie die Zulässigkeit größerer Einzelhandelsbetriebe im unbeplanten Innenbereich, § 34 BBauG.

planverfahren dar, weil die Gemeinde praktisch mit dem Billigungsbeschluß beginnen kann. Während im Bauleitplanverfahren eventuell mehrere Monate, oft sogar mehrere Jahre, damit vergehen können, bis nach der Beschlußfassung über die Aufstellung eines Bebauungsplans ein Plan vorgelegt wird und dieser schließlich in einer Form die Zustimmung der Gemeinderäte findet, wird hier mit einem fertigen Plan begonnen[27]. Der Vorhaben- und Erschließungsplan eignet sich daher besonders für dringende bauliche Investitionen, die schnell verwirklicht werden sollen. Für die Praxis noch bedeutender anstelle des Zeitvorteils ist aber, daß einzelne Vorhaben ohne Vorliegen eines „normalen" Bebauungsplans verwirklicht werden können und daß die zu bewältigenden Probleme auf ein konkretes Einzelvorhaben beschränkt werden[28].

Als Investitionsvorhaben kommt der Bau von Wohnungen oder Gewerbebetrieben, sowie der Bau großflächiger Einzelhandelsbetriebe und Freizeitbetriebe in Betracht. Ein Fachmarktzentrum am Ortsrand ist daher ebenso möglich, wie die Anlage eines Golfplatzes in der freien Landschaft[29].

B. Anwendungsvoraussetzungen des Vorhaben- und Erschließungsplans

I. Überblick

Die früher geltende Subsidiaritätsklausel (§ 7 Abs. 1 Nr. 1 BauGB-MaßnG), nach der Voraussetzung für ein Vorhaben aufgrund des Vorhaben- und Erschließungsplans war, daß das Vorhaben nicht bereits nach den §§ 30, 31 und 33 bis 35 BauGB zulässig ist und das Vorhaben ohne die Aufstellung, Änderung, Ergänzung oder Aufhebung eines Bebauungsplans nicht zugelassen werden kann, ist weggefallen und in § 12 BauGB nicht mehr enthalten. Statt dessen beurteilt sich die Zulässigkeit des Vorhabens nunmehr nach § 30 Abs. 2 BauGB. Danach ist im Geltungsbereich eines vorhabenbezogenen Bebauungsplans nach § 12 BauGB ein Vorhaben zulässig, wenn es dem Bebauungsplan nicht widerspricht und die Erschließung gesichert ist.

II. Fähigkeit des Vorhabenträgers das Projekt durchzuführen

1. Der Vorhabenträger

Der private Investor, der mit der Gemeinde einen Durchführungsvertrag abschließt, wird Vorhabenträger genannt. Der Vorhabenträger kann - wie bei jedem

[27] *Hauth*, LKV 1991, S. 363 (364)
[28] So auch *Birk*, NVwZ 95, S. 625 (631)
[29] *Hauth*, LKV 1991, S. 363 (363)

öffentlich-rechtlichen Kooperationsvertrag - eine natürliche oder aber eine juristische Person, beispielsweise eine GmbH oder eine AG sein[30].

Vorhaben- und Erschließungspläne sollten jedoch von den Gemeinden nur für jeweils einen Vorhabenträger durchgeführt werden, damit die Realisierung gesichert ist. Zwar können mehrere Investoren eine Gesellschaft bürgerlichen Rechts gründen, wobei sich die einzelnen Gesellschafter gesamtschuldnerisch und zur Durchführung verpflichten[31]. Auch so scheint die Realisierung gesichert. Jedoch besteht hier das Risiko, daß bei Zusammenschlüssen mehrerer Investoren, insbesondere bei gemeinsamem Vorgehen mehrerer Gewerbebetreibender, das ganze Vorhaben scheitert, wenn einer der Investoren ausscheidet und kein geeigneter Nachfolger gefunden werden kann[32].

Die Gemeinde selbst, kann nicht als Vorhabenträger, beispielsweise für einen Eigenbetrieb auftreten, da Zweck des Vorhaben- und Erschließungsplans unter anderem die wirtschaftliche Entlastung der Gemeinde ist. Diese ist nicht gegeben, wenn ein Insichgeschäft der Gemeinde vorliegt. Allerdings können kommunale Gesellschaften Vorhabenträger sein sowie Gesellschaften, an denen die Gemeinde beteiligt ist[33].

Zur rechtlichen Durchführbarkeit des Vorhabens, muß der Vorhabenträger private Baubefugnisse besitzen. Dazu ist nicht erforderlich, daß er Eigentümer des Grundstückes ist. Vielmehr reicht ein durch eine Auflassungsvormerkung im Grundbuch gesicherter Übereignungsanspruch oder ein Erbbaurecht aus[34]. Ebenso sind Baubefugnisse aufgrund schuldrechtlicher Verträge, wie zum Beispiel Pachtverträge, oder aufgrund von anderen langfristigen Nutzungsverhältnissen, ausreichend. Sie müssen lediglich nach ihrem Inhalt dem Vorhabenträger die Realisierung der Vorhaben ermöglichen.

2. Finanzielle Fähigkeit des Vorhabenträgers das Projekt durchzuführen

Der Vorhabenträger muß gemäß § 12 Abs. 1 S. 1 BauGB auf der Grundlage eines von ihm vorgelegten und mit der Gemeinde abgestimmten Plans, zur Durchführung der Vorhaben- und Erschließungsmaßnahmen bereit und in der Lage sein. Er muß sich daher zur Durchführung des Projektes innerhalb einer bestimmten Frist

---

30 Siehe ausführlich zum Vorhabenträger, *Hamberger*, Der Vorhaben- und Erschließungsplan, S. 80 ff.

31 *Krautzberger*, in: Ernst/Zinkahn/Bielenberg, § 7 BauGB-MaßnG, Rdnr. 53; *Runkel*, aaO., S. 27 (31).

32 *Bunzel/Elsner/Scharmer*, Satzung über den Vorhaben- und Erschließungsplan, S. 25.

33 *Bunzel/Elsner/Scharmer*, Satzung über den Vorhaben- und Erschließungsplan, S. 25.

34 *Jäde*, Der Vorhaben- und Erschließungsplan, Rdnr. 42; *Runkel*, Satzung über den Vorhaben- und Erschließungsplan, S. 27 (31); *Mustererlaß ARGEBAU*, Rdnr. 7.6..

sowie zur Tragung der Planungs- und Erschließungskosten ganz oder zum Teil verpflichten[35] und vorher seine finanzielle Bonität nachweisen. Dies kann durch Kreditauskünfte, Bankgarantien, Finanzierungszusagen oder im Wege von Erfüllungsbürgschaften für die Durchführung der Erschließungsmaßnahmen geschehen[36].

C. Bestandteile des Vorhaben - und Erschließungsplans

Gemäß § 12 BauGB besteht der Vorhaben- und Erschließungsplan aus drei essentiellen Elementen: 1. aus dem Vorhaben- und Erschließungsplan (im engeren Sinne), 2. aus dem Durchführungsvertrag (§ 12 Abs. 1 S. 1 BauGB) und 3. aus dem vorhabenbezogenen Bebauungsplan (§ 12 Abs. 3 S. 1 BauGB) bzw. bei den „Altfällen" aus der Satzung über den Vorhaben- und Erschließungsplan (§ 7 Abs. 3 BauGB-MaßnG).

I. Der Vorhaben- und Erschließungsplan

Der Vorhaben- und Erschließungsplan ist auf Initiative und Kosten des Vorhabenträgers der Gemeinde vorzulegen und mit ihr abzustimmen. Das Gesetz enthält keine unmittelbare Regelung an die Form und die inhaltlichen Anforderungen[37]. Es stellt sich daher insbesondere die Frage, wie konkret die Vorhaben im Vorhabenplan festgesetzt sein müssen. In Betracht kommt hier alles: vom baugesuchsähnlichen Projektplan bis hin zum bebauungsähnlichen Entwurf[38].

Im Bereich des Vorhaben- und Erschließungsplans ist die Gemeinde bei der Bestimmung der Zulässigkeit der Vorhaben nicht an die Festsetzungen nach § 9 BauGB (Inhalt des Bebauungsplans), vgl. § 12 Abs. 3 S. 2 HS 1 BauGB, sowie nicht an die Baunutzungsverordnung (BauNVO) oder an die Planzeichenverordnung (PlanzVO) gebunden[39]. Aufgrund dieser Tatsache wird einerseits die Gestaltungsfreiheit erweitert, zum anderen, vor allem im Interesse der Gemeinden in

---

35 Siehe hierzu die Ausführungen im ersten Teil unter C II. 4. d) (Umfang der Kostentragung).

36 *Jäde*, Der Vorhaben- und Erschließungsplan, Rdnr. 42; *Pietzcker*, Der Vorhaben- und Erschließungsplan, S. 17; *Runkel*, Satzung über den Vorhaben- und Erschließungsplan, S. 27 (30).

37 Der Gesetzgeber hat dies bewußt der Praxis überlassen, um den Gestaltungsspielraum hinsichtlich Form und Inhalt des Planes nicht einzuschränken; vgl. hierzu BT-DS. 12/3944, S. 44.

38 Mustereinführungserlaß zu Art. 1, 2, 3, 5, 11, 13 des Investitionserleichterungs- und Wohnbaulandgesetzes und Mustererlaß zum Maßnahmengesetz zum Baugesetzbuch der Fachkommission „Städtebau" der ARGEBAU (im folgenden: Mustererlaß ARGEBAU), S. 70; vgl. *Stich*, ZfBR 1994, S. 258 (260).

39 *Krautzberger*, in: Battis/Krautzberger/Löhr, § 12 Rdnr. 28.

den neuen Bundesländern, der Umgang mit diesem neuen Planungsinstrument erleichtert. Der zulässige Inhalt wird durch die Absicht des Gesetzgebers, Baurecht für ein konkretes Vorhaben zu schaffen sowie dem Erfordernis einer geordneten Städtebauentwicklung, bestimmt. Das heißt, daß der Plan zunächst die Anzahl der Vorhaben aufzeigen muß. Für den weiteren Konkretisierungsgrad ist die Funktion des Plans, die planungsrechtliche Grundlage für bestimmte Vorhaben zu schaffen, maßgeblich.

Der Vorhaben- und Erschließungsplan muß jedoch die Nutzung konkret beschreiben, beispielsweise bei gewerblicher Nutzung den Gewerbetyp (Büronutzung, Lagerplatz, produzierendes Gewerbe). Handelt es sich um ein gemischt genutztes Objekt, so muß die einzelne Nutzungsart in dem Vorhaben konkret plaziert werden[40]. Bezüglich des Maßes der Nutzung reicht die Angabe von Ober- und Untergrenzen aus, soweit diese nicht zu weit voneinander differieren.

In der Praxis zeigt sich aber, daß die Vorhaben- und Erschließungspläne sich dennoch weitgehend an den Festsetzungsmöglichkeiten nach § 9 BauGB und der BauNVO orientieren. Im Interesse eines unstreitigen Planvollzugs ist dies auch empfehlenswert[41]. Dennoch stellt sich die Frage, inwieweit der Vorhaben- und Erschließungsplan von den Vorgaben des § 9 Abs. 1 BauGB und der BauNVO abweichen kann. Hinsichtlich der Nutzungsart kann der Vorhaben- und Erschließungsplan jede nur denkbare Bodennutzung vorsehen, da eine Bindung an § 9 Abs. 1 BauGB nicht besteht[42]. Schwieriger zu beantworten ist, inwieweit eine Abweichung beim Maß der baulichen Nutzung möglich ist. Zwar finden die Vorgaben des § 16 BauNVO keine unmittelbare Anwendung. Jedoch bedeutet dies nicht, daß die Gemeinde für eine Wohnnutzung beispielsweise eine GRZ von 0, 8 und eine GFZ von 2, 4 vorsehen kann. Eine solche Festsetzung würde wahrscheinlich auch städtebaulich nicht gerechtfertigt sein. Hinter den Obergrenzen des § 17 BauNVO steht aber eine Wertung, was als städtebaulich verträglich angesehen wird. Diese Wertung ist nicht nur auf den Bebauungsplan beschränkt, sondern auch bei den Inhalten des Vorhaben- und Erschließungsplans zu beachten. Diese Obergrenzen müssen beim Vorhaben- und Erschließungsplan aber nicht schematisch gelten. Geringfügige Abweichungen sind vertretbar. Werden die Obergrenzen aber erheblich überschritten, so ist dies auch beim Vorhaben-

---

40 *Runkel*, Satzung über den Vorhaben- und Erschließungsplan , S. 27 (37).

41 Vgl. *Bunzel/Elsner/Scharmer*, Satzung über den Vorhaben- und Erschließungsplan, S. 12.

42 So auch nochmals ausdrücklich der Gesetzentwurf in BR-DS. 635/96 vom 6.9.1996, § 12 Abs. 3 S. 2: „Im Bereich des Vorhaben- und Erschließungsplans ist die Gemeinde bei der Bestimmung der Zulässigkeit der Vorhaben nicht an die Festsetzungen nach § 9 BauGB ... gebunden."

und Erschließungsplan nur unter Zugrundelegung der Rechtsgedanken des § 17 Abs. 2 BauNVO möglich[43].

Weiterhin ist für den Vorhaben- und Erschließungsplan eine Begründung zu erarbeiten. Dabei sind Ziele, Zweck und die wesentlichen Auswirkungen des Vorhabens darzustellen. In der Begründung sollte dargelegt werden, wie sich das konkrete Vorhaben in die städtebauliche Entwicklung des Gesamtgebiets insgesamt einfügt. Ferner sollte sie Hinweise zur Abwägung erhalten, vor allem, wenn Anregungen und Bedenken von Bürgern eingegangen sind oder wenn Nutzungskonflikte zu erwarten sind. Auch sollte die Gemeinde begründen, weshalb sie das Verfahren gemäß § 12 BauGB gewählt hat[44].

Der Vorhaben- und Erschließungsplan wird gemäß § 12 Abs. 3 S. 1 BauGB Bestandteil des vorhabenbezogenen Bebauungsplans.

II. Der Durchführungsvertrag[45]

Kommt es zu einer Einigung zwischen dem Vorhabenträger und der Gemeinde, so wird ein Vertrag, der sogenannte Durchführungsvertrag, geschlossen, in dem sich der Investor verpflichtet, das Projekt innerhalb einer bestimmten Frist durchzuführen und die Planungs- und Erschließungskosten ganz oder teilweise zu tragen. Der Vertrag kann ein den Vorhabenträger einseitig verpflichtender Vertrag sein. Es ist aber nicht ausgeschlossen, daß die Gemeinde hierbei ihrerseits bestimmte Pflichten eingeht[46].

Zunächst ist zu klären, ob es sich beim Durchführungsvertrag um einen öffentlich-rechtlichen oder aber um einen privatrechtlichen Vertrag handelt. Umstritten ist auch, ob der Vertrag ein subordinationsrechtlicher Vertrag gemäß § 54 S. 1 VwVfG, oder aber ein koordinationsrechtlicher Vertrag im Sinne des § 54 S. 2 VwVfG ist.

1. Abgrenzung öffentlich-rechtlicher zu privatrechtlichem Vertrag

Bei Kooperationsverträgen zwischen Privatleuten und der Gemeinde ist die Frage der Rechtsnatur des Vertrages wesentlich, da ein öffentlich-rechtlicher Vertrag andere Konsequenzen bei der Behandlung von Leistungsstörungen nach sich zieht als ein

---

43 Vgl. *Deutsch*, Rechtsfragen und Probleme des Vorhaben- und Erschließungsplans in der Praxis, S. 12.

44 *Bunzel/Elsner/Scharmer*, Satzung über den Vorhaben- und Erschließungsplan, S. 32.

45 Siehe hierzu die Musterentwürfe der kommunalen Spitzenverbände.

46 *Krautzberger*, in: Battis/Krautzberger/Löhr, § 12 BauGB, Rdnr. 14.

zivilrechtlicher Vertrag[47]. Aufgrund der Entscheidung des Gemeinsamen Senats der Obersten Gerichtshöfe des Bundes vom 10.4.1986[48], ist für die Abgrenzung von öffentlich-rechtlichem und privatrechtlichem Vertrag dessen Gegenstand und Zweck entscheidend. Die Rechtsnatur des Vertrages bestimmt sich danach, ob der Vertragsgegenstand dem öffentlichen oder dem bürgerlichen Recht zuzurechnen ist[49]. Die Einordnung ist also eine Gewichtung der zivil- und öffentlichrechtlichen Elemente, insbesondere der im Vertrag eingeräumten Ansprüche[50]. Bezieht sich der Vertragsgegenstand daher auf einen öffentlich-rechtlichen zu beurteilenden Sachverhalt, so liegt ein öffentlich-rechtlicher Vertrag vor[51].

Der Durchführungsvertrag, der die Verpflichtung des Vorhabenträgers zur Durchführung der Vorhaben- und Erschließungsmaßnahmen und zur Tragung der Erschließungskosten i. S. d. § 12 Abs. 1 S. 1 BauGB beeinhaltet, ist daher ein öffentlich-rechtlicher Vertrag[52]. Sowohl die Schaffung von Baurecht, als auch die Verpflichtung zur Errichtung des Bauvorhabens verbunden mit der Erschließung, ist nämlich vom Gegenstand und Zweck her eindeutig dem öffentlichen Recht zugeordnet[53]. Zu beachten ist aber, daß ein Vertrag, der außerhalb des Durchführungsvertrages und getrennt von diesem Grundstücksflächen überträgt oder Nutzungsrechte einräumt, stets ein zivilrechtlicher Vertrag ist[54].

2. Einordnung des Durchführungsvertrages in koordinationsrechtlichen oder subordinationsrechtlichen Vertrag

Weiterhin muß bei Vorliegen eines öffentlich-rechtlichen Vertrages zwischen subordinationsrechtlichen Verträgen nach § 54 S. 1VwVfG und koordinations-

---

47 Ebenfalls hinsichtlich der Zulässigkeit materieller Vertragsinhalte und des Rechtsweges, vgl. *Maurer*, Allgem. VerwR, § 14 Rdnr. 8; *BVerwG*, 11.2.1993, 4 C 18.91 = DVBl. 93, S. 654 ff.

48 *BGHZ* 97, S. 312 = *BVerwGE* 74, S. 368 ff.

49 *BGHZ* 97, S. 312 (314). Literatur mit zahlreichen Nachweisen, *Knack*, VwVfG, § 54 Rdnr. 2; *Stelkens/Bonk/Sachs*, VwVfG, § 54 Rdnr. 34.

50 *BVerwG*, 11.12.1993, 4 C 18.91, DVBl. 1993, S. 654 ff.

51 *Maurer*, Allgem.VerwR., § 14 Rdnr. 11.

52 *Bielenberg*, ZfBR 1996, S. 6 (14); *Birk*, Die neuen städtebaulichen Verträge, Rdnr. 145; *Gaentzsch*, in: Berliner Kommentar zum BauGB, § 7 BauGB-MaßnG, Rdnr. 11; *Hamberger*, Der Vorhaben- und Erschließungsplan, S. 98; *Jäde*, Der Vorhaben- und Erschließungsplan, Rdnr. 53; *Birk*, Die neuen städtebaulichen Verträge, Rdnr. 203; *Krautzberger* in, Ernst/Zinkahn/Bielenberg, § 7 BauGB - MaßnG, Rdnr. 61.

53 Dies gilt auch dann, wenn die Gemeinde im Rahmen des Durchführungsvertrages die Fläche zur Errichtung des Vorhabens an den Vorhabenträger veräußert oder die Gemeinde ihrerseits Flächen (z. B. Erschließungsflächen oder Nutzungsrechte (z. B. die Vermietung einer Fläche für einen Kindergarten) eingeräumt erhält.

54 Vgl. *Birk*, Die neuen städtebaulichen Verträge, Rdnr. 203.

rechtlichen Verträgen gemäß § 54 S. 2 VwVfG unterschieden werden[55]. Die genaue Einordnung von öffentlich-rechtlichen Verträgen ist vor allem notwendig, weil sich aus den anzuwendenden Regeln über Leistungsstörungen unterschiedliche Rechtsfolgen ergeben[56].

Für die bisher bekannten städtebaulichen Verträge, ist die Einordnung in einen koordinationsrechtlichen oder in einen subordinationsrechtlichen Vertrag nicht immer eindeutig. So wird der Erschließungsvertrag nach § 124 ff. BauGB zum Teil als subordinationsrechtlicher Vertrag[57] zum anderen auch als koordinationsrechtlicher Vertrag[58] angesehen[59]. Die Zugehörigkeit des Durchführungsvertrages ist offen, da weder das Gesetz diesbezüglich eine Regelung enthält, noch die Rechtsprechung sich hierzu geäußert hat[60]. Dennoch soll hier der Versuch unternommen werden, diesen einzuordnen.

Subordinationsverträge unterscheiden sich von Koordinationsverträgen dadurch, daß zwischen den Parteien eine Vereinbarung im Über- und Unterordnungsverhältnis besteht, wobei generell die Möglichkeit der Gemeinde gegeben ist, durch Verwaltungsakt zu agieren. Für die Zuordnung des Durchführungsvertrags zum Koordinationsvertrag spricht, daß das Ziel der gesamten vertraglichen Regelungsmöglichkeiten auf Kooperation zwischen der Gemeinde und ihrem Vertragspartner gerichtet ist und nicht auf die Substitution eines möglichen Verwaltungsakts in einem Über- und Unterordnungsverhältnis. So können die gegenseitigen Hauptpflichten, wie beispielsweise die durch den Vorhabenträger übernommene Verpflichtung zur Planung, Erschließung, und Fertigstellung zu einem bestimmten Zeitpunkt, nicht durch Verwaltungsakte ersetzt werden[61]. Aber auch sonstige Verpflichtungen des gemeindlichen Vertragspartners wie die Kombinati-

---

[55] Siehe auch den Aufsatz von *Schenke*, Der rechtswidrige Verwaltungsvertrag nach dem Verwaltungsverfahrensgesetz, JuS 1977, S. 281.

[56] Siehe hierzu die Ausführungen im ersten Teil, C. II. 4. e) aa) (Absicherungsmöglichkeiten der Gemeinde); Zur Unergiebigkeit der Unterscheidung: *Bonk*, in: Stelkens/Bonk/ Sachs,VwVfG, § 54 Rdnr. 26.

[57] So etwa von *Knack*, VwVfG, § 54 Rdnr. 4.2.1., der dies damit begründet, daß Verträge auch subordinationsrechtlich sein können, wenn sie Verpflichtungen enthalten, die nicht durch Verwaltungsakt durchsetzbar sind; *VGH BW* (18.10.90) 2 S 2098/89, VBlBW 91, S. 263 ff.

[58] *BGH*, 7.2.80, III ZR 23/78, NJW 1980, S. 1683; *Weyreuther*, UPR 1994, S. 25; Birk, VBlVW 1994, S. 97 ff., (108).

[59] Offen etwa: *BVerwG*, 23.8.91, 8 C 61.90, *BVerwGE* 89, S. 7 ff. (10); *BVerwG*, 10.12.1993, 4 C 27.92, ZfBR 1994, S. 140.

[60] Keine Einordnung des Durchführungsvertrages in einen koordinations- oder subordinationsrechtlichen Vertrag ist von *Krautzberger*, in Ernst/Zinkahn/Bielenberg erfolgt. Jedoch hält er die Vereinbarung der Unterwerfung unter die sofortige Zwangsvollstreckung im Durchführungsvertrag für möglich (§ 7 BauGB - MaßnG Rdnr. 63) was für die Einordnung in einen koordinationsrechtlichen Vertrag spricht. Siehe hierzu die Ausführungen im ersten Teil, C. II. 4. e) aa) (Absicherungsmöglichkeiten der Gemeinde).

[61] So zutreffend *Birk*, Die neuen städtebaulichen Verträge, Rdnr. 209.

on der Übernahme von Teilaufgaben wie z. B. Vorbereitung der Bauleitplanung und Durchführung der Bodensanierungen können bei städtebaulichen Verträgen nicht durch Verwaltungsakt ersetzt werden.

3. Form

Da der Durchführungsvertrag zwischen dem Vorhabenträger und der Gemeinde ein öffentlich-rechtlicher Vertrag gemäß § 54 VwVfG[62] ist, finden die §§ 54 bis 62 VwVfG Anwendung. Insbesondere bedarf der Vertrag somit nach § 57 VwVfG der Schriftform. Wenn sich der Vorhabenträger oder die Gemeinde zusätzlich zur Übereignung von Grundstücken verpflichtet, bedarf es gemäß § 62 VwVfG i. V. m. § 313 BGB der notariellen Beurkundung.

4. Inhalt

a) Mindestinhalt

Mindestinhalt des Durchführungsvertrages ist neben Beschreibung und Planung des konkreten Vorhabens[63], die Verpflichtung des Vorhabenträgers das Vorhaben und die Erschließung innerhalb einer bestimmten Frist durchzuführen unter gleichzeitigem Nachweis der Realisierungsfähigkeit[64]. Dabei ist auch die Verpflichtung zu einer stufenweisen Durchführung möglich[65]. Ferner ist die Vereinbarung des Vorhabenträgers erforderlich, die Kosten für die Planung und die Erschließung ganz oder teilweise zu tragen (§ 12 Abs. 1 S. 1 BauGB)[66].

b) Sonstiger Inhalt

Neben diesem obligatorischen Mindestinhalt, kann der Durchführungsvertrag weitere Regelungen enthalten, soweit diese dem Vorhaben- und Erschließungsplan inhaltlich nicht widersprechen[67]. Beispielsweise können Vertragsstrafen die Durchführung des Projektes sichern[68]. Des weiteren können im Durchführungsvertrag mögliche Vorkaufsrechte, Veräußerungsverbote, Altlastensanierungsverpflichtungen sowie die Pflicht zur Schaffung und Erhaltung von Arbeitsplätzen

---

[62] *Krautzberger*, in: Ernst/Zinkahn/Bielenberg, § 7 BauGB-MaßnG, Rdnr. 61.
[63] *Birk*, Die neuen städtebaulichen Verträge, Rdnr. 145.
[64] *OVG Bautzen*, LKV 1995, S. 84 (95).
[65] *Krautzberger*, in: Ernst/Zinkahn/Bielenberg, § 7 BauGB-MaßnG, Rdnr. 57.
[66] *Pietzcker*, Der Vorhaben- und Erschließungsplan, Rdnr. 145.
[67] *Hamberger*, Der Vorhaben- und Erschließungsplan, S. 112.
[68] Siehe hierzu die Ausführungen im ersten Teil, C. II. 4.) e).

geregelt werden[69]. Auch können hier - wie in jedem städtebaulichen Vertrag i. S. v. § 11 BauGB - weitere städtebauliche Verpflichtungen übernommen werden wie z. B. die Übernahme von Folgekosten durch den Investor. Ebenfalls kann im Durchführungsvertrag geregelt werden, wer die Kosten beim Fehlschlagen der Planung trifft[70].

Die Gemeinde kann sich im Durchführungsvertrag nicht dazu verpflichten, daß sie den vorhabenbezogenen Bebauungsplan nicht ändert, ergänzt oder aufhebt, da eine Planungsentscheidung der Gemeinde in dieser Richtung nicht vertraglich wirksam reglementiert werden kann[71].

Des weiteren ist bei städtebaulichen Verträgen die vertragliche Bindung der Gemeinde an einen Anspruch auf die Aufstellung eines Bebauungsplans, also an eine bestimmte Bauleitplanung, unzulässig, vgl. § 2 Abs. 3 BauGB. Die vertragliche Verpflichtung der Gemeinde, einen vorhabenbezogenen Bebauungsplan einzuleiten und mit einem bestimmten Inhalte zu Ende zu führen, ist daher nicht rechtmäßig[72].

c) Umfang der Erschließungspflicht

§ 12 BauGB ist gegenüber dem Erschließungsrecht des BauGB eine abschließende Sonderregelung. Das Erschließungsbeitragsrecht kommt nicht zur Anwendung, § 12 Abs. 3 S. 2 HS. 2. BauGB. Der Erschließungsbegriff i. S. d. § 12 BauGB orientiert sich daher nicht am engen Erschließungsbegriff des § 127 BauGB, sondern am weiten Erschließungsbegriff, den das Baugesetzbuch den §§ 30 und 123 BauGB zugrunde legt[73]. Damit sind alle Anlagen umfaßt, die erforderlich sind, um die vom Vorhaben- und Erschließungsplan umfassten Grundstücke und die darauf errichteten Vorhaben wie beabsichtigt nutzen zu können[74]. Neben den bereits in § 127 Abs. 2 BauGB aufgeführten Anlagen, gehören daher auch der Anschluß von Wasser, Gas, Elektrizität, Fernwärme und die Abwasserentsorgung zu den Erschließungsmaßnahmen i. S. d. § 12 BauGB[75].

---

69 *Hamberger*, Der Vorhaben- und Erschließungsplan , S. 110.

70 *Pietzcker*, Der Vorhaben- und Erschließungsplan, S. 26 f..

71 Vgl. *Reidt*, Haftungsfragen zwischen Planungs- und Projektträgern, S. 16.

72 Vgl. hierzu auch *VGH Mannheim*, VBlBW 1995, S. 405; *Gaentzsch* in: Berliner Kommentar zum BauGB, § 7 BauGB-MaßnG, Rdnr. 19.

73 Dies ist unstreitig, vgl.: *Birk*, Festschrift für Weyreuther, S. 213 (217); *Jäde*, Der Vorhaben- und Erschließungsplan, Rdnr. 17.

74 *Söfker*, ZfBR 1992, S. 149 (153).

75 Vgl. *Jäde*, Der Vorhaben- und Erschließungsplan, Rdnr. 86; *Pietzcker*, Der Vorhaben- und Erschließungsplan, S. 45 f.

d) Umfang der Kostentragung

§ 12 Abs. 1 S. 1 BauGB regelt, daß sich der Vorhabenträger ganz oder teilweise zur Tragung der Planungs- und Erschließungskosten verpflichten muß. Neben der Tragung der Planungs- und Erschließungskosten kann auch vereinbart werden, daß der Vorhabenträger weitere Kosten, unter Umständen sogar die Kosten einer gegebenenfalls erforderlichen Umweltverträglichkeitsprüfung übernehmen muß[76]. Trägt der Vorhabenträger die Kosten nur teilweise, so ist fraglich, wie groß der Umfang der vom Vorhabenträger zu tragende Teil der Planungs- und Erschließungskosten mindestens sein muß. Dies ist gesetzlich nicht geregelt[77]. Jedoch soll nach den Vorstellungen des Gesetzgebers eine Kostenbeteiligung durch die Gemeinde auf atypische Fälle beschränkt sein[78] und somit eher die Ausnahme bilden. Für eine Übernahme der gesamten Kosten[79] durch den Vorhabenträger, also zu 100 %[80], spricht auch, daß der Gesetzgeber die Gemeinden in § 12 Abs. 1 S. 2 2. HS BauGB ausdrücklich von den sich aus den §§ 127 - 135 c BauGB ergebenden Restriktionen befreit hat, hierbei insbesondere davon, daß die Gemeinde keinen Eigenanteil an den Erschließungskosten zu tragen hat.

e) Absicherungsmöglichkeiten/ Sicherung der Verpflichtung

aa) Absicherungsmöglichkeiten der Gemeinde

Die vertraglichen Verpflichtungen des Vorhabenträgers können durch Vertragsstrafen oder Bürgschaften gesichert werden. Sie dienen zur Vermeidung einer Satzungsaufhebung und somit der Projektverwirklichung[81]. Rechtsgrundlage für die Vertragsstrafe ist § 62 S. 2 VwVfG i. V. m. § 336 ff. BGB, für die Bürgschaft § 62 S. 2 VwVfG i. V. m. § 775 ff. BGB. Die vertragliche Vereinbarung der Unterwerfung des Vorhabenträgers unter die sofortige Vollstreckung gemäß § 61 VwVfG kommt bei einem Vorhaben nach § 12 BauGB nicht in Betracht, da die Voraussetzung für die Zulässigkeit einer solchen Regelung nach § 61 Abs. 1 S. 1 VwVfG das Vorliegen eines subordinationsrechtlichen Vertrages nach § 54 S. 2

---

76 *Hoppe*, in: Hoppe/Grotefels, Öffentliches Baurecht, § 5, Rdnr. 178.
77 *Hamberger*, Der Vorhaben- und Erschließungsplan., S. 114/115.
78 Vgl.: BT-DS 12/3944 v. 8.12.1992, S. 44.
79 Dies entspricht auch der Vorstellung des Gesetzgebers, vgl. dazu: BT-DS 12/3944 vom 8.12.1992, S. 44; *Birk*, Festschrift für Weyreuther, S. 213 (218).
80 *Hamberger*, Der Vorhaben- und Erschließungsplan, S. 114.
81 Siehe hierzu *Krautzberger*, in: Ernst/Zinkahn/Bielenberg, § 7 BauGB-MaßnG, Rdnr. 63.

VwVfG ist[82] und der Durchführungsvertrag aber als koordinationsrechtlicher Vertrag anzusehen ist[83].

Zu denken ist allerdings an die Unterwerfung unter die sofortige Zwangsvollstreckung nach § 794 Abs. 1 Ziff. 5 ZPO[84]. Dagegen spricht aber der eindeutige Wortlaut von § 62 S. 2 VwVfG, der nur auf die entsprechende Anwendung des Bürgerlichen Gesetzbuches und nicht auf die Zivilprozeßordnung verweist. Weiterhin muß die eindeutige Bezugnahme in § 61 Abs. 1 S. 1 VwVfG auf § 54 S. 2 VwVfG und nicht auf andere Vertragsformen dazu führen, einen Lösungsansatz nach § 794 Abs. 1 Ziff. 5 ZPO für die städtebaulichen Verträge abzulehnen[85].

bb) Absicherungsmöglichkeiten des Vorhabenträgers

Der Vorhabenträger hat die Möglichkeit sich durch Vertragsstrafen[86] und Rücktrittsrechte abzusichern. Da die Vertragsstrafe nicht einen Schaden ausgleicht, sondern den Eintritt eines bestimmten Ereignisses verhindern soll, wird ein vertragliches Fehlverhalten vorausgesetzt. Da die Gemeinde sich nicht vertraglich an eine bestimmte Bauleitplanung binden darf[87] ist die Vereinbarung einer Vertragsstrafe[88] unwirksam. Auch würde es diesbezüglich an einem vertraglichen Fehlverhalten der Gemeinde mangeln. Andere Verpflichtungen der Gemeinde können aber durch eine Vertragsstrafe gesichert werden. Bedenken bezüglich der Durchsetzbarkeit einer Vertragsstrafe ergeben sich aber dennoch, da diese im Musterentwurf für einen Durchführungsvertrag zum Vorhaben- und Erschließungsplan[89] nicht vorgesehen ist. Zwar können zu den im Vertrag aufgeführten Punkten zusätzlich individuelle Vereinbarungen getroffen werden, doch ist hier die Einlassung der Gemeinde diesbezüglich eher unwahrscheinlich, da sie sich nicht freiwillig diesem Kostenrisiko aussetzen wird.

---

82 Vgl. *Stelkens/Bonk/Sachs*, VwVfG, § 60 Rdnr. 11/12; *Knack*, VwVfG, § 61 Rdnr. 3; *Kopp*, VwVfG, § 61 Rdnr. 4. Offengelassen von *BVerwG*, 13.2.1976, IV C 44.74, *BVerwGE* 50, S. 171 (175) zur Rechtslage vor Inkrafttreten des Verwaltungsverfahrensgesetzes.

83 Siehe hierzu im ersten Teil, C II. 2.; a. A: *Krautzberger*, in: Ernst/Zinkahn/Bielenberg, § 7 BauGB-MaßnG, Rdnr. 57, 58.

84 Siehe zur grundsätzlichen Zulässigkeit der Betreibung privater Forderungen im Vollstrekkungsverfahren, *Sauthoff*, DÖV 87, S. 800 ff. und DÖV 89 S. 1 ff.; *Röper*, DÖV 82, S. 680 ff.

85 So auch *Kopp*, VwVfG, § 62 Rdnr. 16; a. A. *VGH München*, BayVBl. 1975, S. 651.

86 Ausgeschlossen ist die Unterwerfung der Gemeinde unter eine Vertragsstrafe für den Fall, daß das Bebauungsplanverfahren scheitert.

87 Vgl. *BGHZ* 76, S. 16.

88 Diese droht ja ein bestimmtes zukünftiges Verhalten - hier die Änderung der Bauleitplanung - mit einer Sanktion zu versehen an.

89 Siehe hierzu die Musterdurchführungsverträge der kommunalen Spitzenverbände.

Anders verhält es sich mit Rücktrittsrechten. Diese sind in der Praxis eher durchsetzbar und üblich. Insbesondere kann ein Rücktrittsrecht an die mit der Durchsetzung von einzelnen Planungsabschnitten verbundenen Fristen verknüpft werden. Das heißt beispielsweise, daß eine Rücktrittsmöglichkeit für den Fall vereinbart wird, wenn bis zu einem bestimmten Datum die Baugenehmigung oder aber der (vorhabenbezogene) Bebauungsplan nicht vorliegt. So ist folgende Formulierung denkbar:

„V ist berechtigt von diesem Vertrag zurückzutreten, falls der (vorhabenbezogene) Bebauungsplan nicht spätestens am ... rechtskräftig ist.

Macht V von seinem Rücktrittsrecht Gebrauch, so sind ihm folgende Aufwendungen zu erstatten... ".[90]

f) Zeitpunkt des Vertragsabschlusses

Vor der Übernahme des Vorhaben- und Erschließungsplans in § 12 BauGB war umstritten, zu welchem Zeitpunkt der Durchführungsvertrag zwischen dem Vorhabenträger und der Gemeinde geschlossen sein muß. Zu denken war an zwei Möglichkeiten: vor oder aber nach Satzungsbeschluß.

Während die *überwiegende Meinung*[91] davon ausging, daß der Durchführungsvertrag vor dem Satzungsbeschluß abgeschlossen sein muß, tendierte *Hamberger*[92] dazu, daß es ausreicht, wenn der Vertrag erst nach dem Satzungsbeschluß der Gemeinde, aber noch vor Inkrafttreten des Vorhaben- und Erschließungsplans, wirksam ist. Allerdings hielt er es für erforderlich, daß bei noch einzugehenden Verpflichtungen nach Satzungsbeschluß, aber vor Inkrafttreten der Satzung sowohl der Gemeinde, als auch des Vorhabenträgers, diese spätestens im Zeitpunkt des Satzungsbeschlusses inhaltlich feststehen müssen, weil sie Grundlage für die Satzungsentscheidung seien, deren Konsequenzen im Abwägungsvorgang berücksichtigt werden müßten.

Die *überwiegende Meinung* war jedoch der Ansicht, daß der Durchführungsvertrag, in dem sich der Vorhabenträger zur Durchführung des Vorhabens und der

---

90 *Looman*, NJW 1996, S. 1439 (1443).

91 *Birk*, NVwZ 1995, S. 625 (629) und ders. in Festschrift für Weyreuther, S. 213 ff. (221) *Jäde*, Der Vorhaben- und Erschließungsplan., Rdnr. 60; *Runkel*, Satzung über den Vorhaben- und Erschließungsplan , S. 27 (44); vgl. auch *OVG Bautzen*, LKV 1994, S. 84 (85); siehe gemeinsame Hinweise des Wirtschaftsministeriums und des Umweltministeriums Baden-Württemberg zum Gesetz zur Erleichterung von Investitionen und der Ausweisung und Bereitstellung von Wohnbauland, GABl 1994, S. 601 (608), Rdnr. 6.7.

92 *Hamberger*, Der Vorhaben- und Erschließungsplan, S. 107; in diese Richtung gehen auch *Koppitz*, DVBl.1992, S. 704 ff. (707); *Pietzcker*, DVBl. 1992, S. 658 ff. (660); *Pietzcker*, Der Vorhaben- und Erschließungsplan, S. 25 ff.

Erschließungsmaßnahmen verpflichtet, Voraussetzung für den Satzungsbeschluß ist. Daher müßten die vertraglichen Regelungen spätestens zum Zeitpunkt des endgültigen Beschlusses der Gemeindevertretung über die Satzung beendet sein. Nur so könne man auch der Abwägungsrelevanz gerecht werden. Jedoch sei dieser dann Genüge getan, wenn die aus dem Vertrag resultierenden abwägungsbeachtlichen Gesichtspunkte in anderen Materialien, z. B. im Vorvertrag, im Entwurf des Durchführungsvertrages, Eckwerke des Vertrages u.s.w. vorgelegen haben, bei der Abwägung berücksichtigt wurden und somit dem Satzungsbeschluß zugrunde lagen[93]. Der höheren Verwaltungsbehörde, die die Rechtmäßigkeitsvoraussetzungen zu prüfen hat, müsse der Vertrag zumindest im Anzeige- bzw. Genehmigungsverfahren nachgewiesen werden. Falls der Vertrag aber im Zeitpunkt des Satzungsbeschlusses nicht vorlag, so sei jedoch kein beachtlicher Fehler der Satzung gegeben, wenn er (noch) vor ihrem Inkrafttreten mit dem notwendigen Inhalt geschlossen wird[94].

Dieser Streit hat sich infolge der eindeutigen Regelung in § 12 Abs. 1 S. 1 BauGB erledigt. Danach muß der Durchführungsvertrag zwischen Vorhabenträger und der Gemeinde vor dem Beschluß nach § 10 BauGB, also bevor die Gemeinde den Bebauungsplan als Satzung beschließt, abgeschlossen werden.

Empfehlenswert ist, den Durchführungsvertrag allerdings nicht wesentlich früher als unmittelbar vor Satzungsbeschluß abzuschließen, da sich nach Durchführung der Beteiligungsverfahren oft die Notwendigkeit ergibt, den Vertragsentwurf noch einmal zu überarbeiten, um ihn an die endgültige Fassung der Plansatzung anzupassen.

---

93 *Reidt*, BauR 1995, S. 788 (791), *Bielenberg*, ZfBR 1996, S. 6 (15); vgl. bereits *Pietzcker*, Der Vorhaben- und Erschließungsvertrag, S. 26 f..

94 A. A. ist hier das *OVG Bautzen*, Urt.v. 14.7.94 - 1 S 142/93 in NVwZ 95/2, S. 181/182, das der Meinung ist, daß der Durchführungsvertrag bereits im Zeitpunkt der Beschlussfassung über die Satzung vorliegen muß, da die Satzung sonst nichtig sei: „Als Rechtsvoraussetzung der Satzung über einen Vorhaben- und Erschließungsplan bedarf es einer Vereinbarung zwischen Gemeinde und Vorhabenträger über die inhaltliche und zeitliche Durchführung eines Vorhabens und seiner Erschließung (Durchführungsvertrag) zum Zeitpunkt des Satzungsbeschlusses. Liegt ein solcher Durchführungsvertrag zum Zeitpunkt der Beschlußfassung über die Satzung nicht vor, ist die Satzung nichtig (im Anschluß an *OVG Bautzen*, LKV, 1995, S. 84 = NVwZ 1995, S. 181 (Leitsatz). Da § 58 Abs. 3 BauZVO die in § 55 Abs. 1 Nr. 3 BauZVO aufgestellten Voraussetzungen für das wirksame Zustandekommen der Satzung über den Vorhaben- und Erschließungsplan nicht erwähnt, liege auch kein unbeachtlicher Fehler vor, so daß der Verfahrensfehler nicht heilbar sei, was rückwirkend die Wirksamkeit der Satzung zur Folge hätte.

III. Vorhabenbezogener Bebauungsplan

1. Formelle Voraussetzungen

a) Das Aufstellungsverfahren

Das Aufstellungsverfahren war früher in § 7 Abs. 3 BauGB-MaßnG ausdrücklich geregelt. Aufgrund der Übernahme des Vorhaben- und Erschließungsplans in das Baugesetzbuch als „vorhabenbezogener" Bebauungsplan, richtet sich das Aufstellungsverfahren nun nach den Vorschriften über die Aufstellung eines Bebauungsplans nach dem BauGB.

Das Verfahren beginnt mit dem Aufstellungsbeschluß nach § 2 Abs. 1 BauGB, der auch mit dem Auslegungsbeschluß nach § 3 Abs. 1 BauGB verbunden werden kann. Ferner besteht die Abstimmungspflicht nach § 2 Abs. 4 BauGB sowie die Beteiligung der Bürger und Träger öffentlicher Belange gemäß § 3 und § 4 sowie § 10 BauGB über den Satzungsbeschluß, die Genehmigungspflicht und die ortsübliche Bekanntmachung. Während gemäß § 7 Abs. 3 BauGB-MaßnG die vorzeitige Bürgerbeteiligung entfiel, ist sie nunmehr grundsätzlich durchzuführen, sofern die Gemeinde nicht nach § 3 Abs. 1 S. 2 BauGB unter den dort genannten Voraussetzungen davon absieht. Das Ergebnis des förmlichen Beteiligungsverfahrens ist den Betroffenen mitzuteilen, § 3 Abs. 2 S. 3 2. HS BauGB.

aa) Abstimmung des Projektes zwischen dem Vorhabenträger und der Gemeinde

Zunächst erfolgt zwischen dem Vorhabenträger und der planenden Kommune eine informelle Abstimmung[95]. Hierbei werden sich die Beteiligten auf einen bestimmten städtebaulichen Entwurf verständigen, der den Vorstellungen des Investors und der Gemeinde über die städtebauliche Entwicklung „des betreffenden Bereichs" entspricht. In diesem Stadium ist es bereits ratsam, daß die Verfahrensbeteiligten mit den wichtigsten Trägern öffentlicher Belange Kontakt aufnehmen und die tragenden Gesichtspunkte des Vorhabens mit diesen abstimmen. Grund dafür ist, daß dadurch der Gemeinde die spätere Planung ernorm erleichtert wird.

Zu diesem Zeitpunkt kommt auch der Abschluß eines Vorvertrages in Betracht[96]. Der Abschluß eines Vorvertrages vor der Einleitung des Bebauungsplanverfah-

---

[95] *Portz/Runkel*, Baurecht für die kommunale Praxis, Rdnr. 338.

[96] *Jäde*, Der Vorhaben- und Erschließungsplan, Rdnr. 80; *Runkel*, Satzung über den Vorhaben- und Erschließungsplan , S. 27 (32 f.).

rens ist zwar normalerweise nicht erforderlich[97]. Er kann aber die Rechtsstellung der Parteien klären sowie die Risikoübernahme und rechtliche Zweifelsfragen ausräumen. Auch kann es im Einzelfall sachgerecht sein, bereits zu einem frühen Zeitpunkt eine Rahmenvereinbarung über das Verfahren und die Verteilung der Risiken und Lasten zu treffen. Insbesondere ist dies dann ratsam, wenn der Vorhabenträger oder die Gemeinde erhebliche wirtschaftliche Vorleistungen erbringen müssen, z. B. für die Untersuchungen von Bodenverunreinigungen, ohne daß der Erfolg der Aufwendungen gesichert ist.[98] Ob der Abschluß eines Vorvertrages sinnvoll ist, muß in jedem Fall einzeln entschieden werden. Prinzipiell haben sich diese in der Praxis aber nicht bewährt. Sie kosten nur unnötig Zeit und Arbeit, die besser zur schnellen Ausführung des Durchführungsvertrages und des Bebauungsplanverfahrens eingesetzt werden sollte.

bb) Antrag des Vorhabenträgers

Durch den Antrag des Vorhabenträgers gegenüber der Gemeinde, das Verfahren für den bereits informell abgeklärten Vorhaben- und Erschließungsplan einzuleiten, beginnt das Bebauungsplanverfahren. Der Antragsinhalt ist im Gesetz nicht geregelt. Im Antrag ist aber zumindest eine Erklärung des Vorhabenträgers erforderlich, daß er sich im Durchführungsvertrag zur Realisierung der notwendigen Erschließungsmaßnahmen und zur Durchführung des Vorhabens innerhalb einer bestimmten Frist verpflichtet[99]. Auch ist es ratsam, daß der Vorhabenträger bereits in dem Antrag private Baubefugnisse nachweist, z. B. durch Grundbuchauszüge und belegt, daß er finanziell in der Lage ist, das Vorhaben zu realisieren, zum Beispiel durch eine Finanzierungsbestätigung der Bank.

Ob zusammen mit dem Antrag die Vorlage eines bereits in allen Einzelheiten abgestimmten Vorhabenplans erforderlich ist, wird teilweise befürwortet[100]. Diese Abstimmung ist jedoch ein Vorgang, der sich durch das ganze Planungsverfahren hindurch zieht[101], so daß dies nicht erforderlich sein dürfte.

---

[97] Obwohl dieser im Gesetz nicht eigens erwähnt wird, ist er dennoch zulässig; vgl. *Bielenberg*, ZfBR 1996, S. 6 (17); *Jäde,* Der Vorhaben- und Erschließungsplan, Rdnr. 80; *Runkel*, Satzung über den Vorhaben- und Erschließungsplan, S. 27 (32 f.).

[98] *Bunzel/Elsner/Scharmer*, Satzung über den Vorhaben- und Erschließungsplan, S. 26.

[99] Dies ergibt sich aus § 12 Abs. 1 S. 1 BauGB.

[100] Vgl. *Jäde*, Der Vorhaben- und Erschließungsplan., Rdnr. 119 f.; vgl. auch *Birk*, NVwZ 1995, S. 625 (628).

[101] So auch *Gaentzsch,* in: Berliner Kommentar zum BauGB, § 7 BauGB-MaßnG, Rdnr. 7.

cc) Entscheidung der Gemeinde über den Antrag

Der Vorhabenträger hat keinen Anspruch auf die Einleitung des Bebauungsplanverfahrens. Dies ergibt sich unmittelbar aus § 2 Abs. 3 BauGB. Die überwiegende Meinung billigt dem Vorhabenträger auch keinen Anspruch auf ermessensfehlerfreie Entscheidung über die Einleitung des Verfahrens zu[102]. Nach dieser Auffassung habe der Antragsteller nur einen Verbescheidungsanspruch. Gegen diese Ansicht spricht aber der eindeutige Wortlaut des § 12 Abs. 2 BauGB (früher § 7 Abs. 3 S. 1 BauGB-MaßnG)[103], aus dem sich zwar kein Anspruch auf Einleitung des Bebauungsplanverfahrens ableiten läßt, jedoch ein Anspruch des Vorhabenträgers, daß die Gemeinde über den von ihm vorgelegten Vorhaben- und Erschließungsplan sowie über die Einleitung des Bebauungsplanverfahrens nach pflichtgemäßem Ermessen entscheidet[104]. Ferner bindet sich die Gemeinde mit der Einleitung des Bebauungsplanverfahrens noch nicht inhaltlich. Verfahrens- und Beteiligungsrechte werden daher ebensowenig verkürzt wie die Abwägung[105].

Bei der Entscheidung über den Antrag des Vorhabenträgers handelt es sich nicht um ein sogenanntes Geschäft der laufenden Verwaltung bzw. um eine Angelegenheit, die nach den Kommunalgesetzen der Länder, dem Verwaltungsorgan der Gemeinde zugewiesen ist. Die Entscheidung trifft daher in der Regel der Rat und nicht die Verwaltung. Möglich ist aber auch, daß ein beschließender Ausschuß entscheidet.

Welche Rechtsnatur diese Entscheidung der Gemeinde darstellt, wird unterschiedlich beantwortet. Teilweise wird die Auffassung vertreten, daß es sich hierbei um einen Verwaltungsakt im Sinne des § 35 VwVfG handelt[106]. Andere wiederum betrachten die Entscheidung als öffentlich-rechtliche Willenserklärung[107]. Da durch die Entscheidung der Gemeinde über den Antrag keine Rechtsfolge gesetzt wird, stellt sie einen schlicht-hoheitlichen Akt und nicht einen Verwaltungsakt dar.

---

[102] *Gaentzsch,* in: Berliner Kommentar zum BauGB, § 7 BauGB-MaßnG, Rdnr. 19; *Jäde*, Der Vorhaben- und Erschließungsplan, Rdnr. 920; wohl auch *Neuhausen,* in: Brügelmann, BauGB-MaßnG, Rdnr. 370; a. A. *Stich*, ZfBR 1994, S. 258 (260), der einen Anspruch auf Inkrafttreten der Satzung bejaht.

[103] § 7 Abs. 3 S. 1 BauGB-MaßnG: Die Gemeinde hat auf Antrag des Vorhabenträgers über die Einleitung des Satzungsverfahrens nach pflichtgemäßem Ermessen zu entscheiden;

[104] So ausdrücklich die Begründung zum Gesetzentwurf der Koalitionsfraktionen, BT-DS. 12/3944, S. 45.

[105] So auch *Bielenberg*, ZfBR 1996, S. 6 (11), der sogar einen vertraglichen Anspruch auf Einleitung des Satzungsverfahrens für zulässig erachtet; a. A. für den Bebauungsplan, *VGH Mannheim*, UPR 1995, S. 355.

[106] *Krautzberger,* in: Ernst/Zinkahn/Bielenberg, § 7 BauGB-MaßnG, Rdnr. 101; *Runkel*, Satzung über den Vorhaben- und Erschließungsvertrag, S. 27 (33 f.).

[107] *Neuhausen,* in: Brügelmann, BauGB-MaßnG, Rdnr. 374.

Theoretisch kann dieser Anspruch mit der verwaltungsrechtlichen Leistungsklage durchgesetzt werden. In der Praxis ist die Klage aber nicht sehr erfolgsversprechend, da eine für den Anspruch erforderliche Ermessensreduzierung auf Null praktisch ausscheidet. Das Gericht spricht deshalb nur die Verpflichtung in Form eines Bescheidungsurteils für die Gemeinde aus, den Sachverhalt unter Beachtung der Rechtsauffassung des Gerichts neu zu entscheiden.

b) Ausfertigung

Nach der Beteiligung der betroffenen Bürger und berührten Träger öffentlicher Belange oder der öffentlichen Auslegung des Planentwurfs beschließt der Gemeinderat den Vorhaben- und Erschließungsplan, im Gegensatz zu früher, nicht mehr als eine spezielle Satzung (Satzung über den Vorhaben- und Erschließungsplan) neben dem Bebauungsplan, sondern nunmehr als eine besondere Form des Bebauungsplans nämlich als „vorhabenbezogenen Bebauungsplan“ in öffentlicher Sitzung[108]. Der vorher vertraglich vereinbarte Vorhaben- und Erschließungsplan wird hierbei als Mindestinhalt Bestandteil des Bebauungsplan[109], vgl. § 12 Abs. 3 S. 1 BauGB.

c) Planerhaltung

Es gelten die §§ 214 - 216 BauGB über die Planerhaltung. Hierbei ist zu beachten, daß gemäß §§ 243 Abs. 1, 233 Abs. 2 BauGB diese erneuerten Regelungen auch auf Bauleitpläne und städtebauliche Satzungen anzuwenden sind, die bereits vor dem 1.1.98 in Kraft getreten sind, also auch auf eine Satzung über den Vorhaben- und Erschließungsplan nach § 7 BauGB-MaßnG.

2. Materielle Voraussetzungen

Inhaltlich muß der vorhabenbezogene Bebauungsplan wie der „normale“ Bebauungsplan den materiellen Anforderungen der §§ 1 und 1 a BauGB entsprechen.

a) Vereinbarkeit mit einer geordneten städtebaulichen Entwicklung

Voraussetzung für den Erlaß eines vorhabenbezogenen Bebauungsplans ist zunächst, daß die Planung für die städtebauliche Entwicklung und Ordnung erforderlich ist[110]. Dies ergibt sich jetzt direkt aus § 1 Abs. 3 BauGB (früher aus § 7

[108] *Hoppe*, in: Hoppe/Grotefels, Öffentliches Baurecht, § 5, Rdnr. 182.
[109] *Birk*, NVwZ 1995, S. 625 (629).
[110] Siehe hierzu *Söfker*, in: Ernst/Zinkahn/Bielenberg, § 1 Abs. 3 BauGB.

Abs. 2 S. 1 BauGB-MaßnG i. V. m. § 1 Abs. 3 BauGB). § 1 Abs. 3 BauGB regelt die „planungsrechtliche Erforderlichkeit“ (u. a.) von Bebauungsplänen. „Die Gemeinden“, so heißt es dort, „haben die Bauleitpläne aufzustellen, sobald und soweit es für die städtebauliche Entwicklung und Ordnung erforderlich ist“. Die *herrschende Meinung* trennt von der Erforderlichkeit alle Ermessensbezüglichkeiten ab und destilliert auf diese Weise das „erforderlich“ als einen sog. „unbestimmten Rechtsbegriff“ heraus[111]. Das heißt, daß die Gemeinde hier zwar einen weiten Beurteilungsspielraum hat, deren Entscheidung jedoch in der Regel gerichtlich voll nachprüfbar ist.

Ferner muß die Gemeinde den vorhabenbezogenen Bebauungsplan nach § 1 Abs. 4 BauGB den Zielen der Raumordnung und Landesplanung anpassen sowie die in § 1 Abs. 5 BauGB aufgezählten Bedürfnisse berücksichtigen. Der vorhabenbezogene Bebauungsplan muß dem Abwägungsgebot des § 1 Abs. 6 BauGB, sowohl im Abwägungsvorgang wie auch im Abwägungsergebnis - unter Berücksichtigung der Besonderheiten des Vorhaben- und Erschließungsplans - genügen[112]. Das heißt, vor Satzungsbeschluß gem. § 10 Abs. 1 BauGB sind die öffentlichen[113] und die privaten Belange gegeneinander und untereinander gerecht abzuwägen[114].

Bei der Abwägung sind die in § 1 Abs. 5 BauGB aufgeführten Belange, wie beispielsweise Anforderungen an gesunde Wohn- und Arbeitsverhältnisse, Belange des Umweltschutzes, Belange des Denkmalschutzes usw. zu berücksichtigen. In die Abwägung fließen auch die Ergebnisse der nach § 2 Abs. 3 Nr. 3 i. V. m. § 17 UVPG für bestimmte Projekte durchzuführenden Umweltverträglichkeitsprüfungen ein[115]. Auch kommt der Baunutzungsverordnung bei der Abwägung, eine große Bedeutung zu[116]. Die Regelungen der BauNVO bringen z.B. durch Festlegung der in den einzelnen Baugebieten zulässigen Nutzungsarten (§§ 2 bis 15

[111] Siehe *OVG Koblenz*, Urt. v. 3.11.1966,BRS 17, S. 34 (36); *VGH Mannheim*, BRS 15, S. 6 (10) und BRS 17, S. 11(12).

[112] *OVG Bautzen*, Urt.v. 8.12.1993- 1 S 81/93 in:LKV 1995/2, S.84-86.

[113] Da sich aus der Formulierung des Gesetzestextes keine Einengung des Kreises der zu beteiligenden Träger öffentlicher Belange ableiten läßt, empfiehlt sich die Durchführung einer Trägerbeteiligung, wie sie auch im Rahmen der Bebauungsplanung nach § 4 BauGB üblich ist. Hilfestellungen geben die Listen der wichtigsten Träger öffentlicher Belange im Einführungserlaß zum Baugesetzbuch und Listen der Länder. Bei Vorhaben mit überörtlichen Auswirkungen (z. B. häufig bei der Planung von Einkaufszentren mit überörtlichem Einzugsbereich) sind auch die Nachbargemeinden zu beteiligen. Die Abstimmung mit benachbarten Gemeinden ist entsprechend § 2 Abs. 2 BauGB durchzuführen.

[114] Siehe die Abwägungsentscheidung des *BVerwG* E 45, S. 303-331 zu § 1 BauGB; *Lüers*, ZfBR 1993, S. 106 (113), *Uechtritz*, DVBl. 93, S. 181 (185).

[115] Eine förmliche Umweltverträglichkeitsprüfung nach § 14 UVPG ist nur notwendig, wenn ein Vorhaben der Anlage zu § 3 UVPG verwirklicht werden soll.

[116] Zwar besteht keine Bindung an die Baunutzungsverordnung, dennoch orientieren sich die Vorhaben- und Erschließungspläne in der Praxis an dieser. Siehe hierzu die Ausführungen im ersten Teil, C I.

BauNVO) zum Ausdruck, welche Bestimmungen mit einer geordneten städtebaulichen Entwicklung vereinbar sind[117].

Mit der Einführung von § 1 a BauGB zum 1.1.1998 muß der vorhabenbezogene Bebauungsplan auch den materiellen Anforderungen dieses Paragraphen entsprechen, also umweltschützende Belange in die Abwägung mit einbeziehen. Dies gilt (wie bei jedem Bauleitplan) auch für die naturschutzrechtliche Eingriffsregelung. Da die §§ 135 a - c BauGB nicht anwendbar sind (vgl. § 12 Abs. 3 S. 1 2. HS BauGB), muß der notwendige Ausgleich entweder vom Vorhabenträger durchgeführt werden oder der Vorhabenträger muß sich im Durchführungsvertrag zur Übernahme der Kosten für die Durchführung des Ausgleiches von dritter Seite verpflichten. Kann im vorhabenbezogenen Bebauungsplan der Ausgleich nicht verwirklicht werden, so kann die Gemeinde auch einen Bebauungsplan für den Ausgleich aufstellen[118].

Weiterhin muß das gemeindenachbarliche Rücksichtsnahmegebot beachtet werden (§ 2 Abs. 2 BauGB)[119].

b) Entwicklungsgebot aus dem Flächennutzungsplan

Der vorhabenbezogene Bebauungsplan ist wie der „normale" Bebauungsplan aus dem Flächennutzungsplan zu entwickeln, § 8 Abs. 2 BauGB[120]. Dies ist bereits beim Vorhaben- und Erschließungsplan selbst zu beachten[121]. Entspricht der vorhabenbezogene Bebauungsplan nicht dem Flächennutzungsplan, so ist es im Interesse der geordneten städtebaulichen Entwicklung nötig, den Flächennutzungsplan in angemessener Frist zu ändern.

Ferner sind die Vorschriften zum Parallelverfahren, § 8 Abs. 3 BauGB, und zum vorzeitigen Bebauungsplan, § 8 Abs. 4 BauGB, anzuwenden. Gemäß § 8 Abs. 4 BauGB kann der vorhabenbezogene Bebauungsplan somit aufgestellt werden bevor der Flächennutzungsplan aufgestellt ist, falls das Vorhaben beispielsweise der Deckung eines dringenden Wohnbedarfs dient. Fehlt ein Flächennutzungsplan, so sollte zumindest ein städtebauliches Nutzungskonzept für das gesamte Gemeindegebiet vorliegen, damit die Vereinbarkeit des Vorhabens mit der Gesamtpla-

---

[117] *Hamberger*, Der Vorhaben- und Erschließungsplan , S 136 f..
[118] *Krautzberger*, in: Battis/Krautzberger/Löhr, § 12 BauGB Rdnr. 25.
[119] *OVG Bautzen*, LKV, S. 84 (86).
[120] *Lüers*, ZfBR 1993, S. 106 (113); a. A: *Söfker*, ZfBR 1992 , S. 149 (151); dieser ist der Ansicht, daß der VEP weder einen Flächennutzungsplan voraussetzt, noch dessen Darstellungen entsprechen muß.
[121] *Krautzberger*, in: Battis/Krautzberger/Löhr, § 12 BauGB Rdnr. 27.

nung beurteilt werden kann[122]. Ansonsten könnten nämlich punktuelle Vorentscheidungen für einzelne Standorte die städtebauliche Ordnung des gesamten Gemeindegebietes beeinträchtigen (vgl. auch § 8 Abs. 2 S. 2 BauGB) .

IV. Sonstiges

1. Bodenordnung, Enteignung

Vom Gesetzgeber wurde von den Bodenordnungsverfahren nur die *Grenzregelung* nach § 80 ff. BauGB zugelassen. Das *Umlegungsrecht* (§§ 45 - 79 BauGB) wurde ausgeschlossen, § 12 Abs. 3 S. 2 2. HS BauGB.

Eine *Enteignung* nach § 85 Abs. 1 Nr. 1 BauGB kommt im Bereich des Vorhaben- und Erschließungsplans nur in Betracht, wenn der vorhabenbezogene Bebauungsplan Festsetzungen nach § 9 BauGB für öffentliche Zwecke trifft. Ansonsten soll die Enteignung - ebenso wie die Umlegung - nicht in Betracht kommen, weil Voraussetzung für die Anwendung des § 12 BauGB die grundsätzliche Verfügungsbefugnis des Eigentümers über die Grundstücke im Bereich des Vorhaben- und Erschließungsplans ist[123]. Die Einschränkungen gelten nicht, soweit Flächen nach § 12 Abs. 4 BauGB, also Flächen außerhalb des Bereichs des Vorhaben- und Erschließungsplans, in den vorhabenbezogenen Bebauungsplan einbezogen werden.

Bei der Errichtung von Projekten aufgrund des Vorhaben- und Erschließungsplans, ist jedoch der praktische Anwendungsbereich der Grenzregelung und der Enteignung sehr gering[124], da der Vorhaben- und Erschließungsplan seine Vorteile (nämlich schnelle und zügige Realisierung der Vorhaben) sonst verlieren würde. In solchen Fällen wird man dann eher auf das Instrument des „normalen“ Bebauungsplans zurückgreifen.

2. Teilungsgenehmigung

Mit Wirkung vom 1.1.1998 ist die Genehmigungspflicht für Grundstücksteilungen grundsätzlich entfallen. Nach § 19 Abs. 1 BauGB n. F. kann die Gemeinde jedoch durch Satzung bestimmen, daß im Geltungsbereich eines Bebauungsplans i. S. d. § 30 Abs. 1 und 3 BauGB die Teilung eines Grundstücks zu ihrer Wirksamkeit der Genehmigung bedarf. Für den Vorhaben- und Erschließungsplan kann eine Satzung nach § 19 BauGB nicht erlassen werden, § 12 Abs. 3 S. 2 2.

---

[122] So eine Forderung von *Bunzel/Elsner/Scharmer*, Satzung über den Vorhaben- und Erschließungsplan, S. 28.
[123] *Krautzberger*, in: Battis/Krautzberger/Löhr, BauGB, § 12 Rdnr. 34.
[124] *Krautzberger*, in: Ernst/Zinkahn/Bielenberg, § 7 BauGB-MaßnG, Rdnr. 141.

HS BauGB[125]. Die Gemeinde hat jedoch die Möglichkeit im Durchführungsvertrag zu bestimmen, daß im Bereich des Vorhaben- und Erschließungsplans Grundstücksteilungen nur im Einverständnis mit ihr nach Maßgabe des Vorhaben- und Erschließungsplans durchgeführt werden dürfen[126].

3. Erlaß einer Veränderungssperre[127]/Zurückstellung der Baugenehmigung/gesetzliches Vorkaufsrecht

Der Vorhaben- und Erschließungsplan rechtfertigt nicht zum *Erlaß einer Veränderungssperre* nach § 14 BauGB[128] oder zu einer *Zurückstellung der Baugenehmigung* gemäß § 15 BauGB (vgl. § 12 Abs. 3 S. 2, 2. HS). Allerdings ist der Ausschluß, wegen der Anknüpfung an den 1. Halbsatz, auf den „Bereich des Vorhaben- und Erschließungsplans" beschränkt.

Die Bestimmungen über das *gesetzliche Vorkaufsrecht* nach § 24 BauGB, sind im Geltungsbereich eines vorhabenbezogenen Bebauungsplans gleichfalls nicht anwendbar, § 12 Abs. 3, S. 2, 2. HS BauGB.

D. Verhältnis des vorhabenbezogenen Bebauungsplans zum Durchführungsvertrag und Verhältnis des vorhabenbezogenen Bebauungsplans sowie des Durchführungsvertrages zur Baugenehmigung

I. Verhältnis des vorhabenbezogenen Bebauungsplans zum Durchführungsvertrag

Der Durchführungsvertrag und der vorhabenbezogene Bebauungsplan dürfen sich inhaltlich nicht widersprechen, weil sich die Durchführungsverpflichtung auf den Vorhaben- und Erschließungsplan und somit - weil dieser Bestandteil des vorhabenbezogenen Bebauungsplans wird (§ 12 Abs. 3 S. 1 BauGB) - auf den vorhabenbezogenen Bebauungsplan bezieht. Dennoch können im Durchführungsvertrag zusätzliche Verpflichtungselemente, z. B. Konkretisierungen, Detailfestlegungen, aber auch Verpflichtungen nicht bodenrechtlicher Art, aufgenommen werden, soweit sie nicht im Widerspruch zum vorhabenbezogenen Bebauungsplan stehen.

---

125 Im Gegensatz dazu, hat § 7 Abs. 4 S. 3 BauGB-MaßnG die Teilung im Satzungsgebiet zugelassen.

126 *Brügelmann*, BauGB, § 12 Rdnr. 14.

127 Siehe hierzu den Aufsatz von *Schenke*, Veränderungssperre und Zurückstellung des Baugesuchs als Mittel zur Sicherung der Bauleitplanung, WiVerw 1994, S. 253.

128 So auch *Jäde*, Rdnr. 114, *Söfker*, ZfBR 1992, S. 149 (152), *Pietzcker*, Der Vorhaben- und Erschließungsplan, S. 41. A. A. ist hier *Hamberger*, Der Vorhaben- und Erschließungsplan, S. 194 ff., der die Anwendbarkeit der §§ 14 ff. BauGB für gegeben hält.

Umgekehrt können im vorhabenbezogenen Bebauungsplan weitere städtebauliche Bestimmungen getroffen werden. Entspricht der Bebauungsplan nicht dem Durchführungsvertrag, ist er insoweit nichtig. Falls er aus anderen Gründen nichtig ist, entfällt die Verpflichtung des Vorhabenträgers, wenn die Gemeinde nicht für eine Mangelbeseitigung sorgt. Ist der Vertrag nichtig und wird der Mangel nicht beseitigt, so entfällt eine Wirksamkeitsvoraussetzung des vorhabenbezogenen Bebauungsplans und macht diesen rechtwidrig bzw. nichtig[129].

II. Verhältnis des vorhabenbezogenen Bebauungsplans zur Baugenehmigung

Ein aufgrund § 12 BauGB erlassener vorhabenbezogener Bebauungsplan begründet nur die planungsrechtliche Zulässigkeit des Vorhabens. Er ersetzt jedoch nicht die Baugenehmigung nach den jeweiligen Landesgesetzen[130]. Der Vorhabenträger muß somit nach Inkrafttreten des vorhabenbezogenen Bebauungsplans noch eine Baugenehmigung bei der Baugenehmigungsbehörde einholen. Im Baugenehmigungsverfahren wird dann neben der Prüfung der Übereinstimmung des Vorhabens mit dem Bebauungsplan, auch die Einhaltung des Bauordnungsrechts, des Naturschutzrechts, des Denkmalrechts u.s.w. überprüft. Die Baugenehmigung ist dann zu erteilen, wenn das Vorhaben den Festsetzungen des vorhabenbezogenen Bebauungsplans entspricht und die Erschließung gesichert ist.

Zu beachten ist, daß der vorhabenbezogene Bebauungsplan auch nicht andere notwendige Genehmigungen, wie beispielsweise eine Genehmigung nach dem Bundes-Immissionsschutzgesetz entbehrlich macht. Ebenfalls werden solche vorgeschriebenen Genehmigungen nicht durch den öffentlich-rechtlichen Durchführungsvertrag ersetzt.

Wird ein Vorhaben aufgrund von Anregungen und Bedenken oder Stellungnahmen Träger öffentlicher Belange geändert, bevor der vorhabenbezogene Bebauungsplan als Satzung beschlossen wird, so ist der Durchführungsvertrag vor diesem Beschluß anzupassen. Erfolgt keine Anspassung, so ist er ungültig, weil die konkrete Verpflichtung des Vorhabenträgers und der vorhabenbezogene Bebauungsplan nicht übereinstimmen[131].

---

[129] *Krautzberger*, in: Battis/Krautzberger/Löhr, § 12 BauGB, Rdnr. 17.

[130] Art. 74 BayBO; §§ 59 I LBO BW; 62 I BauO Bln; 95 I Brem LBO; 69 I HBauO; 96 HBO; 75 I NBauO; 70 I BauO NW; 68 I LBO RhPf; 96 I LBO Saarl; 69 I LBO SH; 70 I LBO in den neuen Bundesländern.

[131] Vgl. *Birk*, NVwZ 1995, S. 625 (630).

III. Verhältnis des Durchführungsvertrages zur Baugenehmigung

Das Verhältnis des Durchführungsvertrages zur Baugenehmigung ist bisher noch nicht geklärt. Im Durchführungsvertrag[132] ist oft eine Kündigungsmöglichkeit der Gemeinde, z. B. bei Insolvenz des Vorhabenträgers, vorgesehen. Die Kündigung des Durchführungsvertrages hat die Rechtswidrigkeit bzw. Nichtigkeit des vorhabenbezogenen Bebauungsplans zur Konsequenz, mit der Folge, daß eine Baugenehmigung dann nicht mehr rechtmäßig erteilt werden kann[133]. Wurde sie bereits erteilt, so wird die Baugenehmigung nicht rechtswidrig, da sich die Rechtmäßigkeit eines Verwaltungsaktes zum Zeitpunkt seines Erlasses beurteilt. Jedoch besteht dann die Möglichkeit, die Baugenehmigung bei Vorliegen der Voraussetzungen gemäß § 49 Abs. 1 VwVfG[134] aufzuheben.

[132] Siehe hierzu einen Musterentwurf des Durchführungsvertrages der kommunalen Spitzenverbände.

[133] *Bielenberg*, ZfBR 1996, S. 6 (12).

[134] Siehe hierzu die Erörterungen im zweiten Teil D, X.

Zweiter Teil

Ansprüche des Vorhabenträgers bei Abstandnahme der Gemeinde vom Vorhaben- und Erschließungsplan

A. Einführung

Im zweiten Teil dieser Arbeit werden die in Betracht kommenden Schadensersatz- und Entschädigungsansprüche des Investors gegen die Gemeinde erörtert.

Aus § 12 BauGB ergeben sich verschiedene Fallkonstellationen, wann und wie die Gemeinde befugt ist, den vorhabenbezogenen Bebauungsplan aufzuheben. In Betracht kommt zunächst eine Aufhebung aufgrund der **Nichteinhaltung der Frist (Zweckverfehlung)** durch den Vorhabenträger, § 12 Abs. 6 S. 1 BauGB. Des weiteren ist die Gemeinde eventuell zur Aufhebung des vorhabenbezogenen Bebauungsplans befugt, wenn der **Vorhabenträger wechselt**, § 12 Abs. 5 BauGB. Drittens ist eine Aufhebung wegen einer **veränderten Planungskonzeption** möglich, indem die Gemeinde den vorhabenbezogenen Bebauungsplan aufhebt, bzw. bei den „Altfällen" nach Erlaß der Satzung einen Bebauungsplan aufstellt, der die Vorhaben- und Erschließungsplansatzung außer Kraft setzt, § 7 Abs. 7 i. V. m. Abs. 3 S. 8 BauGB-MaßnG.

Ändert die Gemeinde ihre Bauleitplanung, so stellt sich die Frage, ob der Investor Schadensersatz- und Entschädigungsansprüche für vergeblich aufgewendete Planungskosten geltend machen kann, die er im Vertrauen auf den vorhabenbezogenen Bebauungsplan bzw. die Vorhaben- und Erschließungsplansatzung gemacht hat und worauf er diese stützen kann.

Zu denken ist hier insbesondere an die Plangewährleistungsansprüche nach § 39 ff. BauGB. Jedoch ist § 39 BauGB - wie sich noch zeigen wird - vom Wortlaut her für die „Altfälle" nicht passend, da der Investor auf eine Satzung über den Vorhaben- und Erschließungsplan vertraut hat und nicht auf einen Bebauungsplan. Weiterhin wird sich zeigen, daß die Nichtanwendbarkeit der eigens für die von einem Investor getätigten und durch die Änderung der Bauleitplanung wertlos gewordenen Aufwendungen im Baurecht geschaffene Entschädigungsvorschrift § 39 BauGB für diese „Altfälle", ein untragbares Ergebnis ist, da der Vorhabenträger auf sonstige öffentlich-rechtliche Schadensersatz- und Entschädigungsansprüche zurückgreifen muß, die selten zum Erfolg führen, weil die Gemeinde sich zusätzlich einer Pflichtverletzung schuldig gemacht haben muß.

Eine vorschnelle Bejahung der analogen Anwendbarkeit des § 39 BauGB ohne Prüfung der anderen möglichen Anspruchsgrundlagen, die das öffentlichen Recht zu bieten hat, wäre nicht angebracht. Daher erfolgt erst eine Prüfung der sonstigen in Betracht kommenden Schadensersatz- und Entschädigungsansprüche.

Bei der Prüfung der möglichen Schadensersatz- und Entschädigungsansprüche wird grundsätzlich davon ausgegangen, daß im Durchführungsvertrag keine vertragliche Regelung über Leistungsstörungen getroffen wurde.

B. Aufhebung des vorhabenbezogenen Bebauungsplans durch die Gemeinde wegen Nichteinhaltung der Frist durch den Vorhabenträger (Zweckverfehlung), § 12 Abs. 6 S. 1 i. V. m. Abs. 1 S. 1 BauGB

I. Voraussetzungen

Die Gemeinde ist befugt, den vorhabenbezogenen Bebauungsplan aufgrund von § 12 Abs. 6 S. 1 BauGB aufzuheben, wenn der Vorhaben- und Erschließungsplan vom Vorhabenträger nicht innerhalb der Frist nach § 12 Abs. 1 S. 1 BauGB durchgeführt wird und somit die Durchführung des Vorhabens gefährdet ist. Zwar ist das Ermessen der Gemeinde eingeschränkt, da sie den Bebauungsplan bei Vorliegen dieser Voraussetzung aufheben „soll". Dennoch bleibt ihr ein Ermessensspielraum dahingehend, ob die Aufhebung des Bebauungsplans unter Berücksichtigung einzelner Belange nicht unangebracht ist. So hat die Gemeinde neben den Belangen des Vorhabenträgers, sonstige öffentliche und private Belange zu berücksichtigen und muß aufgrund einer Abwägung dieser Belange (§ 1 Abs. 6 BauGB) zu einem gerechten Ergebnis kommen. Die Aufhebung des Bebauungsplans trotz Nichteinhaltung der Frist durch den Vorhabenträger kann daher abwägungsfehlerhaft sein, wenn das Vorhaben bereits teilweise fertiggestellt ist und Vertrauenspositionen Dritter begründet sind[1].

Vor Aufhebung des Bebauungsplans ist auch eine einvernehmlich erlangte Fristverlängerung in Erwägung zu ziehen, wobei zu prüfen ist, ob der mit der Satzung verfolgte investive Zweck auch bei verzögerter Fertigstellung nicht noch erreicht werden kann[2]. Auch hierbei sind die Belange Dritter zu berücksichtigen, insbesondere, ob und in welchem Umfang die Vorhaben- und Erschließungsmaßnahmen bereits fortgeschritten sind.

Ein Verschulden des Vorhabenträgers ist keine Voraussetzung für eine Aufhebung wegen Fristversäumnis. Jedoch müssen die Umstände, die zur Nichteinhaltung der Frist führen, zumindest in der Risikosphäre des Vorhabenträgers liegen.

---

1 *Pietzcker*, Der Vorhaben- und Erschließungsplan, S. 29; a.A. *Gaentzsch*, Rdnr. D 36: dieser hält die Aufhebung in diesem Fall immer für städtebaulich nicht vertretbar.

2 *Jäde*, Der Vorhaben- und Erschließungsplan, Rdnr. 214; zur Fristverlängerung siehe *Gaentzsch*, Rdnr. D 35

II. Schadensersatz- und Entschädigungsansprüche des Vorhabenträgers

1. Ersatzansprüche aus Entschädigungspflicht der Gemeinde

Da in § 12 Abs. 6 S. 2 BauGB ausdrücklich geregelt ist, daß aus der Aufhebung des Bebauungsplans durch die Gemeinde wegen Zweckverfehlung des Vorhabenträgers, keine Ansprüche gegen die Gemeinde geltend gemacht werden können, stehen dem Vorhabenträger insbesondere keine Entschädigungsansprüche nach § 39 ff. BauGB, also keine Plangewährleistungsansprüche zu. Dieser Ausschluß gilt aber nur für den Fall, daß die Aufhebung zu Recht erfolgt, was nicht zwangsläufig bei jeder Fristüberschreitung der Fall ist, so daß eine Aufhebung durchaus rechtswidrig[3] und somit einen Anspruch aus Amtshaftung gemäß § 839 BGB i. V. m. Art. 34 GG nach sich ziehen kann.

2. Andere Ersatzansprüche des Vorhabenträgers

Vertragliche Ansprüche des Vorhabenträgers bleiben von dem Ausschluß des § 12 Abs. 6 S. 2 BauGB unberührt. Dies ergibt sich aus § 12 Abs. 6 S. 2 BauGB, der bestimmt, daß lediglich aus der Aufhebung des Bebauungsplans Ansprüche gegen die Gemeinde nicht erhoben werden können.

Daher besteht die Möglichkeit, vertragsähnliche Ansprüche wie die aus culpa in contrahendo (Verschulden bei Vertragsschluß) oder aus positiver Vertragsverletzung geltend zu machen. Die Voraussetzungen dieser Ansprüche werden ausführlich bei Aufhebung des vorhabenbezogenen Bebauungsplans wegen Änderung der Bauleitplanung behandelt und sind auf diesen Fall - Aufhebung wegen Zweckverfehlung - übertragbar.

C. Aufhebung des vorhabenbezogenen Bebauungsplans durch die Gemeinde bei Wechsel des Vorhabenträgers, § 12 Abs. 5 i. V. m. Abs. 6 BauGB

I. Voraussetzungen

Gemäß § 12 Abs. 5 BauGB ist ein Wechsel des Vorhabenträgers[4] zwar möglich. Dieser bedarf allerdings der Zustimmung der Gemeinde, § 12 Abs. 1 S. 1 BauGB. Diese darf jedoch nur verweigert werden, wenn Tatsachen die Annahme rechtfertigen, daß die Durchführung des Vorhaben- und Erschließungsplans innerhalb der

---

[3] Vgl. *Reidt*, Haftungsfragen zwischen Planungs- und Projektträgern, S. 15.

[4] Der Trägerwechsel betrifft allein den Durchführungsvertrag. Es handelt sich dabei um einen von der Gemeinde zustimmungsbedürftigen Schuldnerwechsel nach § 62 S. 2 VwVfG i. V. m. § 415 Abs. 1 S. 1 BGB.

vereinbarten Frist gefährdet ist, § 12 Abs. 5 S. 2 BauGB. Für die Beantwortung der Frage, ob die Durchführung des Vorhaben- und Erschließungsplans binnen der vereinbarten Frist (§ 12 Abs. 1 BauGB) durch den neuen Vorhabenträger gefährdet wird, ist eine auf Tatsachen gestützte Prognose erforderlich. Bloße Mutmaßungen sind nicht ausreichend[5]. Eine Gefährdung ist dann zu bejahen, wenn der neue Vorhabenträger nicht den Nachweis seiner finanziellen Leistungsfähigkeit erbringen kann und auch nicht bereit ist, alle Verpflichtungen aus dem Durchführungsvertrag zu übernehmen. Versagt die Gemeinde aus den ebengenannten Gründen ihre Zustimmung zum Wechsel des Vorhabenträgers, bleibt der ursprüngliche Vorhabenträger weiter verpflichtet. Erfüllt er seine Verpflichtungen nicht fristgemäß, stellt sich für die Gemeinde die Frage nach der Aufhebung des vorhabenbezogenen Bebauungsplans gemäß § 12 Abs. 6 BauGB[6].

II. Schadensersatz- und Entschädigungsansprüche des Vorhabenträgers

Gemäß § 12 Abs. 6 S. 2 BauGB scheiden Ansprüche des Vorhabenträgers gegen die Gemeinde aus, wenn diese den vorhabenbezogenen Bebauungsplan aufgehoben hat weil der Vorhaben- und Erschließungsplan nicht innerhalb der Frist nach § 12 Abs. 1 BauGB durchgeführt wurde. Da das Scheitern des Projektes in der Sphäre des Vorhabenträgers liegt, ist dies auch gutzuheißen. Grundsätzlich bleibt also auch hier nur Raum für Ansprüche aus dem Durchführungsvertrag sowie Ansprüche aus culpa in contrahendo und positiver Vertragsverletzung.

Der Haftungsauschluß des § 12 Abs. 6 S. 2 BauGB gilt aber wiederum nur für den Fall, daß die Aufhebung der Satzung zu Recht erfolgt ist[7]. Hebt die Gemeinde die Satzung auf, weil sie durch den Wechsel des Vorhabenträgers die fristgerechte Durchführung des Projektes für gefährdet ansieht und stellt sich im Nachhinein aber heraus, daß die Zeit gereicht hätte, so sind Ansprüche aus Amtshaftung gemäß § 839 BGB i. V. m. Art. 34 GG und gegebenenfalls Ansprüche aus § 39 und § 42 BauGB möglich[8].

---

[5] *Jäde* , Der Vorhaben- und Erschließungsplan, Rdnr. 219

[6] *Neuhausen*, in: Brügelmann, BauGB, § 12 Rdnr. 64.

[7] Vgl. *Reidt*, Haftungsfragen zwischen Planungs- und Projektträgern, S. 15.

[8] So zutreffend *Birk*, Die neuen städtebaulichen Verträge, Rdnr. 424.

D. Änderung, Ergänzung oder Aufhebung des vorhabenbezogenen Bebauungsplans bzw. Aufhebung der Satzung über den Vorhaben- und Erschließungsplan wegen einer veränderten Planungskonzeption

I. Voraussetzungen

Aufgrund des weiten Planungsermessen[9] der Gemeinde im Bereich der Bauleitplanung, das nur den gesetzlichen Bindungen unterworfen ist und somit nicht durch vertragliche Vereinbarungen oder sonstige faktische Zusagen[10] beschränkt werden kann, hat die Gemeinde jederzeit die Möglichkeit die Bauleitplanung zu ändern, d. h. sie kann den vorhabenbezogenen Bebauungsplan ändern, ergänzen oder aufheben. Für Vorhaben vor dem 1.1.98, für die bereits eine Satzung über den Vorhaben- und Erschließungsplan nach § 7 BauGB-MaßnG ergangen ist, kann die Gemeinde gemäß § 7 Abs. 7 S. 1 BauGB-MaßnG (i. V. m. 233 Abs.1 S. 1 BauGB, § 243 Abs. 1 BauGB n. F.) für das Gebiet, in dem die Vorhaben- und Erschließungsplansatzung ergangen ist, einen neuen Bebauungsplan aufstellen. Nach § 7 Abs. 7 S. 2 BauGB-MaßnG i. V. m. § 7 Abs. 3 S. 8 BauGB-MaßnG tritt die Satzung über den Vorhaben- und Erschließungsplan mit Wirksamwerden des Bebauungsplans außer Kraft[11]. Hierauf ist in der Bekanntmachung des Bebauungsplans hinzuweisen.

II. Anspruchsgrundlagen des Vorhabenträgers gegen die Gemeinde bei Änderung der Bauleitplanung

Während aufgrund der Übernahme des Vorhaben- und Erschließungsplans in das BauGB als „vorhabenbezogenen Bebauungsplan“ ein Entschädigungsanspruch des Vorhabenträgers für erbrachte Aufwendungen, die infolge Änderung, Ergänzung oder Aufhebung des vorhabenbezogenen Bebauungsplans an Wert verlieren, jetzt gemäß § 39 BauGB gegeben ist, bleibt die Entschädigungsnorm für die „Altfälle“ problematisch. Gemäß § 233 Abs. 1 S. 1 BauGB n. F., werden Verfahren, die nach diesem Gesetz, vor dem Inkrafttreten einer Gesetzesänderung förmlich eingeleitet worden sind, nach den bisher geltenden Rechtsvorschriften abgeschlossen. § 243 Abs. 1 BauGB bestimmt, daß § 233 BauGB auf Verfahren, Pläne, Satzungen und Entscheidungen, die auf der Grundlage des Maßnahmengesetzes zum Baugesetzbuch eingeleitet, in Kraft oder wirksam geworden sind, ent-

---

[9] Vgl. hierzu *BVerwGE* 45, 309 ff.; BayVBl. 1974, 705 (Leitsätze) und *BVerwG*, NJW 1977, 1979 f. Das Planungsermessen ist als Teilaspekt der gemeindlichen Planungshoheit durch Art. 28 Abs. 2 S. 1 GG verfassungsrechtlich geschützt. Dieses Recht der Gemeinden zur örtlichen Planung wird in der (Zuständigkeits-) Regelung des § 2 Abs. 1 S. 1 BauGB sowie durch § 2 Abs. 3 und 4 BauGB, dahingehend ergänzt, daß auf die Aufstellung, Änderung, Ergänzung oder Aufhebung eines Bauleitplans kein Anspruch besteht

[10] Vgl. *BGHZ* 71, 387 ff./390 f.

[11] *Krautzberger*, in: Ernst/Zinkahn/Bielenberg, § 7 BauGB-MaßnG, Rdnr. 159.

sprechend anzuwenden ist. Aus § 233 Abs. 1 S. 1 BauGB i. V. m. § 243 Abs. 1 BauGB ergibt sich somit, daß Verfahren die gemäß § 7 BauGB-MaßnG eingeleitet wurden, nach den bisher geltenden Rechtsvorschriften abgeschlossen werden, also aufgrund den Normen des BauGB-MaßnG. Macht die Gemeinde daher von ihrem Recht aus § 7 Abs. 7 BauGB-MaßnG Gebrauch und stellt nach Erlaß der Satzung über den Vorhaben- und Erschließungsplan einen Bebauungsplan auf, der die Satzung außer Kraft setzt, scheidet die Entschädigungsnorm des § 39 BauGB vom Wortlaut her für Aufwendungen, die durch diese Änderung an Wert verlieren, aus. Der Vorhabenträger hat bei diesen „Altfällen" nämlich auf den Bestand der Vorhaben- und Erschließungsplansatzung vertraut und nicht auf den Bestand eines Bebauungsplans, wie es Voraussetzung für einen Entschädigungsanspruch nach § 39 BauGB ist. Aus dem gleichen Grund scheidet ein Entschädigungsanspruch für Aufwendungen, die infolge der Änderung bzw. Ergänzung der Vorhaben- und Erschließungsplansatzung an Wert verlieren, § 7 Abs. 6 BauGB-MaßnG, aus.

Die folgenden Ausführungen beziehen sich primär auf die Fälle nach der neuen Gesetzgebung. Dennoch kann der Terminus „vorhabenbezogener Bebauungsplan" gedanklich durch den Begriff Satzung über den Vorhaben- und Erschließungsplan ersetzt werden, soweit nicht etwas anderes erläutert wird.

Ändert die Gemeinde ihre Bauleitplanung, so kommen mehrere Anspruchsgrundlagen in Betracht. Jedoch muß unterschieden werden, in welchem Stadium die Gemeinde ihre Planungsabsichten aufgibt und ändert. Bei Leistungsstörungen[12] in der vorvertraglichen Phase kommt ein Anspruch aus culpa in contrahendo in Frage. Bei Leistungsstörungen nach Vertragsabschluß, aber vor Inkrafttreten des vorhabenbezogenen Bebauungsplans kommt beispielsweise ein Anspruch aus positiver Vertragsverletzung in Betracht. Schließlich kommen für Leistungsstörungen nach Vertragsschluß und Inkrafttreten des vorhabenbezogenen Bebauungsplans, Ansprüche aus Amtshaftung sowie vor allem Plangewährleistungsansprüche in Frage.

[12] Der Begriff der „Leistungsstörungen" wird hier weit verstanden. Im Zivilrecht wird unter der Überschrift „Leistungsstörungen" geprüft, ob und wieweit die Störungen von Primärpflichten Sekundärpflichten erzeugen (*Medicus*, Bürgerliches Recht, Rdnr. 205). Hier wird neben diesem, unter dem Begriff „Leistungsstörungen" auch die Fragen des vorvertraglichen Vertrauensschutzes (cic) und der Folgen des Ausfalls oder Änderung von Planungsrecht vor und nach Vertragsschluß umfasst. Vgl. zu Leistungsstörungen bei öffentlichrechtlichen Verträgen grundlegend: *Bullinger*, DÖV 1977, S. 812 ff.; *Meyer*, NJW 1977, S. 1705 ff.

Folgende Ansprüche des Investors gegen die Gemeinde sind somit möglich und zu erörtern:

- Ein Anspruch auf Erfüllung/Planbefolgungsanspruch aus dem Durchführungsvertrag.

- Schadensersatzansprüche aus dem Durchführungsvertrag

- Amtshaftungsansprüche gemäß § 839 BGB i. V. m. Art. 34 GG

- Ansprüche aus Art. 14 GG: Anspruch aus enteignungsgleichem bzw. enteignendem Eingriff.

- Ansprüche aus §§ 48, 49 VwVfG bei Rücknahme bzw. Widerruf der Baugenehmigung als Verwaltungsakt i. S. d. § 35 VwVfG

- Plangewährleistungsansprüche gemäß § 39 ff. BauGB

  und der

- Öffentlich-rechtliche Erstattungsanspruch auf Ersatz der Erschließungskosten

III. Anspruch auf Erfüllung aus dem Durchführungsvertrag/Planbefolgungsanspruch

Zunächst ist zu prüfen, ob der Vorhabenträger einen Anspruch auf Erfüllung, d. h. auf die Aufstellung des vorhabenbezogenen Bebauungsplans bzw. nach Erlaß des vorhabenbezogenen Bebauungsplans einen Anspruch auf den Fortbestand einer für ihn günstigen Planung hat.

1. Anspruch auf Erfüllung aus dem Durchführungsvertrag

Auf die Aufstellung von Bauleitplänen und städtebaulichen Satzungen besteht kein Anspruch. Die *Rechtsprechung* hält auch die vertragliche Bindung einer Gemeinde, einen inhaltlich näher bestimmten Bebauungsplan innerhalb einer bestimmten Zeit aufzustellen, zu ändern oder aber zumindest die Aufstellung oder Änderung in Übereinstimmung mit dem Vertragspartner zu fördern, für unzulässig[13] und unwirksam[14]. Differenzierenden Ansätzen des Schriftums, das unter

---

[13] Vgl. hierzu *BVerwG*,NJW 1980, S. 2538; krit. *Gusy*, BauR 81, S. 164 f.

[14] *BVerwG*, NJW 1970, S. 626; *BVerwG*, NJW 1975, S. 70; *BVerwG*, NJW S. 1977, 1979, (1980); *BVerwG*, NJW 1980, S. 2538; *BVerwG*, NVwZ 1982, S. 249; *BGH*, NJW 1078, S. 1802; *BGHZ* 76, S. 16 =NJW 1980, S. 826.

bestimmten Voraussetzungen die Zulässigkeit vertraglicher Bindungen auf dem Gebiet der Bauleitplanung bejahte[15], ist die *Rechtsprechung* nicht gefolgt. Das *BVerwG* hat vielmehr im Urteil vom 29.05.1981[16] eine vertragliche Bindung auch dann als unwirksam eingestuft, wenn diese nach den Grundsätzen des „Flachglasurteils“[17] nicht zu einer unzulässigen Verkürzung der Abwägung gemäß § 1 Abs. 6 BauGB führt.

Seit dem 1.1.1998 ergibt sich nun unmittelbar aus § 2 Abs. 3 2. HS BauGB, daß ein Anspruch auf die Aufstellung von Bauleitplänen und städtebaulichen Satzungen nicht besteht und auch nicht durch Vertrag begründet werden kann.

Eine Verpflichtung der Gemeinde im Durchführungsvertrag den Bebauungsplan aufzustellen, kann wegen unzulässiger Einschränkung der Planungshoheit somit nicht vereinbart werden und ist daher ungültig und gemäß § 59 Abs. 1 VwVfG i. V. m. § 134 BGB nichtig[18]. Grund für diese Regelung ist, daß die Aufstellung des vorhabenbezogenen Bebauungsplans nur nach erfolgter Abwägung der öffentlichen und privaten Belange und nach Anhörung der betroffenen Bürger und Träger öffentlicher Belange erfolgen kann. Überwiegt nämlich ein anderer abwägungserheblicher Belang als die Interessen des Vorhabenträgers, so kann die Ablehnung des Vorhabens möglicherweise das einzig rechtmäßige Ergebnis sein.

2. Planbefolgungsanspruch

Nach Erlaß des vorhabenbezogenen Bebauungsplans stellt sich die Frage, ob und wieweit der Vorhabenträger ein subjektives Recht auf den Fortbestand einer für ihn günstigen Planung hat, also, ob ein Planbefolgungsanspruch besteht[19]. Grundsätzlich ist dieser Anspruch nicht gegeben[20], da die Gemeinde aufgrund ihrer in Art. 28 Abs. 2 S. 1 GG verfassungsrechtlich garantierten Planungshoheit jederzeit den Bebauungsplan ändern, ergänzen oder aufheben kann bzw. bezüglich der „Altfälle“ einen neuen Bebauungsplan erlassen kann, § 7 Abs. 7 BauGB-MaßnG.

Etwas anderes kann sich hier aber ergeben, da die Gemeinde mit dem Vorhabenträger einen Durchführungsvertrag und somit einen öffentlich-rechtlichen Kooperationsvertrag geschlossen hat und der Vorhabenträger möglicherweise einen An-

---

15 *Stettner*, AöR 102 (1977), S. 544 ff., (561 ff.); *Birk*, NJW 1977, S. 1979 (1800); *Battis*, DÖV 1978, S. 113 (116 ff.); *Degenhart*, BayVBl. 1979, S. 289; *Dolde*, NJW 1979, S. 889 (891); *Dossmann*, Die Bebauungsplanzusage, S. 87 ff.; siehe auch *VGH Mannheim*, BWVPr. 1978, S. 223.

16 DÖV 1981, S. 878.

17 *BVerwGE* 45, S. 309.

18 Vgl. hier z. B. *Reidt*, Haftungsfragen zwischen Planungs- und Projektträgern, S. 11.

19 Vgl. hierzu *Schenke*, AöR 101 (1976), S. 337 ff. bezüglich des Erfüllungsanspruchs des durch einen Bebauungsplan Begünstigten.

20 So die überwiegende Meinung.

spruch auf Fortbestand der Planung aus dem Vertrag hat. Dafür spricht, daß die Gemeinde sich vertraglich gebunden hat und nach dem Motto „pacta sunt servanda“ Verträge grundsätzlich einzuhalten sind. Ein Anspruch auf Fortbestand der Planung würde jedoch nur dann bestehen, wenn die Gemeinde sich im Durchführungsvertrag dazu verpflichtet hätte, den vorhabenbezogenen Bebauungsplan nicht zu ändern, ergänzen oder aufzuheben bzw. sich dazu verpflichtet hätte, keinen Bebauungsplan zu erlassen (§ 7 Abs. 7 BauGB-MaßnG), durch den die Satzung- über den Vorhaben- und Erschließungsplan außer Kraft gesetzt wird[21].

Gemäß § 2 Abs. 3 2. HS BauGB kann ein Anspruch auf die Aufstellung von Bauleitplänen und städtebaulichen Satzungen nicht durch Vertrag begründet werden. In Verbindung mit § 2 Abs. 4 BauGB gilt dies auch für die Änderung, Ergänzung und Aufhebung von Bauleitplänen. Durch einen Vertrag kann folglich auch kein Anspruch begründet werden, daß der Bebauungsplan nicht geändert, ergänzt oder aufgehoben wird[22].

Nicht ausgeschlossen ist aber eine Regelung im Durchführungsvertrag, daß die Gemeinde bei Änderung der Bauleitplanung dem sich plankonform verhaltenden Vorhabenträger, für den entstandenen (Vertrauens)schaden aufkommt[23]. Allerdings werden Verhandlungen mit der Gemeinde über die Einbeziehung dieses Anspruches und generell über ergänzende schadensersatzbegründende Regelungen selten erfolgreich sein. Der Grund dafür ist, daß die Gemeinde als Satzungsgeberin die Gewährung eines Vorhaben- und Erschließungsplans als Wohltat ansieht und dafür nicht bereit ist, auch noch Regelungen über Ersatzansprüche aufzunehmen.

IV. Schadensersatzansprüche aus dem Durchführungsvertrag

Zu Beginn der Erörterung von Schadensersatzansprüchen des Vorhabenträgers gegen die Gemeinde bei Änderung der Bauleitplanung, werden hier die Ansprüche aus dem Durchführungsvertrag behandelt. Da § 62 VwVfG für das öffentliche Vertragsrecht „ergänzend“ auf die Vorschriften des Bürgerlichen Gesetzbuches verweist, werden Leistungsstörungen im Bereich verwaltungsrechtlicher Verträge[24] nach den im Zivilrecht entwickelten Grundsätzen behandelt, so daß

---

21 *Krautzberger*, in Ernst/Zinkahn/Bielenberg, § 7 BauGB-MaßnG, Rdnr. 159.

22 So hat auch die Rechtsprechung (*VGH Mannheim*, BWVBl., 1968, S. 159) gefolgert, daß wenn kein Anspruch auf die Aufstellung eines Bebauungsplans besteht, auch ein Anspruch auf die Nichtaufstellung eines Plans ausgeschlossen ist.

23 So zutreffend *Schenke*, AöR 101 (1976), S. 337 ff. (343), der solch eine Regelung in einem öffentlich-rechtlichen Vertrag für zulässig erachtet und einen Anspruch bei Änderung der staatlichen Wirtschaftsplanung für gegeben ansieht.

24 Siehe hierzu *Bullinger*, DÖV 1977, S. 812 ff.; *Henke*, Das Recht der Wirtschaftssubventionen als öffentliches Vertragsrecht, 1979; Hans *Meyer*, NJW 1977, S. 1705 ff.; *Obermayer*, BayVBl. 1977, S. 546 ff.; *Bonk*, in: Stelkens/Bonk/Leonhardt, VwVfG, § 62 Rdnr. 19 ff.

aus dem Durchführungsvertrag folgende Ansprüche des Vorhabenträgers in Betracht kommen:

- Anspruch aus Vertragsstrafenvereinbarung

- Anspruch auf Ersatz der Konzeptions- und Planungskosten aus vertraglicher Risikoübernahme

- Anspruch aus Vertrag mittels ergänzender Vertragsauslegung

- Ansprüche wegen Leistungsstörung, § 62 VwVfG i. V. m. § 320 ff. BGB (insbesondere Unmöglichkeit und Verzug)

- Anspruch aus Wegfall der Geschäftsgrundlage

- Anspruch aus culpa in contrahendo[25] bzw. positiver Vertragsverletzung[26]

- Ersatzanspruch aus dem Vertrauensschutzprinzip

- Anspruch aus Treu und Glauben

1. Anspruch aus Vertragsstrafenvereinbarung - Aufwendungsersatz bei Ausübung des vereinbarten Rücktrittsrechtes

Prinzipiell kann im Durchführungsvertrag eine Vertragsstrafe vereinbart werden. Unzulässig ist allerdings die mit der Strafe bedrohte Vereinbarung, daß die Gemeinde an einer bestimmten Bauleitplanung festhält[27]. Dadurch würde der Abwägungsspielraum der Gemeinden, der sich an den bauplanungsrechtlichen Kriterien

[25] Zur Anwendbarkeit der culpa in contrahendo auf öffentlich-rechtliche Schuldverhältnisse, siehe *BGHZ* 71, S. 386 (392 ff.) = NJW 1978, S. 1802 (1803 f.) = DVBl. 1978, S. 798 (799 f.); *BVerwG* DÖV 1974, S. 133 (134); *OVG Münster,* DÖV 1971, S. 276 (277); *OVG Münster,* DVBl 1972, S. 614 (615); *Bonk,* in: Stelkens/Bonk/Leonhardt,VwVfG, § 62 Rdnr. 17; *Martens,* in: Erichsen/Martens, Allgem. VerwR, S. 279; *Knack,* in: Knack,VwVfG, § 62 Rdnr. 3; *Littbarski,* JuS 1979, S. 537 ff.; *Martens,* in: Erichsen/Martens, Allgem.VerwR, S. 279; *Maurer,* Allgem.VerwR, § 14 Rdnr. 52; *Simons,* Leistungsstörungen, S. 172 ff.; *Ule/Laubinger,* Verwaltungsverfahrensrecht, § 72 I 4 (S. 372); *Weber,* JuS 1974, S. 191; *Wolff/Bachof,* VerwR, § 44 III c (S. 353).

[26] Zur Anwendbarkeit des Rechtsinstituts der positiven Vertragsverletzung auf öffentlich-rechtliche Schuldverhältnisse siehe *BVerwG,* DÖV 1976, S. 319 (320); *Bonk,* in: Stelkens/Bonk/Leonhardt, VwVfG, § 62 Rdnr. 18; *Martens,* in: Erichsen/Martens, Allgem.VerwR, S. 279; *Knack,* in: Knack, VwVfG, § 62 Rdnr. 3; Kopp, VwVfG, § 62 Rdnr. 5; *Maurer,* Allgem.VerwR, § 14 Rdnr.52; *Obermayer,* BayVBl 1977, S. 546 (553); *Stürner,* JuS 1973, S. 749 (750 ff); *Ule/Laubinger,* Verwaltungsverfahrensrecht, § 72 I 3 (S. 371 f.); *Wolff/Bachof,* VerwR, § 44 III b 2 (S. 351).

[27] *BGHZ* 76, S. 16

von § 1 (Abs. 3 - 6) BauGB auszurichten hat, nämlich in unzulässiger Weise verkürzt werden. Eine solche Verkürzung führt zur Unwirksamkeit der diesbezüglichen Vereinbarung und damit zugleich zu den Haftungskriterien bei vertragslosem Zustand[28]. Andere Faktoren, wie beispielsweise die Verwirklichung gewisser Schritte durch die Gemeinde zu einem bestimmten Termin, können aber mit einer Vertragsstrafe versehen werden[29]. Im Durchführungsvertrag kann auch ein vertragliches Rücktrittsrecht, gekoppelt mit einem Aufwendungsersatzanspruch, zugunsten des Vorhabenträgers vereinbart werden. Macht der Vorhabenträger dann von seinem Rücktrittsrecht Gebrauch, so kann er Ersatz seiner Aufwendungen aus diesem Anspruch verlangen[30]. Wurde kein Aufwendungsersatzanspruch vereinbart, so können die erbrachten Leistungen zwar zurückgefordert werden, jedoch wird dadurch ein wesentlicher Teil der vergeblich gemachten Investitionen (Planungskosten, Kosten für den Kauf von Grundstücken zum Preis von Bauerwartungsland) nicht ausgeglichen.

Denkbar ist auch, daß sich die Gemeinde im Durchführungsvertrag oder aber in einer separaten Vereinbarung verpflichtet, die Aufwendungen des Vorhabenträgers für den Fall zu übernehmen, daß der Vorhaben- und Erschließungsplan nicht als vorhabenbezogener Bebauungsplan beschlossen wird[31].

2. Ansprüche auf Ersatz von Konzeptions- und Planungskosten aus vertraglicher Risikoübernahme

Ein Anspruch des Vorhabenträgers aus vertraglicher Risikoübernahme könnte sich aus einer Umdeutung einer vertraglichen Verpflichtung der Gemeinde (sofern diese im Durchführungsvertrag erfolgt ist) die Bauleitplanung beizubehalten bzw. keine Änderungen vorzunehmen, ergeben. Zwar hat der *BGH* eine vertragliche Bindung der Gemeinde an eine bestimmte Bauleitplanung für unzulässig erachtet[32], jedoch hält er eine Umdeutung für möglich. In seinem Urteil vom 22.11.1979[33] sah der *BGH* die Möglichkeit, einen notariellen Grundstückskaufvertrag, in dem sich die Gemeinde verpflichtet hatte, einen bestimmten Bebauungsplan aufzustellen, so auszulegen, daß die Gemeinde das Risiko für eine spätere Bebaubarkeit vertraglich übernommen hat und der private Investor hieraus

---

[28] Vgl. *Reidt*, Haftungsfragen zwischen Planungs- und Projektträgern, S. 10.

[29] Siehe hierzu die Absicherungsmöglichkeiten des Vorhabenträgers im ersten Teil, C. II. 4. e) bb).

[30] Vgl. hierzu die Ausführungen im ersten Teil, C II. 4. c) bb) (Absicherungsmöglichkeiten des Vorhabenträgers).

[31] Vgl. *Reidt*, Haftungsfragen zwischen Planungs- und Projektträgern, S. 12.

[32] Dies ergibt sich jetzt unmittelbar aus § 2 Abs. 3 2. HS BauGB: Ein Anspruch (auf die Aufstellung von Bauleitplänen und städtebaulichen Satzungen) kann auch nicht durch Vertrag begründet werden.

[33] Vgl. *BGHZ* 76, S. 16 (22); ablehnend das *BVerwG*, NJW 1980, S. 2538 in einem ähnlichen Sachverhalt.

„vollen oder teilweisen Schadensersatz bei Nichteintritt des Erfolges" verlangen kann[34]. Als Begründung gibt der *BGH* an, daß im Interesse des redlichen Grundstücksverkehrs und der Förderung der für die bauliche Entwicklung der Gemeinden notwendigen Privatinitiative, ein anzuerkennendes Bedürfnis der Grundeigentümer gegeben sei, einen vermögensrechtlichen Ausgleich anzuerkennen, falls es später nicht zur Verwirklichung der gemeinsamen Planungsabsichten komme. Obwohl die Gemeinde in ihrem Planungsermessen nicht eingeschränkt werden könne[35], sei ein Ausgleichsanspruch angemessen, da die Gemeinde möglicherweise durch ihr Verhalten einen Tatbestand gesetzt habe, aus dem sich die Verpflichtung ergeben kann, dem privaten Partner für die in der Sphäre der Gemeinde liegenden Gründe, einen finanziellen Ausgleich für nutzlos erbrachte Aufwendungen zu gewähren[36]. Die Auslegung des Vertrages und der Umfang der Risikoübernahme haben sich hierbei am Zweck des Vertrages auszurichten, insbesondere an der beiderseitigen Interessenlage[37].

In seinem Urteil vom 1.12.1983 hat der *BGH* den Schutz des privaten Partners noch erweitert[38], indem er Ansprüche auf Ersatz von Konzeptions- und Planungskosten aus vertraglicher Risikoübernahme für möglich hält, diese aber nicht ausdrücklich erklärt zu werden bräuchten, sondern sich auch schlüssig aus dem Gesamtverhalten der Gemeinde ergeben könnten. Hierfür müsse im Wege der Auslegung, die ausdrücklich erklärten oder schlüssigen Willenserklärungen der Gemeinde und des Privaten ermittelt werden und die Umstände des Einzelfalls und die objektive Interessenlage berücksichtigt werden.

Rechtsfolge ist, daß der Investor aufgrund dieser Rechtsprechung, falls diesbezüglich eine Regelung getroffen wurde, vollen oder teilweisen Schadensersatz bei Nichteintritt des Erfolges verlangen kann[39]. Insbesondere kann der private Partner Kosten für Bebauungsplanentwürfe, die die Gemeinde als Trägerin der Planungshoheit zu tragen hätte, geltend machen. Zu beachten ist aber, daß die Kosten nicht ersetzt werden, die dazu aufgewendet wurden um die Planungsentscheidung der Gemeinde herbeizuführen[40].

Hierzu ist anzumerken, daß es sich dogmatisch lediglich um eine Hilfskonstruktion handelt, bei der die Risikoübernahme fingiert wird. Auch ist festzuhalten, daß die vertragliche Bindung an eine bestimmte Bauleitplanung der Gemeinden, wegen Kenntnis von dieser Rechtsprechung sowie aufgrund der eindeutigen zum 1.1.1998 eingeführten Regelung des § 2 Abs. 3 2. HS BauGB, wonach ein An-

---

[34] *BGHZ* 76, S. 16 (25).
[35] So der *BGH* ausdrücklich in *BGHZ* 76, S. 16 ff.
[36] So fast wörtlich der *BGH*, BayVBl. 1984, S. 284 ff.
[37] *BGHZ* 76. S. 16 (25).
[38] ZfBR 1984 , S. 146.
[39] *BGHZ* 76, S. 16 (25).
[40] *BGH*, BayVBl.1984, S. 284 (285).

spruch auf die Aufstellung von Bauleitplänen und städtebaulichen Satzungen und somit die Bindung an eine bestimmte Bauleitplanung nicht durch Vertrag begründet werden kann, in einem Durchführungsvertrag heute nicht mehr zu finden sein wird. Im Ergebnis dürfte ein Anspruch aus vertraglicher Risikoübernahme somit ausscheiden.

3. Ansprüche aus Vertrag mittels ergänzender Vertragsauslegung

Ein Anspruch[41] kommt in Betracht, wenn die Vertragsparteien einen bestimmten Punkt im Vertrag nicht geregelt haben und sich aus dem Vertrag im Wege der ergänzenden Vertragsauslegung ein solcher ermitteln.

Eine fehlende Regelung über etwaige Schadensersatzansprüche in einem Vertrag bedeutet entweder, daß die Parteien unbewußt über diesen Punkt keine Regelung getroffen haben, weil sie eine bestimmte Frage übersehen haben oder nicht sehen konnten, da diese zur Zeit des Vertragsschlußes nicht bestand und daher erst später relevant wurde oder aber die konkludente Ablehnung von Schadensersatzansprüchen.

Wurde in einem Vertrag unbewußt über Schadensersatzansprüche keine Regelung getroffen, so muß die regelungsbedürftige Lücke im Rechtsgeschäft vom Richter im Wege der ergänzenden Vertragsauslegung geschlossen werden. Dieser muß ermitteln, was beide Parteien gewollt hätten, wenn sie den nicht bedachten Umstand, unter Beachtung der Gebote von Treu und Glauben (§ 242 BGB) sowie der Verkehrssitte, berücksichtigt hätten. Nicht der wirkliche Wille ist also dann entscheidend, sondern der hypothetische Wille der Vertragsparteien. Um diesen zu ermitteln, ist von den im Vertrag getroffenen Wertungen der Parteien auszugehen und zu fragen, was die Parteien vernünftigerweise vereinbart hätten, wenn sie die Lücke gekannt hätten[42].

Diese Grundsätze gelten auch für öffentlich-rechtliche Verträge[43]. Ein Durchführungsvertrag, der keine Regelung über den Aufwendungsersatz von erbrachten Planungskosten enhält, die infolge der Änderung der Bauleitplanung wertlos werden, ist in einem regelungsbedürftigen Punkt lückenhaft, wenn die Parteien sich

---

41 Die Rechtsprechung erachtet die ergänzende Vertragsauslegung für zulässig, wenn die Vereinbarung der Parteien in einem regelungsbedürftigen Punkt lückenhaft ist.

42 *Brox*, AT d. BGB, S. 73, Rdnr. 138.

43 *BVerwG*, NJW 1980, S. 2826; *Kopp*, VwVfG, Vorbemerkung § 54, Rdnr. 11; *BayVGH*, BayVBl. 1981, S. 755.

nicht bewußt waren, daß sie über diesen Punkt eine Regelung hätten treffen müssen. Wird diese Lücke im Wege der ergänzenden Vertragsauslegung durch den Richter geschlossen, so kann der Vorhabenträger seinen Vertrauensschaden den er erlitten hat ersetzt bekommen, also insbesondere Ersatz der Planungskosten.

In der Praxis wird es jedoch selten zu einem Ersatzanspruch aus ergänzender Vertragsauslegung kommen. Eine fehlende Regelung bezüglich etwaiger Aufwendungsersatzansprüche wird regelmäßig nicht deshalb fehlen, weil die Parteien die Regelung unbewußt unterlassen haben oder einen Punkt nicht für regelungsbedürftig gehalten haben, sondern aufgrund der konkludenten Ablehnung durch die Parteien, weil die Gemeinde sich nicht auf derartige Verhandlungen einlassen wird. Demnach wird der Investor, wollte man seinen Schadensersatzanspruch auf die „ergänzende Vertragsauslegung" unter Berücksichtigung des Grundsatzes von Treu und Glauben stützen, mangels unbewußter Regelungslücke, leer ausgehen.

4. Ansprüche wegen Leistungsstörung aus § 62 VwVfG i. V. m. § 320 ff. BGB bzw. gemäß § 62 VwVfG i. V. m. § 631 ff. BGB

Dem Vorhabenträger stehen jedoch bei Änderung der Bauleitplanung möglicherweise vertragliche Ansprüche aus Leistungsstörung zu. Umstritten ist, ob Rechtsgrundlage für mögliche Ersatzansprüche § 62 VwVfG (dieser bestimmt die Anwendbarkeit der Vorschriften des BGB) i. V. m. § 320 ff. BGB (Unmöglichkeit oder Verzug) oder aber § 62 VwVfG i. V. m. § 631 ff. BGB[44] (Werkvertragsrecht) ist.

Die überwiegende und zutreffende Meinung[45] leitet die Ersatzansprüche des Vorhabenträgers aus dem Durchführungsvertrag i. V. m. den allgemeinen schuldrechtlichen Bestimmungen, insbesondere mit den §§ 320 ff. BGB (gegenseitiger Vertrag) ab.

Vereinzelt wird aber Werkvertragsrecht angewendet. Dafür spricht zwar in der Tat, daß es gegenüber den §§ 320 ff. BGB, „variationsreicher" und „interessengerechter" für beide Parteien angewandt werden kann[46] und die Her-

---

[44] Für die Anwendbarkeit des Werkvertragsrechts insbesondere, *Birk*, Die neuen städtebaulichen Verträge, Rdnr. 293 ff.

[45] Vgl. für viele, *Krautzberger*, in: Ernst/Zinkahn/Bielenberg,§ 7 BauGB-MaßnG, Rdnr. 148. Dieser stellt zutreffend fest, daß sich die Rechtsfolgen im Innenverhältnis zwischen Vorhabenträger und Gemeinde, also die Ersatzansprüche des Vorhabenträgers sich aus dem Durchführungsvertrag i. V. m. den allgemeinen schuldrechtlichen Bestimmungen (insbesondere §§ 320 ff. BGB) ergeben.

[46] *Birk*, Die neuen städtebaulichen Verträge, Rdnr. 294; beispielsweise: Nachbesserungsanspruch, Mängelbeseitigung, § 633 Abs. 1 und 2 BGB; Ersatzvornahme und Aufrechnungsersatz, § 633 Abs. 3 BGB, Gewährleistung, wie Wandlung oder Minderung, § 634 BGB und Schadensersatz wegen Nichterfüllung, § 635 BGB; Regelung über die verpätete Her-

stellungskomponente (Planung und Erschließung) im Vordergrund steht. Auch ist diesem Lösungsansatz zugute zu halten, daß über § 62 VwVfG die zivilrechtlichen Vorschriften des Werkvertragrechts nicht direkt, sondern nur entsprechend anzuwenden sind und die Verpflichtung zur Herstellung von Bauwerken im Zivilrecht stets ein Werkvertrag ist. Im Ergebnis fehlt es aber an den Voraussetzungen. Insbesondere ist eine Vergütungsverpflichtung der Gemeinde i. S. v. § 631 Abs.1 BGB (Vergütung des Werkes) nicht gegeben.

Im Ergebnis dürfte jedoch auch ein Schadensersatzanspruch gemäß § 325 BGB (Unmöglichkeit) bzw. § 326 BGB (Verzug) ausscheiden. Der Vorhabenträger hat nämlich keinen Anspruch darauf, daß das Verfahren fortgeführt wird, da keine Verpflichtung seitens der Gemeinde besteht, das Vorhaben zu beenden. Mangels Verpflichtung der Gemeinde ist ein Anspruch auf Schadensersatz wegen Nichterfüllung und somit aus § 325 BGB abzulehnen. Da eine nicht bestehende Verpflichtung auch keinen fälligen Leistungsanspruch begründet, scheidet auch ein Anspruch wegen Verzug aus.

5. Anspruch aus Wegfall der Geschäftsgrundlage

Der Investor hat möglicherweise einen Anspruch aus Wegfall der Geschäftsgrundlage. § 60 Abs. 1 S. 1 VwVfG regelt den Fall des Wegfalls der Geschäftsgrundlage beim öffentlich-rechtlichen Vertrag. Wird nach Erlaß des vorhabenbezogenen Bebauungsplans dieser ergänzt, geändert oder aufgehoben, so kann der Beweggrund entfallen, der den Vorhabenträger zum Vertragsschluß veranlaßt hat. Das gleiche gilt, wenn die Gemeinde bei den „Altfällen" nach Erlaß der Vorhaben- und Erschließungsplansatzung einen Bebauungsplan aufstellt, § 7 Abs. 7 BauGB-MaßnG, der eine von der Planung abweichende Planfestsetzung enthält. Ein Ersatzanspruch wird bei einer ausbleibenden oder nicht vertragsgemäßen Erfüllung des abgeschlossenen Vertrages aber nicht begründet. § 60 Abs. 1 S. 1 VwVfG führt lediglich zu einer Anpassungspflicht des Vertrages an die neue Situation. Wenn dies nicht möglich ist, z. B. weil sich die beim Vertragsabschluß maßgebenden Verhältnisse so entscheidend geändert haben, daß einer Vertragspartei ein Festhalten an den vertraglichen Regelungen nicht zumutbar ist, führt dies lediglich zu einer Kündigungsmöglichkeit[47], jedoch nicht zu Schadensersatzansprüchen.

---

stellung, § 636 BGB; kurze Verjährung, § 638 BGB, Unterbrechung und Hemmung der Verjährung, § 639 BGB, Abnahme, § 640 BGB.

[47] Vgl. *Birk*, Die neuen städtebaulichen Verträge, Rdnr. 230; dort finden sich auch Erläuterungen zum Verhältnis von § 7 Abs. 5 S. 2 BauGB-MaßnG (Verpflichtung der Gemeinde einen Rechtsnachfolger des Vorhabenträgers zu akzeptieren) zu § 60 Abs. 1 S. 1 VwVfG.

6. Ansprüche aus culpa in contrahendo/positiver Vertragsverletzung[48]

Ansprüche aus culpa in contrahendo (c.i.c.) bzw. positiver Vertragsverletzung (p.V.V.) - diese kommen auch im öffentlichen Recht zur Anwendung[49] - setzen neben einer Regelungslücke voraus, daß die Gemeinde schuldhaft eine ihr obliegende Nebenpflicht verletzt hat.

Ein Anspruch aus *culpa in contrahendo*[50] (Verschulden bei Vertragsschluß) kommt bei Leistungsstörungen in der vorvertraglichen Phase in Betracht, wenn eine schützenswerte Vertrauensposition begründet wurde. Ein schützenswertes Vertrauen in die konkrete Bebaubarkeit des Grundstücks aufgrund eines Vorhaben- und Erschließungsplans kann vor Abschluß eines Vertrages aber nicht entstehen, wenn weder ein Vertragsentwurf vorliegt, noch über die wesentlichen Inhalte gesprochen worden ist. Auch kann von einer schützenswerten Vertrauensposition nicht gesprochen werden, wenn für eine der Vertragsparteien erkennbar ist, daß die andere Vertragspartei einen Vertragsschluß noch nicht zuzustimmen bereit ist. Ansprüche aus culpa in contrahendo kommen daher lediglich in einem schon fortgeschrittenen Stadium der Vertragsverhandlungen zum Zuge[51].

Ein Anspruch aus *positiver Vertragsverletzung* kommt bei einer Pflichtverletzung zwischen Vertragsabschluß und Vertragserfüllung in Frage.

---

48 Der *BGH* vollzieht keine Trennung zwischen culpa in contrahendo und positiver Vertragsverletzung. Ein Anspruch aus § 307 BGB entfällt, da der Durchführungsvertrag anfänglich nicht auf eine unmögliche Leistung gerichtet ist, sondern erst nachträglich unmöglich wird. Des weiteren erblickt die Rechtsprechung in der Schadensersatzpflicht nach § 307 BGB nur einen Unterfall der allgemeinen Schadensersatzpflicht wegen Verschuldens bei Vertragsschluß (BGH LM Nr.1).

49 Siehe *BVerwG* DÖV 1976, S. 319 (320); *Bonk*, in: Stelkens/Bonk/Leonhardt, VwVfG, § 62 Rdnr. 18; *Erichsen/Martens*, Allgem.VerwR, S. 279; *Knack*, in: Knack, VwVfG, § 62 Rdnr. 3; *Kopp*, VwVfG, § 62 Rdnr. 5; *Maurer*, Allgem.VerwR, § 14 Rdnr. 52; *Obermayer*, BayVBl 1977, S. 546 (553); *Stürner*, JuS 1973, S. 749 (750 ff).; *Ule/Laubinger*, Verw.verfR, § 72 I 3 (S. 371 f.); *Wolff/Bachof*, VerwR, § 44 III b 2 (S. 351).

50 Zur Anwendbarkeit der culpa in contrahendo auf öffentlich-rechtliche Schuldverhältnisse, siehe *BGHZ* 71, S. 386 (392 ff.) = NJW 1978, S. 1802 (1803 f.) = DVBl. 1978, S. 798 (799 f.); *BVerwG* DÖV 1974, S. 133 (134); *OVG Münster* DÖV 1971, S. 276 (277); *OVG Münster* DVBl 1972, S. 614 (615); *Bonk*, in: Stelkens/Bonk/Leonhardt, VwVfG, § 62 Rdnr.17; *Erichsen/Martens*, Allgem.VerwR. S. 279; *Knack*, in: Knack, VwVfG, § 62 Rdnr. 3; *Littbarski*, JuS 1979, S. 537 ff.; *Maurer*, Allgem.VerwR, § 14 Rdnr. 52; *Simons*, Leistungsstörungen, S. 172 ff.; *Ule/Laubinger*, Verw.VerfR, § 72 I 4 (S. 372); *Weber*, JuS 1974, S. 191; *Wolff/Bachof*, VerwR, § 44 III c (S. 353).

51 Vgl. *Birk*, Die neuen städtebaulichen Verträge, Rdnr. 408.

a) Regelungslücke

Voraussetzung für die Anwendbarkeit von c.i.c. und p.V.V. ist, daß eine Regelungslücke vorliegt, d. h., daß weder Unmöglichkeit, Verzug noch ein Sachmangel vorliegt.

b) Pflichtverletzung

Eine Pflichtverletzung kann bei staatlichen Planungsakten in Betracht gezogen werden, wenn bei objektiver Würdigung des Verhaltens des Staates der Betroffene darauf vertrauen konnte, der Plan werde beibehalten[52]. Ein Anspruch kann daher begründet sein, wenn der Vorhabenträger sein Vertrauen darauf stützen konnte, daß der vorhabenbezogene Bebauungsplan nicht geändert, ergänzt oder aufgehoben wird bzw. bei den „Altfällen“ die Satzung über den Vorhaben- und Erschließungsplan beibehalten und kein neuer Plan erlassen wird. Zwar begründet der zwischen dem Vorhabenträger und der Gemeinde abgeschlossene Durchführungsvertrag einen gewissen Vertrauenstatbestand dahingehend, daß die Gemeinde an ihrer Planung festhält und den noch aufzustellenden vorhabenbezogenen Bebauungsplan bzw. die Vorhaben- und Erschließungsplansatzung beibehalten wird. Der Vorhabenträger hat aber grundsätzlich kein Recht auf die Fortführung des Verfahrens. Auch sieht § 2 Abs. 4 BauGB, § 39 BauGB bzw. § 7 Abs. 7 BauGB-MaßnG ausdrücklich die Änderung der Bauleitplanung vor, so daß das Vertrauen auf den Fortbestand einer für ihn günstigen Planung unbegründet ist.

Jedoch kann eine Pflichtverletzung gegeben sein, wenn die Gemeinde - aus städtebaulicher Sicht - grundlos, d. h. aus sachwidrigen Gründen von ihren im Vertrag manifestierten städtebaulichen Zielen abrückt[53]. Dies dürfte dann der Fall sein, wenn sich die städtebauliche Situation gegenüber dem Zeitpunkt des Abschlusses des Durchführungsvertrages nicht geändert hat bzw. eine Kündigung des Durchführungsvertrages nach § 60 Abs. 1 VwVfG nicht zulässig ist. Dem Vorhabenträger können dann Schadensersatzansprüche in entsprechender Anwendung des § 162 BGB i. V. m. c. i. c. zustehen[54].

Eine Pflichtverletzung liegt auch vor, wenn die Gemeinde es unterläßt, den Investor rechtzeitig über die geplanten Änderungen zu informieren und diesem so die Möglichkeit genommen wird, Vermögensdispositionen auf die neue Situation einzurichten[55]. Auch kann eine Haftung der Gemeinde begründet werden, wenn sie gegenüber dem Verhandlungspartner unrichtige, seine Vermögenspositionen

---

[52] *Schenke*, AöR 101 (1976), S. 337 ff. (344).

[53] Beispiel: Eine nach dem Durchführungsvertrag zu bauende Tankstelle ist nicht mehr erwünscht.

[54] Vgl. *Birk*, Die neuen städtebaulichen Verträge, Rdnr. 415.

[55] *Fronhöfer*, BayVBl. 91, S. 193 (194); *Dolde/Uechtritz*, DVBl 87, S. 446 (452);

nachhaltig beeinflussende Angaben über den Stand der Bauleitplanung macht[56]. Da die Gemeinde zur Rechtsauskunft verpflichtet ist, kann bereits dann eine Pflichtverletzung vorliegen, wenn die Gemeinde Auskünfte darüber verweigert, ob und wie ein Grundstück gegenwärtig baulich nutzbar ist.

Auch kann eine Pflichtverletzung gegeben sein, wenn die Gemeinde den vorhabenbezogenen Bebauungsplan aus Gründen nicht erläßt, die ihr schon zum Zeitpunkt des Vertragsabschlusses bekannt waren oder die sie kennen mußte, beispielsweise Gründe, die objektiv gegen die Möglichkeit des Erlasses eines vorhabenbezogenen Bebauungsplans und somit gegen die Durchführung des Verfahrens sprechen und diese dennoch dem Vorhabenträger nicht bekannt gegeben wurden. In diesem Fall ist der Durchführungsvertrag von Anfang an auf eine unmögliche Leistung gerichtet und somit entsprechend § 306 BGB nichtig und führt aufgrund der Mißachtung der Aufklärungspflicht der Gemeinde zu einer Pflichtverletzung. Hat der Vorhabenträger jedoch von dieser Unmöglichkeit gewußt, so liegt ein entsprechender Vertrauenstatbestand nicht vor und der Anspruch muß ausscheiden. Grund für diesen Anspruch ist, daß der Vertrag eine „Zusage" der Gemeinde beeinhaltet, das Projekt nicht nur städtebaulich zu verwirklichen, sondern auch die für eine Genehmigung und Ausführung notwendige planungsrechtliche Grundlage zu schaffen[57].

Im Zusammenhang mit der Einleitung des Bebauungsplanverfahrens besteht kein Schadensersatzanspruch, wenn die Gemeinde die Einleitung aus Gründen ablehnt, die ermessensfehlerfrei zustande gekommen sind[58]. Das Inkrafttreten des vorhabenbezogenen Bebauungsplans, also der Bedingungseintritt, ist in entsprechender Anwendung von § 162 BGB, nämlich nicht treuwidrig vereitelt worden. Wird der vorhabenbezogene Bebauungsplan nicht beschlossen, weil die Gemeinde in einer ordnungsgemäßen Abwägung zu dem Ergebnis gelangt ist, daß andere, gegen das Vorhaben sprechende Belange zu bevorzugen sind, scheiden Schadensersatzansprüche, insbesondere der Anspruch aus c. i. c. aus[59]. Ebenso, wenn die Gemeinde durch andere objektive Gründe an einem (positiven) Satzungsbeschluß gehindert ist[60].

c) Verschulden

Die Gemeinde muß schuldhaft gegen die „Treue- Schutz- und Rücksichtnahmepflichten" verstoßen haben.

---

56 *BGHZ* 71, S. 386.
57 Vgl. *Birk*, Die neuen städtebaulichen Verträge, Rdnr. 410.
58 *Birk*, Die neuen städtebaulichen Verträge, Rdnr. 412.
59 Vgl. *Birk*, Die neuen städtebaulichen Verträge, Rdnr. 414.
60 Beispielsweise bei einer Industrieansiedlung mit Grundwassergefahr in Zone II eines Wasserschutzgebietes.

Entwickelt der Gemeinderat lediglich eine andere Planungskonzeption und ändert die Bauleitplanung, so stellt dies bereits keine Pflichtverletzung dar, weil die Gemeinde aufgrund ihrer Planungshoheit gehandelt hat[61] und die Entscheidung rechtlich nicht beanstandet werden kann[62]. Auf ein Verschulden kommt es daher nicht mehr an. Das gleiche gilt für die ermessensfehlerfreie Ablehnung der Einleitung des Bebauungsplanverfahrens.

In allen anderen Fällen, bei denen eine Pflichtverletzung gegeben ist, muß ein Verschulden vorliegen. Dieses ist immer dann zu bejahen, wenn die Gemeinde vorsätzlich - was selten der Fall sein dürfte - oder aber fahrlässig gehandelt hat, § 276 BGB. Im Ergebnis ist dies allerdings eine Einzelfallentscheidung und kann hier nicht pauschal beantwortet werden. Fahrlässigkeit dürfte in der Regel jedoch zu bejahen sein.

d) Rechtsfolge

Liegt ein Fehlverhalten der Gemeinde vor, so schuldet sie den Ausgleich derjenigen Vermögenseinbußen, die sich auf den Pflichtverstoß zurückführen lassen. Der Vorhabenträger ist so zu stellen, wie wenn die Gemeinde ihren Pflichten genügt hätte. Falls dem Vorhabenträger ein Mitverschulden angelastet werden kann, da er es z. B . unterlassen hat, sich Informationen zu beschaffen, die ihm zugänglich waren, so wird sein Anspruch gemäß § 254 BGB (analog) gekürzt[63]. Der Vorhabenträger kann somit bei Vorliegen einer oben genannten schuldhaften Pflichtverletzung uneingeschränkten Ausgleich des Vertrauensinteresses verlangen.

7. Ersatzanspruch aus dem Vertrauensschutzprinzip

Für Schäden, die nicht im Grundeigentum begründet sind, also insbesondere für Aufwendungen (Planungskosten, Beraterhonorare etc.), die der Investor getätigt hat, kommt bei Änderung der baurechtlichen Situation ein Ersatzanspruch aus dem Vertrauensschutzprinzip[64] in Betracht. Verfassungsrechtliche Grundlage für dieses im Wege der richterlichen Rechtsfortbildung auszufüllenden „offenen

---

61 *BGHZ* 71, S. 386 (395); 76, S. 343 (349); UPR 1986, 177, 178; *OVG Lüneburg*, UPR 1983, S. 267.

62 *OVG Lüneburg*, UPR 1983, S. 267.

63 *BGH*, NVwZ 1982, S. 145 (147).

64 Vgl. hierzu *Fröhler*, Das Wirtschaftsrecht als Instrument der Wirtschaftspolitik, S. 136 ff.; *Badura*, Wirtschaftsverfassung und Wirtschaftsverwaltung, S. 111; *Ossenbühl*, Gutachten B zum 50.DJT, 1974, S. 203; *R. Schneider*, VerwArch. 58 (1967), S. 197 (205). Zum verfassungsrechtlichen Rang des Grundsatzes des Vertrauensschutzes siehe auch *R. Schneider*, VerwArch. 58 (1967), S. 197 (205); *Bachof*, VVDStRL 32 (1974), S. 228; *Rüfner*, VVDStRL 32 (1974), S. 228 (232); ansatzweise anderer Ansicht *Püttner*, VVDStRL 32 (1974), S. 200 (206), (vgl. ders., S. 237).

Prinzips", ist nicht nur der in Art. 20 Abs.1, 28 Abs.1 GG, im Rechtsstaatsprinzip[65] enthaltene Grundsatz der Rechtssicherheit[66], das Sozialstaatsprinzip[67] und Treu und Glauben[68]. Vielmehr wird der Grundsatz des Vertrauenschutzes auch aus den Freiheitsgrundrechten[69] und dem Gleichheitsgrundsatz[70] abgeleitet. Denn, wenn Recht Grundbedingung der Rechtsstaatlichkeit ist, so ist diese zugleich mit Gerechtigkeit und Rechtssicherheit untrennbar verbunden, da beide Bestandteile der Rechtsidee „Est autem ius a iustitia, sicut a matre sua, ergo prius fuit iustitia quam ius"[71] sind.

Eine Änderung der gemeindlichen Bauleitplanung, durch die Dispositionen des Vorhabenträgers beeinträchtigt werden, könnte gegen das aus dem Rechtsstaatsprinzip abzuleitendem und dem Vertrauensschutzprinzip entsprechenden Gedanken des „Rückwirkungsverbots" von staatlichen Handlungen verstoßen. Zwar handelt es sich bei dieser Fallkonstellation nicht um eine „echte Rückwirkung[72]", da nicht ein abgeschlossener Sachverhalt nachträglich für die Vergangenheit geändert wird. Es wird aber wie bei der „unechten Rückwirkung" in einen noch nicht abgeschlossenen Sachverhalt durch die Satzungsgeberin eingegriffen[73]. Im Gegensatz zu einer echten Rückwirkung[74] ist zwar die unechte Rückwirkung grundsätzlich für zulässig erachtet worden, jedoch nicht uneingeschränkt[75]. Zwar soll sie bereits bei Vorliegen von überwiegenden Gründen des Gemeinwohls zulässig sein. Diese strikte Abgrenzung ist jedoch nicht ganz unproblematisch. Ebenso wie bei der „echten Rückwirkung" verletzt eine „unechte Rückwirkung" nämlich gleichfalls das Vertrauen der Bürger, falls diese bereits

---

[65] Siehe hierzu auch *Schenke*, 40 Jahre Grundgesetz, JZ 1989, S. 653.

[66] Vgl. hierzu insbesondere *Arndt/Rudolf,*: Öffentliches Recht, S. 33 ff.; *Stern,* Staatsrecht Bd. I, S. 796 ff.; *Oldiges*, Grundlagen eines Plangewährleistungsrechts, S. 199 ff; zum Grundsatz der Rechtssicherheit als einer Komponente des Vertrauensschutzes, siehe auch *BVerfGE* 13, S. 261 (271); *Ossenbühl*, DÖV 1964, S. 511 (520):

[67] Vgl. in diesem Kontext auch *Werner*, NJW 1954, S. 1625 (1627).

[68] Vgl. z. B. *BVerwGE* 35, S. 159 (162); *Ossenbühl*, DÖV 1972, S. 25 (27).

[69] Vgl. insbesondere *Grabitz*, DVBl. 1973, S. 675 (681 ff.).

[70] Vgl. *Achterberg*, VVDStRL 32 (1974), S. 233 (234); *Bachof*, VVDStRL 32 (1974), S. 228 f.

[71] *Accursius*, Glosse 9 zu Dig. I, 1, 1 pr.

[72] Siehe hierzu *Schenke*, Verfassungsrechtliche Grenzen der Rückwirkung von Gesetzen, AgraR 90, S. 33 zu der Frage, wann ein Betroffener mit der Rückwirkung rechnen mußte.

[73] Siehe hierzu auch *Badura*, Wirtschaftsverfassung und Wirtschaftsverwaltung, S. 111; *Rinck*, Wirtschaftsrecht, S. 73; *Schenke*, AöR 101 (1976), S. 337 (364 f.).

[74] Eine echte Rückwirkung ist nur ausnahmsweise zulässig, nämlich wenn das Vertrauen des Bürgers sachlich nicht gerechtfertigt ist. Dies ist der Fall, wenn der Bürger in dem Zeitpunkt, auf den der Eintritt der Rechtsfolge vom Gesetz zurückbezogen wird, mit einer solchen Regelung rechnen mußte; wenn geltendes Recht unklar und verworren ist; wenn durch die Rückwirkung dem Bürger kein oder nur ein geringer Schaden entsteht; wenn eine nichtige Bestimmung rückwirkend durch eine rechtlich nicht zu beanstandende Norm ersetzt wird; oder aber aus zwingenden Gründen des gemeinen Wohls.

[75] Vgl. hierzu beispielsweise *BVerfG* E 36, S. 73 (82); 30, S. 392 (402).

nicht mehr zu ändernde Dispositionen getroffen haben[76]. Diese Problematik soll im Rahmen dieser Arbeit nicht weiter vertieft werden. Festzuhalten bleibt jedoch, daß dispositionsentwertende Planänderungen bei Zugrundelegung der bundesverfassungsrechtlichen Rechtsprechung sicherlich nicht immer ohne jeden Schadensausgleich durch überwiegende öffentliche Interessen gerechtfertigt sind[77].

Der dem Vertrauensschutzprinzip entsprechende Grundsatz der Rechtssicherheit bedeutet, daß der Staatsbürger auf die bestehende Rechtslage vertrauen kann und die Möglichkeit haben muß, Dispositionen auf die Kontinuität der geltenden Rechtslage zu treffen[78]. Der Staat muß hierbei beim Vorhabenträger nicht das Vertrauen erweckt haben, der vorhabenbezogene Bebauungsplan bestünde unverändert fort. Jedoch begründet der abgeschlossene Durchführungsvertrag möglicherweise einen Vertrauenstatbestand dahingehend, daß die Gemeinde ihre Planung nicht in der Weise ändern wird, daß Dispositionen des Vorhabenträgers entwertet werden[79].

Von der *Rechtsprechung*[80] und der *Literatur*[81] wird ein allgemeiner Entschädigungsanspruch aus dem Vertrauensschutzprinzip bei enttäuschtem Vertrauen auf den Fortbestand einer Rechtslage jedoch abgelehnt. Für diese Ansicht spricht, daß die Rechtssicherheit nicht zu einer Einfrierung der Rechtslage führen darf und etwaige Entschädigungsansprüche die Gemeinde von einer notwendigen Planänderung abhalten könnten. Grundsätzlich kann der Gesetzgeber somit geltendes Recht ändern. Die Gemeinde kann aufgrund ihrer Planungshoheit aus Art. 28 Abs. 1 S. 1 GG die Bauleitplanung ändern.

Gegen einen Anspruch des Vorhabenträgers aus dem Vertrauensschutzprinzip muß daher angeführt werden, daß dieser wegen Art. 28 Abs. 2 GG, § 2 Abs. 4 BauGB bzw. § 7 Abs. 7 BauGB-MaßnG, mit einer Änderung der Bauleitplanung rechnen muß, so daß trotz des mit der Gemeinde abgeschlossenen Durchführungsvertrages, kein rechtlich geschütztes Vertrauen besteht. Des weiteren gibt es keinen Anspruch auf Planfortbestand, also auf den Bestand eines Bebauungsplans, so daß im Ergebnis ein Ersatzanspruch aus dem Vertrauensschutzprinzip abzulehnen ist.

---

[76] *Schenke*, AöR 101 (1976), S. 337 (365); vgl. auch *Rupp-v. Brünneck*, BVerfGE 32, S. 129 (131); *Grabitz*, DVBl. 1973, S. 675 (682).

[77] So zutreffend *Schenke*, AöR 101 (1976), S. 343 (366).

[78] Vgl. *Arndt/Rudolf*, Öffentliches Recht, S. 34 f.

[79] Vgl. hierzu bezüglich eines Bebauungsplans, *Schenke*, AöR 101 (1976), S. 337 (361).

[80] *BVerfGE* 30, S. 392 f.; *BGH*, DVBl. 1982, S. 1092 (1093).

[81] Vgl. z. B. *Ossenbühl*, Staatshaftungsrecht, § 51; *Schenke*, AöR 101 (1976), S. 337 ff..

8. Ersatzanspruch aus Treu und Glauben, § 242 BGB analog

Der Grundsatz von Treu und Glauben gilt für das gesamte öffentliche Recht[82]. Jedoch ist die Eigenart dieses Rechtsgebietes zu beachten, so daß der Vorrang öffentlicher Interessen und das Gebot der Rechtssicherheit dazu führen kann, daß der Rechtsgedanke des § 242 BGB zurücktreten muß[83].

Aus dem Grundsatz von Treu und Glauben[84] resultiert insbesondere die **staatliche Pflicht zu konsequentem und rücksichtsvollem Verhalten**[85]. Eine Entschädigung wird bei Verletzung dieser Pflicht aber nicht aus § 242 BGB analog, sondern bei Vorliegen der Voraussetzungen, möglicherweise bereits aus dem Amtshaftungsanspruch nach § 839 BGB i. V. m. Art. 34 GG gewährt[86].

Ein **Anspruch auf Planfortbestand** aus Treu und Glauben ist ebenfalls abzulehnen. Daß ein Anspruch auf Planfortbestand nicht besteht, ergibt sich aus § 39 BauGB, wonach die Änderung, Ergänzung oder Aufhebung eines Bebauungsplans grundsätzlich möglich und zulässig ist, etwaige vergeblich erbrachte Aufwendungen des Bauwilligen jedoch zu entschädigen sind. Selbst eine durch Verwaltungsakt begründete Rechtsposition, z.B. durch eine Baugenehmigung, die neben dem Durchführungsvertrag erforderlich ist, schließt einen Anspruch auf Planfortbestand aus[87].

V. Ansprüche aus Amtshaftung gem. § 839 BGB i. V. m. Art. 34 GG

1. Einführung

Der Vorhabenträger kann möglicherweise einen Schadensersatzanspruch aus Amtshaftung gemäß § 839 BGB i. V. m. Art. 34 GG[88] gegen die Gemeinde geltend machen, wenn diese schuldhaft eine ihr obliegende „drittgerichtete" Amtspflicht verletzt hat. Jedem Gemeinderatsmitglied ist nach der ständigen Rechtsprechung des Senats ein „öffentliches Amt" im Sinne von Art. 34 GG anvertraut. Ferner wird jedes Mitglied im Rahmen der Bauleitplanung hoheitlich für die Ge-

---

[82] *BGH* 30, S. 236; 94, S. 349; *BVerwG* 9, S. 160; 25, S. 303; BFH NJW 57, S. 1855; 90, S. 1251; BSG NJW 58, S. 1607, 66, S. 125 u. S. 1381.

[83] *Heinrichs*, in: Palandt, § 242 BGB, Rdnr. 17.

[84] Vgl. zu dessen Bedeutung für das öffentl. Recht *Forsthoff*, Verwaltungsrecht, S. 169 ff..

[85] So der *BGH,* in: BGH NJW 1963, S. 644 (645); NJW 1960, S. 2334 f.; NJW 1962, S. 793 (795).

[86] Siehe hierzu die Ausführungen im zweiten Teil unter D.VI.

[87] Siehe *Schenke*, AöR 101 (1976), S. 337 (363).

[88] Vgl. hierzu *Hoppe*, in: Hoppe/Grotefels, Öffentliches Baurecht, § 19; *Ossenbühl*, Staatshaftungsrecht, S.6 ff.; *Evers*, Das Recht der Raumordnung, S. 153; *Rinck*, Wirtschaftsrecht, S. 72, *Badura*, Wirtschaftsverfassung und Wirtschaftsverwaltung, S.111; *Maecker*, Gewährleistung bei staatlicher Wirtschaftsplanung, S. 136 ff.; siehe auch *BGH* NJW 1963, S. 644 f.

meinde als Trägerin der Planungshoheit tätig[89]. Gemeinderatsmitglieder, die bei der Beratung und Beschlußfassung über einen Bebauungsplan mitwirken sind daher Beamte[90] im haftungsrechtlichen Sinne[91]. Dies gilt auch für Organe der Gemeinde, z. B. für den Bürgermeister, der Erklärungen über das künftige Verhalten der Gemeinde abgibt[92]. Die Gemeinde haftet somit nach § 839 BGB i.V.m. Art. 34 GG für „legislative" Akte ihres Gemeinderates[93], wenn dieser in Ausübung eines ihm anvertrauten öffentlichen Amtes eine ihm gegenüber Dritten obliegende Amtspflicht schuldhaft verletzt und dadurch einen Schaden verursacht hat[94].

2. Verletzung einer Amtspflicht

Die Änderung der Bauleitplanung alleine stellt keine Amtspflichtverletzung dar, weil es keinen Anspruch auf Planfortbestand gibt und die Gemeinde aufgrund ihrer Planungshoheit handelt. Ein Anspruch aus Amtshaftung kommt daher nur in Betracht, wenn die Gemeinde[95] zusätzlich eine ihr obliegende Amtspflicht verletzt hat: So besteht eine **Pflicht der Gemeinde zu konsequentem und rücksichtsvollem Verhalten** in der Bauleitplanung sowie eine **Pflicht zur vollständigen, richtigen und rechtzeitigen Informationserteilung** über geplante Änderungen in der Bauleitplanung. Die Gemeinde kann ebenfalls eine Amtspflichtverletzung wegen **fehlerhafter Interessenabwägung** begehen, indem sie bei der Änderung, Ergänzung oder Aufhebung des vorhabenbezogenen Bebauungsplans bzw. bei der Überplanung mit einem neuen Bebauungsplan i. S. v. § 7 Abs. 7 BauGB-MaßnG die öffentlichen und privaten Belange nicht richtig gewichtet und abwägt. Problematisch ist hierbei insbesondere, ob eine „drittgerichtete" Amtspflicht verletzt wurde.

---

89 *BGH*-Urteile v. 18.Juni 1970 - III ZR 13/67 - VersR 1970, S. 100 f. (109); vom 30. Januar 1975 - III ZR 18/72 - WM 1975, S. 630 ff. (633) - DVBl 1976, S. 173; *BGHZ* 11, S. 192 (197) für Kreistagsmitglieder.

90 Vgl. zum Umfang des Beamtenbegriffs etwa *BGHZ* 84, S. 292 (298); 92, S. 34 (51) = JuS 1985, S. 228 Nr.2; *BGHZ* 106, S. 323 (330) = JuS 1989, S. 579 Nr.12; *BGHZ* 109, S. 380 (388).

91 *BGHZ* 84, S. 292 (298f.); NJW 1984, S. 2516 (2519); NVwZ 1986, S. 504 (505); *Johlen*, BauR 1983, S. 196 (197 f.); *Kreft*, in: RGRK, § 839 Rdnr. 141; *Dolde*, NVwZ 1985, S. 250 (251); kritisch *Schröer*, NVwZ 1986, S. 449.

92 *BGH* DVBl. 1976, S. 576 ff.; ZfBR 1985, S. 91 (92); *Kröner*, ZfBR 1984, S. 20 (24 ff.).

93 *BGH*, Urt.v. 24. Juni 1982-III ZR 169/80-*BGHZ* 84, S. 292 = ZfBR 82, S. 271; *Kröner*, ZfBR 1984, S. 20 ff., (21).

94 *Ossenbühl*, Staatshaftungsrecht, S. 12, § 6.

95 Immer wenn hier im Zusammenhang mit der Prüfung von Amthaftungsansprüchen von „Gemeinde" die Rede ist, bedeutet dies, daß sie gemäß Art. 34 S. 1 GG die Verantwortlichkeit für den handelnden Beamten trifft.

a) Verletzung der Pflicht zu konsequentem und rücksichtsvollem Verhalten - nur zögerliche Durchführung des Planaufstellungsverfahrens

Eine Amtspflicht der Gemeinde, eine bestimmte Planungskonzeption zu realisieren, gibt es nicht[96]. Ebenso kann eine Amtspflicht zur zügigen Durchführung eines Bebauungsplanverfahrens nur aus allgemeinen Grundsätzen abgeleitet werden[97].

Die Gemeinde hat aber die im Vertrauensschutzgedanken begründete Pflicht, sich konsequent und rücksichtsvoll zu verhalten[98]. Die Amtspflicht zu konsequentem Verhalten ist Ausprägung des Verbotes widersprüchlichen Verhaltens (venire contra factum proprium). Sie ist im größeren Zusammenhang des Vertrauensschutzes von Bürgern gegenüber administrativen Maßnahmen zu sehen[99]. Hat die Behörde durch ihr Verhalten einen Tatbestand geschaffen, mit dessen Bestand die von der Maßnahme Betroffenen nach Lage der Dinge rechnen durften, so kann sich hieraus für die Behörde die Amtspflicht ergeben, auf den geschaffenen Tatbestand Rücksicht zu nehmen und ihr späteres Verhalten darauf einzustellen[100]. Sie ist auch verpflichtet, eine in bestimmter Weise geplante und begonnene Maßnahme durchzuführen und sich nicht zu ihrem eigenem, früheren Verhalten in Widerspruch zu setzen, insbesondere, wenn berechtigte Interessen des Betroffenen am Fortbestand einer Maßnahme beeinträchtigt werden[101].

Schließt die Gemeinde mit dem Vorhabenträger einen Durchführungsvertrag, und erweckt sie dabei das Vertrauen, daß sie keine für den Vorhabenträger nachteiligen Änderungen vornehmen wird, so liegt es nahe, einen Verstoß gegen die Pflicht zu konsequentem und rücksichtsvollem Verhalten zu befürworten, wenn sie zuungunsten des Vorhabenträgers ihre Bauleitplanung ändert. So hat auch der *BGH*[102] folgendes ausgeführt: „Die Behörde muß daher - falls nicht ausnahmsweise besondere aus der Sache sich ergebende Gründe etwas anderes rechtfertigen, Maßnahmen unterlassen, wenn ein Betroffener auf der Grundlage des früher

---

[96] *BGHZ* 71, S. 386, (389); ZfBR 1984, S. 146; UPR 1986, S. 177, (178); *Dolde*, NJW 1979, S. 889 (891); *OVG Lüneburg*, UPR 1983, 268.

[97] *Dolde/Uechtritz*, DVBl 1987, S. 446 ff. (453).

[98] *Dolde/Uechtritz*, DVBl. 1987, S. 446 ff. (453).
So der *BGH* in BGH NJW 1963, S. 644 (645); BGH NJW 1960, S. 2334 f.; BGHZ 76, S. 343 ff., -BGH Versicherungsrecht 1980, S. 650 (652); *BGH* NJW 1962, S. 793 (795).

[99] *BGH*, NJW 1960, S. 2334; NJW 1963, S. 644 (unzulässige nachträgliche Änderung von Ausschreibungsbedingungen für den Getreideimport); *BGH*, NVwZ - RR 1989, S. 600 (Verhinderung eines Erschließungsvertrages); *BVerwGE* 35, S. 159 (163). - Zum allgmeinen Problem des Vertrauensschutzes: *Ossenbühl*, DÖV 1972, S. 25 ff.; *Kisker/Püttner*, VVDStRL 32 (1974), S. 149 (200 ff.); *Hans Huber*, in: Festgabe BVerwG, 1978, S. 313 ff.; *Weber-Dürler*, Vertrauensschutz im öffentlichen Recht, 1983.

[100] Vgl. auch *Ossenbühl*, Staatshaftungsrecht, § 6 2, S. 44.

[101] *Fronhöfer*, BayVBl. 1991, S. 193 (195).

[102] *BGH*, Urt. v. 20.9.1984 - IIIZR 58/83 Hamm, NVwZ 1986, S. 245.

geschaffenen Tatbestandes im Rahmen vernünftiger Erwägungen bestimmte Dispositionen getroffen hat und Treu und Glauben den Schutz des Vertrauens erheischen, das der betroffene Bürger in die Beständigkeit der behördlichen Maßnahmen gesetzt hat"[103].

Diese Amtspflicht kollidiert allerdings wiederum mit dem Planungsermessen der Gemeinde. Die verfassungsrechtlich garantierte Planungshoheit der Gemeinden (Art. 28 Abs. 2 GG), verschafft dem Ortsgesetzgeber eine (relative) Planungsfreiheit, die grundsätzlich nur durch die gesetzlichen Bindungen der Bauleitplanung beschränkt ist[104]. Eine Einengung der Planungsfreiheit zugunsten des Vertrauensschutzes würde einen von Sachgesichtspunkten getragenen, in § 1 Abs. 6 BauGB vorgeschriebenen Abwägungsvorgang erschweren bzw. vereiteln, da die Gemeinde sich spätestens mit der Billigung des ersten Bebauungsplanentwurfs, ggf. schon mit dem Aufstellungsbeschluß, einer Selbstbindung unterworfen hätte, von der sie sich nur über eine Schadensersatzleistung lösen könnte[105]. An die Stelle des in § 1 Abs. 6 BauGB vorgeschriebenen rechtsstaatlichen Planungsvorganges, würde eine vom Gesetz mißbilligte und daher zur Nichtigkeit des Bauleitplans führende Verkürzung der gebotenen Abwägung treten, was nicht nur systemwidrig sondern schlicht gesetzeswidrig wäre.

Der Gemeinde ist - wie aus § 2 Abs. 4 BauGB und aus § 39 BauGB ersichtlich - die Änderung, Ergänzung und Aufhebung der Bauleitplanung ausdrücklich gestattet. Der Vorhabenträger muß daher, trotz des mit der Gemeinde abgeschlossenen Durchführungsvertrages, mit einer Änderung der Bauleitplanung rechnen. Da ein gesetzlich erlaubtes Handeln keine Amtspflichtverletzung begründen kann, ist im Ergebnis ein Amtshaftungsanspruch wegen inkonsequentem und rücksichtslosem Verhalten zu verneinen.

b) Amtspflicht zur vollständigen, richtigen und rechtzeitigen Informationserteilung

Eine Amtspflichtverletzung ist gegeben, wenn es die Gemeinde unterläßt, den Vorhabenträger vollständig, richtig und rechtzeitig über geplante Änderungen zu informieren, weil die Gemeinde ihre Aufklärungs- und Mitteilungspflicht[106] ver-

---

[103] *BGH*, NVwZ 1986, S. 245 (246).

[104] So ausdrücklich *BGHZ* 71, S. 386 ff. (396).

[105] So *Fronhöfer*, BayVBl. 1991, S. 193 ff. (196).

[106] Siehe allgemein zu den staatlichen Auskunfts- und Aufklärungspflichten im Rahmen eines verwaltungsbehördlichen Verfahrens z. B. *BGH* NJW 1957, S. 1873 f.; NJW 1965, S. 1226 ff.; NJW 1960, S. 1244 f.; ausführl. Nachw. aus der Rspr. ferner bei *Uffhausen*, JurJahrB 4 (1963/64), S. 192 ff.; siehe auch *Pipkorn*, DÖV 1970, S. 171 ff.; *Kellner*, Verh. des 44. DJT, Bd. II, D, 1962, S. 47 (72). Zur Begründung dieser im Ergebnis nicht umstrittenen Pflichten wird das Sozialstaatsprinzip und der Grundsatz von Treu und Glauben herangezogen (vgl. z. B. *BGH* NJW 1965, S.1226 (1227) m. w. N.).

letzt hat. Diese Aufklärungs- und Mitteilungspflicht der Gemeinde besteht, damit der betroffene Grundeigentümer die Möglichkeit hat, sich und seine Vermögenspositionen auf die geänderte Situation rechtzeitig einzustellen und entsprechend disponieren kann[107].

Es hängt von den Umständen des Einzelfalles ab, in welcher Form die Gemeinde den betreffenden Eigentümer informiert. Es kommt hier von der ortsüblichen Bekanntmachung der (Änderungs-) Beschlüsse bis zur Unterrichtung im Einzelgespräch alles in Betracht. Zu beachten ist aber, daß die Informationspflicht der Gemeinde erst zum Tragen kommt, wenn die Planungsänderung konkrete Gestalt angenommen hat, d. h. wenn diese insbesondere durch Beschlüsse des Gemeinderats dokumentiert worden ist. Das wird damit begründet, daß einem neu gewählten Gemeinderat eine Einarbeitungszeit mit entsprechender Orientierungsmöglichkeit zugebilligt werden muß, des weiteren Planungsänderungen einen Abwägungsvorgang voraussetzen, der sich erst im Laufe der Zeit final entwickelt und verfestigt.

Die Gemeinde darf bei den betroffenen Eigentümern auch keine unrichtigen, seine Vermögensdispositionen nachteilig beeinflussenden Eindrücke, über den Stand und den Fortgang der Bauleitplanung hervorrufen bzw. nicht das Vertrauen schaffen oder aufrechterhalten, daß der neu gewählte Gemeinderat an der bisherigen Planungskonzeption festhalten werde und diese fortentwickle[108].

Die Amtspflicht zur vollständigen, richtigen und rechtzeitigen Informationserteilung ist verstärkt vorhanden, wenn die Gemeinde sich in Verhandlungen über Verträge eingelassen hat, die darauf gerichtet sind, ein bestimmtes Planvorhaben in Zusammenarbeit mit den betroffenen Grundeigentümern bzw. sonstigen privaten Dritten zu realisieren[109]. Zu diesen „Kooperationsverträgen“[110] zählen u. a. Folgelastenverträge, Grunderwerbsverträge mit Bauplanungsabreden und Erschließungsverträge[111] sowie der Vorhaben- und Erschließungsplan nach § 12 BauGB. Solche Verträge enthalten nämlich eine besonders enge Verbindung der beiderseitigen Interessen. Zwar ist die vertragliche Verpflichtung der Gemeinde, einen bestimmten Bebauungsplan zu erlassen bzw. hier die Bauleitplanung nicht zu ändern, nichtig, jedoch erlangt der private Partner durch die Kooperationsverträge generell eine schutzwürdige Vertrauensposition, die um so stärker besteht, je umfangreicher der Grundstückseigentümer auf die Erreichung des im Interesse der Gemeinde liegenden Ziels „vorleistet“[112]. Da der Vorhabenträger insbesonde-

[107] *BGH*, DVBl. 1977, S. 576 (577); WM 1981, S. 726; ZfBR 1985, S. 92.
[108] *Fronhöfer*, BayVBl. 1991, S. 193 (194).
[109] *Fronhöfer*, BayVBl. 1991, S. 193 (194).
[110] Siehe dazu *Bullinger*, DÖV 1977, S. 812 (819); BGHZ 71, S. 386 ff. (393).
[111] *BGHZ* 71, S. 386 (393) bzgl. Folgelastenverträge; *BGHZ* 76, S. 16 ff. bzgl. Grunderwerbsvertrag mit Bauplanungsabrede; *BGHZ* 76, S. 343 ff. bzgl. Erschließungsvertrag.
[112] So fast wörtlich *BGHZ* 71, S. 386 (393).

re dadurch „vorleistet", daß er die Erschließungskosten trägt, besteht hier eine besonders starke Vertrauensposition.

Zu beachten ist aber, daß die gemeindliche Aufklärungspflicht nicht schrankenlos ist, d. h. insbesondere keine sachlichen und rechtlichen Selbstverständlichkeiten erfaßt. So ist davon auszugehen, daß vor allem größere Projektentwicklungsgesellschaften über hinreichende Sachkunde in baurechtlichen Fragen verfügen oder verfügen müssen. Der Aufklärungs- und Informationspflicht unterliegt daher nur, was für den Kooperationspartner nicht schon von vornherein selbstverständlich und ohne weiteres erkennbar war. Bedeutung hat diese Beschränkung, außer zur Festlegung des inhaltlichen Umfangs der gemeindlichen Aufklärungspflicht, vor allem für die Frage eines etwaigen haftungsrechtlichen Mitverschuldens des Projektträgers nach § 254 BGB (analog), also für eine vom Anteil des Verschuldens abhängige Reduzierung des festgestellten Haftungsanspruchs[113].

c) Amtspflichtverletzung in Zusammenhang mit der Einleitung des Bebauungsplanverfahrens

Haftungsrechtliche Ansprüche und insbesondere Ansprüche aus Amtshaftung in Zusammenhang mit der Einleitung des Bebauungsplanverfahrens (§ 12 Abs. 2 BauGB) sind z. B. denkbar, wenn die Gemeinde sich weigert, über den Antrag auf Einleitung des Bebauungsplanverfahrens überhaupt zu entscheiden. Gemäß § 12 Abs. 2 BauGB hat die Gemeinde auf Antrag des Vorhabenträgers über die Einleitung des Bebauungsplanverfahrens nämlich nach pflichtgemäßem Ermessen zu entscheiden. Des weiteren kommt eine Amtspflichtverletzung durch die Gemeinde in Betracht, wenn sie die Einleitung des Bebauungsplanverfahrens aus ermessensfehlerhaften, im wesentlichen also aus sachfremden Erwägungen ablehnt, oder aber bei der Auswahl zwischen mehreren (potentiellen) Vorhabenträgern, die sich um die Einleitung eines Verfahrens bemühen, ihr Auswahlermessen fehlerhaft ausübt[114]. Zu beachten ist allerdings, daß es regelmäßig an der Kausalität zwischen der Amtspflichtverletzung und dem Schaden fehlen dürfte[115].

d) Amtspflichtverletzung der Gemeinde aus fehlerhafter Interessenabwägung

Das *BVerwG*[116] hat in seinen „Abwägungsentscheidungen" dargelegt, daß das Abwägungsgebot und somit die Amtspflicht verletzt ist, wenn

---

[113] Vgl. *Reidt*, Haftungsfragen zwischen Planungs- und Projektträgern, S. 8.
[114] Vgl. *Reidt*, Haftungsfragen zwischen Planungs- und Projektträgern, S. 13.
[115] Siehe diesbezüglich die Ausführungen unter 5. Kausalität.
[116] *BVerwG*, Urt. v. 12.12.1969 - IV C 105.66 - , E 34, S. 301 ff.; Urt. v. 30.4. 1969 - IV C 6.68 -,

- eine Abwägung überhaupt nicht stattgefunden hat (Abwägungsausfall),
- diese unvollständig ist, da nicht alle relevanten Belange bei der Abwägung bedacht wurden (Abwägungsdefizit), oder aber
- die einzelnen Belange in ihrer Bedeutung nicht richtig erkannt und mit dem ihnen zukommenden objektiven Gewicht in die Abwägung einbezogen worden sind (Abwägungsfehleinschätzung und Abwägungsdisproportionalität).

In vorliegender Fallkonstellation kommt in Betracht, daß die Gemeinde ihre Amtspflicht dadurch verletzt hat, daß sie bei der Änderung, Ergänzung oder Aufhebung des vorhabenbezogenen Bebauungsplans (§ 2 Abs. 4 BauGB) bzw. bei der Überplanung mit einem neuen Bebauungsplan i. S. v. § 7 Abs. 7 BauGB-MaßnG die öffentlichen und privaten Belange nicht richtig gewichtet und abwägt (§ 1 Abs. 6 BauGB (ev. i. V. m. § 7 Abs. 2 BauGB-MaßnG), insbesondere die privaten Belange des Vorhabenträgers nicht in ihrer Abwägung (genügend) berücksichtigt hat.

aa) Allgemeine Anforderungen an die Abwägung

Unter den privaten und öffentlichen Belangen wird folgendes verstanden. Der Begriff „Belang" ist hierbei allgemein mit dem des Interesses gleichzusetzen[117].

Der *Begriff des privaten Belanges* ist weit zu fassen[118]. Alle privaten Belange sind in die Abwägung mit einzubeziehen, die mit Wahrscheinlichkeit nicht nur geringfügig durch den Plan betroffen werden sowie schutzwürdig sind und welche die planende Stelle als abwägungsbeachtlich erkennen kann[119]. Das Inaussichtstellen einer bestimmten Bauleitplanung ist somit ein privater Belang, der in das Abwägungsmaterial der Bauleitplanung einzugehen hat[120]. Auch werden nicht nur Interessen geschützt, die sich aus dem Eigentum ergeben, vielmehr geht der Begriff des privaten Belanges über den Umkreis des verfassungsrechtlich geschützten hinaus[121]. Dieser umfaßt zum Beispiel auch das aus dem Eigentum fließende Recht auf bauliche Nutzung[122] und insbesondere den Wegfall der Bebaubarkeit

---

BRS 22 NR.3, S.7; Urt. v. 5.7.1974 - IV C 50.72 - , E 45, S. 309 (314 f); vgl. auch dazu *Dörr/Schönfelder*, NVwZ 1989, S. 933 (934); *Krautzberger*, in: Battis/Krautzberger/Löhr, § 1 BauGB Rdnr. 93.

[117] *Hoppe*, in: FS Scupin, S. 737 ff..

[118] Vgl. hierzu *Söfker*, in: Ernst/Zinkahn/Bielenberg, § 1 BauGB, Rdnr. 199 ff.

[119] *BVerwG*, Urt. v. 9.11.1979, E 59, S. 87 (103); *Dolde*, NJW 86, S. 815 (816); *Krautzberger*, in Battis/Krautzberger/Löhr, § 1 BauGB, Rdnr. 116.

[120] *BVerwGE*, DÖV 1981, S. 878 (879).

[121] *BVerwG* v. 16.4.1971 - IV. B 66.67 -, BauG 1971, S. 100 (104); *BVerwG* v. 9.11.1979 - 4 N 1.78 -, *BVerwGE* 59, S. 87 (101); *VGH Kassel* v. 6.3.1985 - 3 N 207/85 -, NVwZ 1985, S. 839 ff., wonach die rechtswidrige Zusage einer Gemeinde deren Abwägungsbeachtlichkeit nicht ausschließt; *OVG Berlin*, v. 19.4.1991 - 2 B 11/88 -, NVwZ, 1992, S. 897 (898).

[122] Vgl. auch *Hoppe*, in: Hoppe/Grotefels, § 7 Rdnr. 3.

eines Grundstücks. Die privaten Interessen werden darin gesehen, „nach Möglichkeit nichts von den den Nutzungswert ihrer Grundstücke bestimmenden Vorteilen preiszugeben, die sich aus der bisherigen Wohnlage und dem bisherigen Baugebietscharakter ergeben“[123].

Abwägungsbeachtlich sind dabei nicht nur Interessen von Planadressaten im engeren Sinne, also vor allem von Inhabern dinglicher Rechte im Plangebiet. Es kommt vielmehr auf die Betroffenheit durch den Plan an, so daß auch ein Grundstückseigentümer außerhalb des Plangebiets in der Nutzung seines Grundstückes durch den Plan beeinträchtigt werden kann. Ebenso betroffen sein können auch obligatorische[124] oder rein faktische[125] Nutzer des Plangebiets. Der Plan kann sich ebenfalls auf künftige Eigentümer und sonstige künftige Nutzer des Plangebiets und seiner Umgebung auswirken. Es kommt zwar für den Einbezug abwägungsbeachtlicher Belange auf die Erkennbarkeit im Beschlußzeitpunkt an, wie sich aus § 214 Abs. 3 BauGB ergibt[126]. In aller Regel ist aber für die Gemeindevertreter in diesem Zeitpunkt vorhersehbar, daß etwa die Inhaber dinglicher Grundstücksrechte wechseln können und der Plan sich dann auch auf die Rechtsnachfolger auswirkt[127].

Der *Begriff des öffentlichen Belangs* ist auch weit zu ziehen. Er umfasst alle öffentlichen Interessen, die sich auf Art und Intensität der Bodennutzung innerhalb des Planungsraums auswirken und damit bei der planerischen Festlegung einer den materiellen Zielsetzungen des § 1 BauGB entsprechenden Gestaltung der städtebaulichen Ordnung und Entwicklung von Bedeutung sind[128].

Das Abwägungsgebot im Bebauungsplanverfahren hat mittlerweile eine große praktische Bedeutung gewonnen[129]. Nur teilweise werden die ganz überwiegend anerkannten Grundsätze des Abwägungsgebots, sowie die Abwägungsfehlerlehre,

---

123 *VGH Mannheim* v. 12.11.1968 - II 703/67 - , BRS 20, Nr. 4.

124 Vgl. *BVerwG*, Urt. v. 9.11.1979, E 59, S. 87 (101); *VGH München*, Urt. v. 8.8.1983, BayVBl. 84, S. 405 (406); *Krautzberger*, in Battis/Krautzberger/Löhr, § 1 BauGB, Rdnr. 109; *Schmidt-Aßmann*, in Ernst/Zinkahn/Bielenberg, § 1 BauGB, Rdnr. 314; *Grauvogel*, in: Brügelmann, BauGB, hat mit der 44. Lfg. 1985 die gegenteilige Auffassung aufgegeben.

125 Vgl. *Schmidt-Aßmann*, in Ernst/Zinkahn/Bielenberg, § 1 BauGB, Rdnr. 315.

126 Vgl. *BVerwG*, Urt. v. 9.11.1979, E 59, S. 87 (104); *LG Dortmund*, Urt. v. 19.12.1986, VersR 87, S. 265 (267); *Ipsen/Tettinger*, Altlasten, S. 24.

127 Vgl. *BGH*, Urt. v. 26.1.1989; NJW 89, S. 976 (978); *OLG Hamm*, Urt. v. 26.6.1987, VersR 87, S. 1044 (1045); *BVerwG*, Urt. v. 9.11.1979, E 59, S. 87 (100); *Krautzberger*, in Battis/Krautzberger/Löhr, § 1 BauGB, Rdnr. 109.

128 Siehe auch *Krautzberger*, in: Battis/Krautzberger/Löhr, § 1 BauGB Rdnr. 103 mit diversen Beispielen z. B. Vorschriften des BNatSchG *OVG Koblenz* v. 22.1.1992 - 10 C 10428/91 -, NVwZ 1992, S. 1000 ff..

129 Siehe hierzu die Darstellung bei *Blumenberg*, DVBl. 1989, S. 86 ff.; *Erbguth*, DVBl. 1986, S. 1230 ff.;
Heinze, NVwZ 1986, S. 87 ff.; *Koch*, DVBl. 1983, S. 1125 ff.; *Weyreuther*, BauR 1977, S. 293 ff.; *Stüer*, in: Hoppenberg, Handbuch öffentliches Baurecht, Rdnr. 373 - 442.

anerkannten Grundsätze des Abwägungsgebots, sowie die Abwägungsfehlerlehre, wie sie sich in *Rechtssprechung* und *Literatur* entwickelt haben, in Zweifel gezogen[130]. Das *BVerwG* hat jedoch wiederholt entschieden, daß sich das Gebot der gerechten Abwägung der von der Planung berührten öffentlichen und privaten Belange, unabhängig von einer gesetzlichen Positivierung aus dem Wesen einer rechtsstaatlichen Planung ergebe und somit allgemein gelte[131]. Das Abwägungsgebot ist nicht nur aus dem Wesen rechtsstaatlicher Planung abzuleiten. Vielmehr ist es Ausdruck eines bestimmten, verfassungsrechtlich verankerten Gemeinwohlverständnisses[132] und somit „Chiffre für sozialrechtsstaatliches Planen schlechthin"[133]. Das in § 1 Abs. 6 BauGB festgelegte Abwägungsgebot erlaubt einen besonders flexiblen und dem Einzelfall gerecht werdenden Interessenausgleich unter maßgeblicher Berücksichtigung des Grundsatzes der Verhältnismäßigkeit[134].

bb) Der Abwägungsvorgang

Die Abwägung der Bauleitplanung vollzieht sich in vier Schritten[135]. Der Abwägungsvorgang besteht aus

- dem Prozeß der Ermittlung von abwägungsrelevanten Belangen (erste Phase),
- dem Prozeß der Einstellung der Belange in die Abwägung (zweite Phase),
- dem Prozeß der Gewichtung der in die Abwägung eingestellten Belange (dritte Phase), und
- dem Prozeß des Ausgleichs von konfligierenden und konkurrierenden Belangen bei der Planungsentscheidung (vierte Phase).

---

[130] So insbesondere bei *Rubel*, Planungsermessen, S. 60 ff., 151 ff.; *Koch*, DVBl. 1983, S. 1125 ff..

[131] So das *BVerwG* für die verschiedensten Planungsbereiche E v. 30.4.1969 - IV C 6.68 -, BRS 22 Nr.3; *BVerwGE* v.11.10.1968-IV C 55.66 - , Buchholz, 442.40 § 40 LuftVG Nr.1; *BVerwG* v. 20.10.1972 - IV C 14.71 -, *BVerwGE* [illegible] S. 67; *BVerwG* v. 14.2.1975 - IV C 21.75 - , *BVerwGE* 48, S.56 (63). - Siehe auch die Übersicht zu Grundsatzentscheidungen zum Abwägungsgebot bei *Söfker*, in: Ernst/ Zinkahn/Bielenberg, § 1 BauGB Rdnr. 185.

[132] *Schulze-Fielitz*, Sozialbindung im Städtebaurecht, S. 299.

[133] *Schmidt-Aßmann*, in: Ernst/Zinkahn/Bielenberg, § 1 BBauG Rdnr. 303.

[134] *BVerfG* v. 30.11.1988 - 1 BvR 1301/84 -, DVBl. 1989, S. 352 (353).

[135] Siehe dazu *Hoppe*, DVBl. 1992, 853 (856 f.); *Steinberg*, Fachplanung, § 4 Rdnr. 63. Die h. M. geht wie bisher *Hoppe*, in: Ernst/Hoppe, ÖffBauBoR, Rdnrn. 284 ff. - von drei Phasen oder Schritten aus. *Gelzer/Birk*, Bauplanungsrecht, Rdnr. 42 scheinen - im Anschluß an *Weyreuther*, BauR 1977, S. 293 ff. - dazu zu neigen, die Gewichtung und Abwägung i. e. S. als einen Vorgang anzusehen, zumindest im Hinblick auf die gerichtliche Kontrolle.

(I) Erste Phase: Ermittlung der abwägungsrelevanten Belange

Diese Phase der Ermittlung unterliegt dem Gebot, alle abwägungsrelevanten Belange festzustellen, d. h. alle generell abwägungsbeachtlichen, erkennbaren, schutzwürdigen, gegenwärtigen und zukünftigen Belange mit bodenrechtlichem Bezug zu ermitteln (Gebot der Zusammenstellung des abwägungsrelevanten Abwägungsmaterials)[136]. Es sind also neben Interessen auch verkörpernde Tatsachen, wie Lebenssachverhalte, Umstände, tatsächliche Entwicklungen usw. zu ermitteln. Die Feststellung künftiger Belange erfolgt dabei durch Prognosen[137], also durch Wahrscheinlichkeitsurteile über den Eintritt eines Ereignisses oder die Entwicklung eines Sachverhaltes in naher Zukunft. Hierbei müssen Daten und Fakten, auf denen die Prognosebeschlüsse basieren (Prognosebasis) vollständig ermittelt werden. Der Prognoseschluß muß rational, vertretbar und plausibel sein.

(II) Zweite Phase: Einstellung der Belange in die Abwägung

In der zweiten Phase sind „nach Lage der Dinge“ alle konkret abwägungsbeachtlichen, gegenwärtigen und zukünftigen Belange in die Abwägung mit einzustellen, deren Betroffenheit mehr als geringfügig, eintrittswahrscheinlich und erkennbar ist[138]. Einstellen heißt die Einbeziehung dieser Belange in die Entscheidung und ihre Berücksichtigung bei der Entscheidung.

(III) Dritte Phase: Gewichtung der einzelnen in die Abwägung eingestellten Belange

In dieser Phase ist jedem Belang das ihm nach den rechtlichen und tatsächlichen Gegebenheiten zukommende objektive Gewicht beizumessen. Das Gewicht eines Belangs ist „sachlich, unvoreingenommen und unparteiisch zu ermitteln“[139]. Die Gewichtung unterliegt dem Gebot, jedem Belang das ihm nach den tatsächlichen Gegebenheiten und rechtlichen Vorgaben zukommende objektive Gewicht beizumessen[140].

---

[136] Siehe hierzu ausführlich *Hoppe,* in: Hoppe/Grotefels, Öffentliches Baurecht, § 7 Rdnr. 44 ff..

[137] Siehe dazu auch *Hoppe,* in: Hoppe/Grotefels, Öffentliches Baurecht, § 7 Rdnr. 56 ff..

[138] So das *BVerwG* in ständiger Rechtsprechung.

[139] *Ibler*, Schranken planerischer Gestaltungsfreiheit, S. 250 f.

[140] *Hoppe,* in: Hoppe/Grotefels, Öffentliches Baurecht, § 7 Rdnr. 40.

(IV) Vierte Phase: Die Planungsentscheidung

In der vierten Phase muß schließlich zwischen den konkurrierenden Belangen ein sachgerechtes Verhältnis hergestellt werden, indem die Belange unter Berücksichtigung des Grundsatzes der Verhältnismäßigkeit richtig gewichtet werden[141]. Dies führt dann letztendlich zur Planungsentscheidung.

cc) Berücksichtigung der vertraglichen Bindung durch den Durchführungsvertrag zwischen Vorhabenträger und der Gemeinde in der Abwägung

Verträge und Abwägung werden in der *Literatur*[142] und von der *Rechtsprechung*[143] als konträres, nicht miteinander zu vereinbarendes Paar angesehen. Problematisch ist hier vor allem, ob und in welchem Umfang es zulässig ist, Verträge im Rahmen der Abwägung mit einzubeziehen. Insbesondere ist fraglich, ob städtebauliche Verträge nur die Zusammenstellung des Abwägungsmaterials oder auch den eigentlichen Abwägungsvorgang zulässigerweise betreffen können und dürfen und welche Bedeutung das für die Frage der Rechtmäßigkeit des Abwägungsergebnisses[144] und damit für die Gültigkeit des Bebauungsplans haben kann.

Verträge zur inhaltlichen Bestimmung und Begrenzung des Abwägungsmaterials stoßen auf keine grundsätzlichen Bedenken. Klar ist auch, daß nur solche Verträge zulässigerweise das Abwägungsmaterial mitbestimmen, die nicht gegen gesetzliche Vorschriften verstoßen. Verträge zu Lasten Dritter sind deshalb ebenso nichtig, wie diejenigen, die durch die Abwägung nicht überwindbare Planungsleitsätze oder -entscheidungen einzuschränken[145] oder zu verändern suchen.

---

[141] Siehe hierzu auch *Hoppe*, in: Hoppe/Grotefels, Öffentliches Baurecht, § 7 Rdnr. 41.

[142] *Birk*, in: FS Felix Weyreuther, S. 113; *Busse*, BayVBl. 1994, S. 353 ff. (355); Dolde/Uechtritz, DVBl. 1987, S. 464 (466 ff.); *Dossmann*, Die Bebauungsplanzusage, 1985; *Gaentzsch*, BauGB, § 1 Rdnr. 72; *Gierke*, in: Kohlhammer-Kommentar, BauGB, § 9 Rdnr. 12; *Gusy*, BauR 1981, S. 164 ff.; *Jäde*, BayVBl. 1992, S. 549; *Krautzberger*, in: Battis/Krautzberger/Löhr, BauGB, § 1 Rdnr. 116, 118, 121; *Krebs*, DÖV 1989, S. 969 ff. (972 ff.); *Schlichter*, in: Schlichter/Stich/Tittel, BauGB, § 1 Rdnr. 24; *Schmidt-Aßman/Krebs*, Rechtsfragen städtebaulicher Verträge, S. 84 ff. mit zahlreichen weiteren Nachweisen; *Schmidt-Aßmann*, in: FS Gelzer, S. 117 ff; *Söfker*, in: Ernst/Zinkahn/Bielenberg, BauGB, § 1 Rdnr. 215.

[143] *BVerwG* (29.5.1981 - 4 C 72.78, BRS 38 Nr. 5f; *BVerwG* (5.7.1974), IV C 50.72, *BVerwGE* 45, S. 309 ff. („Flachglas"); BGH (22.11.1979) III ZR 186/77, BGHZ 76, S. 17 ff.; BVerwG (1.2.1980) 4 C 40.77, DVBl. 1980, S. 686; *BVerwG* (28.8.1987) 4 N 1.86, Buchholz 406.11 § 1 BauGB Nr. 29.

[144] Zur Frage, ob Verträge zulässig sind, die zielgerichtet den Abwägungsvorgang und somit das Abwägungsergebnis beeinflussen wollen, siehe *Birk*, in: FS Felix Weyreuther, S. 113 (119).

[145] *Krautzberger*, in: Battis/Krautzberger/Löhr, BauGB, § 1 Rdnr. 91 m.w.N.

Städtebauliche Verträge nach § 11 ff. BauGB (ehemals § 6 ff. BauGB-MaßnG) können, wenn sie zeitlich vor der eigentlichen Abwägung geschlossen wurden[146], unter Berücksichtigung der darin definierten Interessenlagen in die Abwägung mit einfließen und ggf. auch gewichtet werden[147].

Berücksichtigt die Gemeinde daher bei Änderung der Bauleitplanung den zwischen ihr und dem Vorhabenträger geschlossenen Durchführungsvertrag überhaupt nicht in ihrer nach § 1 Abs. 6 BauGB erforderlichen Abwägung, so ist ein Abwägungsfehler (Abwägungsdefizit) und somit eine Amtspflichtverletzung gegeben. Wird der Durchführungsvertrag zwar in die Abwägung mit einbezogen, jedoch in seiner Bedeutung nicht richtig erkannt (Abwägungsfehleinschätzung) oder nicht mit dem ihm zukommenden objektiven Gewicht in die Abwägung einbezogen (Abwägungsdisproportionalität), ist ebenfalls eine Amtspflichtverletzung gegeben, da die Gemeinde einen wesentlichen Punkt und somit die privaten Belange des Vorhabenträgers nicht ausreichend berücksichtigt hat.

Zu beachten ist aber, daß der Durchführungsvertrag bei einer Änderung der Bauleitplanung durch die Gemeinde, also beispielsweise im Falle eines nachträglich aufgestellten Bebauungsplans bei Vorhaben nach § 7 BauGB-MaßnG, keinen Vorrang der vertraglich vereinbarten abwägungsrechtlich relevanten Position vor anderen begründet[148], insbesondere nicht zu einer unzulässigen Vorwegbindung an ein bestimmtes Abwägungsergebnis führen kann. Verträge dürfen nämlich nicht zu einer unrichtigen oder unvollständigen Zusammenstellung des Abwägungsmaterials, nicht zu einer Verkürzung des Abwägungsvorgangs und auch nicht zu einem rechtlich unhaltbaren Abwägungsergebnis führen[149]. Grund hierfür ist, daß aufgrund der Unzulässigkeit der Planungsabrede und Vorbindung, ein genereller Vorrang (auch) nicht vereinbart werden kann. Problematisch ist insbesondere, daß in der Praxis sämtliche Beteiligte, vom Grundstückseigentümer über die Gemeinde bis zu Gericht schnell dazu geneigt sind, aus der vertraglichen Interessendefinition einen Vorrang oder sogar eine Vorbindung abzuleiten.

---

[146] So ausdrücklich auch beim Vorhaben-und Erschließungsplan, vgl. *Birk*, Die neuen städtebaulichen Verträge, Rdnr. 177; *SächsOVG* (8.12.1993) 1 S 81/93.

[147] Siehe zu weiteren Einzelheiten, *Birk*, in: FS Schlichter, S. 113 (125 f.) - Z. B. ist weitere Voraussetzung für die Berücksichtigung eines Vertrages in der Abwägung, daß dieser von dem in der Gemeinde für die Abwägung zuständigen Organ geschlossen oder aber zumindest ausdrücklich bestätigt wird, da der Vertrag ein Abwägungshindernis beseitigt und somit eine vorweggenommene Teilerledigung der Abwägung darstellt, die nur von dem dafür zuständigen Organ (entsprechend den Kriterien des *BVerwG* (5.7.1974 IV C 50.72, *BVerwGE* 45, S. 309 ff. (Flachglas)) vorgenommen werden kann. Weiterhin muß der Vertrag inhaltlich die Realisierung des Vorhabens gewähren. - Da der Vorhaben- und Erschließungsplan diese Voraussetzung erfüllt, steht einer Berücksichtigung des Durchführungsvertrages in der Abwägung nichts entgegen.

[148] Vgl. *Birk*, in: FS Schlichter, S. 113 (118).

[149] Vgl. *Birk*, in: FS Schlichter, S. 113 (122).

Eine verstärkte Berücksichtigung der Belange des Vorhabenträgers ist daher abzulehnen. Die vertragliche Bindung zwischen der Gemeinde und dem Vorhabenträger im Durchführungsvertrag führt lediglich zu einer Rücksichtnahmepflicht der Gemeinde gegenüber dem Vorhabenträger, die z. B. in einer Informationspflicht zum Ausdruck kommt.

Allerdings ist der Durchführungsvertrag im Abwägungsverfahren für den Erlaß der Satzung über den Vorhaben- und Erschließungsplan selbst bzw. heute den vorhabenbezogenen Bebauungsplan als abwägungserheblich anzusehen[150]. Obwohl dem Vertrag in der Abwägung rechtlich kein Vorrang zukommt, muß und wird ein solcher Vorrang tatsächlich bestehen. In § 2 Abs. 3 BauGB (ev. i. V. m. § 7 Abs. 3 S.1 HS 2 BauGB-MaßnG) ist nur geregelt, daß der Vertragsschluß keinen Anspruch auf einen Satzungsbeschluß auslöst, was aber nicht heißt, daß der Vertrag im weiteren Satzungsverfahren und insbesondere in der Abwägung bedeutungslos ist[151]. Der Durchführungsvertrag ist als Belang in die Abwägung mit einzubeziehen, da er zum Abwägungsmaterial zählt. Mit dem Vertrag bringt die Gemeinde zum Ausdruck, daß sie dem Vorhaben positiv gegenübersteht und es städtebaulich verwirklichen will. Ändert die Gemeinde zwischen Vertragsschluß und der Abwägungsentscheidung ihre Meinung hinsichtlich des Vorhabens, so bedeutet dies nicht nur einen Vertragsverstoß sondern auch einen Abwägungsmangel. Die bevorzugte Würdigung des abgeschlossenen Vertrages in dieser Abwägung resultiert daraus, daß der auf die Realisierung des Vorhabens gerichtete Vertrag eine planerische Zielvorgabe beinhaltet, hinter der mit der gemeindlichen Vertragsunterzeichnung auch eine Gewichtungsvorgabe in der Abwägung gesehen werden kann und darf[152]. Der Vorhaben- und Erschließungsplan stellt in diesem Fall eine vom Gesetz vorgesehene und damit, abgesehen von den sonstigen Fällen[153], zulässige teilweise Vorbindung dar[154]. Die Einbeziehung des Durchführungsvertrages in die Abwägung beim vorhabenbezogenen Bebauungsplan bzw. bei der Vorhaben- und Erschließungsplansatzung ist daher unabdingbar notwendig[155] .

Festzuhalten bleibt, daß der Durchführungsvertrag im Abwägungsvorgang bezüglich des vorhabenbezogenen Bebauungsplans bzw. der Satzung über den Vorha-

---

[150] *Birk*, Die neuen städtebaulichen Verträge, S. 92, Rdnr. 177, 178.

[151] Vgl. für einen Vertrag zur Baulastenübernahme: *BVerwG* (24.8.93) 4 NB 12/93, NVwZ-RR 94, S. 490.

[152] Vgl. *Birk*, Die neuen städtebaulichen Verträge, S.92, Rdnr. 178.

[153] Vgl. die Zulässigkeitsvoraussetzungen für eine Vorbindung nach *BVerwGE* 45, S. 309 - Flachglasentscheidung.

[154] Eine nähere Beschäftigung mit dem Verhältnis Vertrag - Abwägung, also mit der Frage, wie Verträge in der Abwägung behandelt und gewichtet werden, ist durch die seit dem 1.5.1993 (Inkrafttreten des investitionserleichterungs- und Wohnbaulandgesetzes, BGBl. I S. 622) zusätzlich erweiterten „Vertragsmöglichkeiten" der §§ 124 BauGB und 6 BauGB-MaßnG notwendig.

[155] Vgl. *Birk*, Die neuen städtebaulichen Verträge, S. 92, Rdnr. 178.

ben- und Erschließungsplan in die nach § 1 Abs. 6 BauGB erforderliche Abwägung mit einfließt und auch gewichtet wird. Keine verstärkte Berücksichtigung, sondern nur eine Rücksichtnahmepflicht gegenüber dem Vorhabenträger, begründet dieser Vertrag in der Abwägung bei Änderung der Bauleitplanung, z. B. bei einem nachträglich aufgestellten Bebauungsplan bei den „Altfällen".

dd) Beachtlichkeit sowie Heilung von Abwägungsfehlern

Während Fehler im Abwägungsvorgang nur beachtlich sind, wenn sie offensichtlich sind und Einfluß auf das Abwägungsergebnis haben, vgl. § 214 Abs. 3 S. 2 BauGB, sind Fehler im Abwägungsergebnis stets beachtlich, arg. e. § 214 Abs. 3 S. 2 BauGB.

Die Frist für die Geltendmachung von Abwägungsmängeln ist in § 215 BauGB geregelt. Danach werden Mängel der Abwägung, wenn sie nicht innerhalb von sieben Jahren seit Bekanntmachung der Satzung von einem Rügeberechtigten schriftlich gegenüber der Gemeinde geltend gemacht worden sind, unbeachtlich; der Sachverhalt, der die Verletzung oder den Mangel begründen soll, ist darzulegen (vgl. § 215 Abs. 1 Nr. 2 BauGB). Zuvor muß allerdings der Hinweispflicht des § 215 Abs. 2 BauGB Genüge getan sein[156].

§ 215 Abs. 1 Nr. 2 BauGB gilt nicht wie § 214 Abs. 3 S. 2 BauGB nur für Mängel im Abwägungsvorgang, sondern auch für Mängel im Abwägungsergebnis. Das heißt, bei Nichtrüge der Mängel bleibt der Bebauungsplan zwar rechtswidrig, allerdings ohne Konsequenzen.

Ferner kommt auch eine Heilung durch ergänzendes Verfahren nach § 215 a BauGB in Betracht. Gemäß § 215 a Abs. 1 BauGB sind im ergänzenden Verfahren solche Mängel behebbar, die nicht bereits nach den §§ 214, 215 BauGB unbeachtlich sind. Allerdings sind die Grenzen dieses Verfahrens zu beachten. So darf das ergänzende Verfahren nicht zu einem völlig anderen Bebauungsplan führen[157]. Insbesondere ist eine Nachbesserung bei grundlegenden Mängeln, die das „Grundgerüst" der Abwägung betreffen, ausgeschlossen[158].

Liegt ein Mangel im Abwägungsvorgang vor, der offensichtlich ist und auf das Abwägungsergebnis von Einfluß gewesen ist (vgl. § 214 Abs. 3 S. 2 BauGB), so

[156] Der Hinweis nach Abs. 2 muß darauf aufmerksam machen, daß Mängel der Abwägung nur beachtlich sind, falls sie innerhalb von sieben Jahren seit der Bekanntmachung schriftlich gegenüber der Gemeinde geltend gemacht worden sind und zwar unter Darlegung des Sachverhaltes, der den Mangel der Abwägung begründen soll.

[157] *Hoppe/Henke*, DVBl. 1997, S. 1407 (1412), siehe auch den Bericht der Kommission zur Novellierung des BauGB, 1996, S. 73.

[158] BT-DS. 13/6392, S. 38, 74.

stellt sich bei den „Altfällen" die Frage, ob statt der Nichtigkeit des ganzen nachträglich aufgestellten Bebauungsplans lediglich eine Teilnichtigkeit in Betracht kommt. Der Bebauungsplan wäre dann nur bezüglich des Grundstückes des Vorhabenträgers nichtig und es bliebe bei der alten Festsetzung der Vorhaben- und Erschließungsplansatzung. Im übrigen wäre der Bebauungsplan voll wirksam.

ee) Möglichkeit der Teilnichtigkeit des Bebauungsplans

Das *BVerwG*[159] hält es für möglich, daß rechtliche Mängel eines Bebauungsplans „zur Ungültigkeit oder Teilungültigkeit eines Planes führen" können. Ob die Teilnichtigkeit eines Bebauungsplans zu bejahen ist, beurteilt das *BVerwG* nach den „allgemeinen Grundsätzen über die teilweise Nichtigkeit von Gesetzen und anderen Rechtsvorschriften (vgl. auch § 139 BGB)[160]". Das *BVerwG* leitet hieraus insbesondere zwei Voraussetzungen ab, unter denen ein rechtsfehlerhafter Bebauungsplan nicht insgesamt, sondern nur zum Teil für nichtig erklärt werden kann[161]: Neben der Möglichkeit der Isolierbarkeit der Fehlerwirkung, ist weitere Voraussetzung für die Teilnichtigkeit, daß der Bebauungsplan (analog § 139 BGB) teilbar ist[162].

(1) Isolierbarkeit der Fehlerwirkung

In den meisten thematisch einschlägigen Entscheidungen des *BVerwG*, wird das Problem der Isolierbarkeit der Fehlerwirkung nicht ausdrücklich behandelt[163]. Entscheidend dafür, ob ein Bebauungsplan trotz Fehler teilweise aufrecht erhalten werden soll, ist, daß der Fehler beispielsweise nur einzelne Festsetzungen des

---

159 *BVerwGE* 64, S. 33 (35), siehe auch S. 36, wonach Verstöße gegen das rechtsstaatliche Abwägungsgebot „zur - eventuell teilweisen - Ungültigkeit des Bauleitplans" führen; in *BVerwGE* 82, S. 225 (226) ist von der „völligen oder teilweisen Ungültigkeit des Bebauungsplans" die Rede. Vgl. auch *BVerwG*, Urt. v. 14.7.1972 - IV C 69.70 - , *BVerwGE* 40, S. 268 (274, 275); Urt. v. 6. 7. 1984 - 4 C 28.83 -, DVBl. 1985, S. 112 (114).

160 *BVerwGE* 82, S. 225 (230). - siehe auch *BVerwG*, Beschluß vom 4.6.1991 - 4 NB 35.89, *BVerwGE* 88, S. 268 (272); *BVerwG*, Buchholz 310 § 47 VwGO Nr. 59 (S. 82); *BVerwG*, Beschluß v. 29.3.1993 - 4 NB 10.91, Buchholz 310 § 47 VwGO Nr. 75 (S.128); Beschluß v. 6.4.1993 - 4 NB 43.92 - Buchholz 310 § 47 VwGO Nr. 77 (S. 135).

161 Die Grundsätze der Teilnichtigkeit von Bebauungsplänen gelten auch dann, wenn mehrere Bebauungspläne aufeinander bezogen sind oder miteinander zusammenhängen. Sind derartige Bebauungspläne „Teile einer Gesamtplanung", so haben sie ein „gemeinsames rechtliches Schicksal": „Kein Plan kann ohne den anderen Bestand haben" (*BVerwG*, Urt. v. 10.8.1990 - 4 C 3.90 -, *BVerwGE* 85, S. 289, (290 f.).

162 Vgl. *BVerwG* DVBl. 1992, S. 37 (38); NVwZ 1992, S. 373 (376); DVBl. 1989, S. 1100 (1102).

163 Der Grund hierfür ist, daß sich die Lösung im Einzelfall immer von alleine versteht; vgl. aber *BVerwG*, Beschluß v. 4.1.1994 - 4 NB 30.93-, Buchholz 406.11, § 9 BauGB Nr. 69 (S. 4 f.)

Bebauungsplans erfasst. Bei Fehlern, die ihrem Wesen und ihrer Struktur nach sämtliche Festsetzungen eines Bebauungsplans erfassen, wird das entscheidende normenkontrollierende Gericht an der Aufrechterhaltung des Bebauungsplans kein Interesse haben.

Als mögliche isolierbare Fehler kommen Verstöße gegen Verfahrensbestimmungen[164] sowie materielle Planungsfehler in Betracht, ohne daß dabei ein „qualitativer Unterschied" besteht[165]. Allerdings muß unterschieden werden: Nicht isolierbar sind Abwägungsfehler, wenn eine Abwägung überhaupt nicht durchgeführt wurde (Abwägungsausfall) oder aber der Bebauungsplan insgesamt an einer verfehlten Abwägung leidet[166]. Handelt es sich jedoch um Verstöße gegen die beiden weiteren Abwägungsprinzipien, wie Einstellung aller abwägungserheblichen Belange in die Abwägung und angemessene Berücksichtigung der eingestellten Belange[167], so ist die Isolierbarkeit dieser Fehler möglich.

(II) Teilbarkeit des Bebauungsplans

Jeder Bebauungsplan ist in einem weiten Sinne teilbar, wenn er mehr als nur eine einzige Festsetzung nach § 9 BauGB enthält. Das *BVerwG*[168] fordert allerdings in seinem Grundsatz der Teilbarkeit, daß ein Normenkomplex, insbesondere ein Bebauungsplan, einer gedanklichen Zerlegung zugänglich ist, durch die

---

[164] Für die Prüfung der Isolierbarkeit von Verfahrensfehlen, dient dem *Bundesverwaltungsgericht* folgende Formel: „Kann nicht ausgeschlossen werden, daß eine Regelung ohne den Verfahrensfehler einen anderen Inhalt hat, so ist der Fehler erheblich und bewirkt die Nichtigkeit der Regelung." Dies führe „angesichts der prinzipiellen Abhängigkeit aller Festsetzungen eines Bebauungsplans untereinander regelmäßig zur Nichtigkeit des Plans insgesamt" Verfahrensfehler sind also deshalb isolierungsfeindlich, weil sie regelmäßig das „Plangefüge als Ganzes" ergreifen. Ein Verfahrensfehler kann aber dann ausnahmsweise isolierbar sein, und „abgrenzbar nur eine einzelne Festsetzung oder einen bestimmten Teil eines Bebauungsplans betreffen". So hat das *Bundesverwaltungsgericht* den Einfluß eines Verfahrensfehlers auf weitere Festsetzungen und damit auf den Plan als Ganzes in einem Fall ausgeschlossen, in dem es um eine nachträgliche Änderung eines Plans zwischen seiner Aufstellung und seinem Inkrafttreten ging; das Gericht war hier der Auffassung, daß sich der Fehler nur auf das Ergebnis des nachgeholten Verfahrensteils ausgewirkt habe (*BVerwGE* 82, S. 225 (228 f).

[165] *BVerwGE* 82, S. 225 (228). Es spricht allerdings einiges dafür, die Isolierbarkeit der Fehlerwirkung bei materiellen Fehlern eher zu bejahen, bei Verfahrensfehlern zu verneinen.

[166] Beispielsweise ist das bei einem Bebauungsplan der Fall, der nicht der Ordnung der städtebaulichen Entwicklung, sondern allein den wirtschaftlichen Interessen von Grundstückseigentümern dient (vgl. die Fallgestaltung in *BVerwG*, Urteil v. 12.12.1969 - 4 C 105.66-, *BVerwGE* 34, S. 301 (305 f., 312).

[167] Vgl. *BVerwGE* 34, S. 301 (309).

[168] Urteil v. 27.1.1978 - 7 C 44.76-, DVBl. 1978, S. 536 (537) (betr. eine abgabenrechtliche Satzung); Beschluß v. 8.8.1989 - 4 NB 2.89 - , BRS 49 Nr. 35 (S. 88); Beschluß v. 18.12.1990 - 4 NB 19.90-, Buchholz 406.11 § 10 BauGB Nr. 25; *BVerwG*, Buchholz 310 § 47 VwGO Nr. 75 (S. 127 f.).

„abtrennbare Teile einer umfassenderen Gesamtregelung[169]" konstituiert werden. Weiterhin fordert das *BVerwG*, daß „die Restbestimmung auch ohne den nichtigen Teil sinnvoll bleibt[170]". Das heißt, es muß die Frage gestellt werden, „ob der gültige Teil eines Bebauungsplans für sich betrachtet, noch ein den Anforderungen des § 1 BBauG gerecht werdende, sinnvolle städtebauliche Ordnung bewirken kann"[171]. Dies ist dann nicht der Fall, „wenn die beanstandeten Festsetzungen mit den übrigen Festsetzungen in einem untrennbaren Regelungszusammenhang stehen", oder „wenn die Nichtigkeit einzelner Festsetzungen das Planungskonzept in seinem Kerngehalt trifft, so daß nur noch ein Planungstorso übrigbleiben würde[172]." Ob die Verwerfung eines Bebauungsplans auf einen Planteil beschränkt werden kann, hängt somit von der im Einzelfall vorzunehmenden Prüfung ab, ob ein Bebauungsplan entsprechend dem Willen des Plangebers teilbar ist[173]. Das *BVerwG* [174] hat einen untrennbaren Zusammenhang mit anderen Festsetzungen verneint, wenn die Festsetzung des räumlichen Geltungsbereichs zu Zweifeln an der Gültigkeit Anlaß bot: So zieht beispielsweise die den Randbereich des Bebauungsplans betreffende Teilnichtigkeit nicht zwangsläufig die Nichtigkeit des gesamten Bebauungsplans nach sich, sondern kann auf einen räumlichen Teilbereich an der Peripherie beschränkt bleiben.

Im Ergebnis besteht daher die Möglichkeit, bei Vorliegen der obigen Voraussetzungen, den Bebauungsplan in einem Normenkontrollverfahren (§ 47 VwGO) für teilnichtig zu erklären, was zur Folge hat, daß der nachträglich aufgestellte Be-

---

[169] *BVerwGE* 82, S. 225 (234).

[170] *BVerwG*, DVBl. 1978, S. 536 (537); vgl. auch *BVerwG*, BRS 49 Nr. 35 (S. 88).

[171] *BVerwGE* 82, S. 225 (230) - Vgl. auch *BVerwG*, BRS 49 Nr. 35 (S. 88 f.); *BVerwG*, Buchholz 406.11 § 10 BauGB Nr. 25 (S. 34); *BVerwGE* 88, S. 268 (273); *BVerwG*, Beschluß v. 20.8.1991 - 4 NB 3.91 -, Buchholz 310 § 47 VwGO Nr. 59 (S. 82); *BVerwG*, Buchhlolz 310 § 47 VwGO Nr. 75 (S. 128); *BVerwG*, Buchholz 310 § 47 VwGO Nr. 77 (S. 134); *BVerwG*, Buchholz 406.11 § 9 BauGB Nr. 69 (S. 5); noch im Jahre 1972 hatte sich das *Bundesverwaltungsgericht* damit begnügt, daß eine teilweise Nichtigkeit nur dann zur umfassenden Nichtigkeit führe, wenn die Regelung ohne den nichtigen Teil nicht sinnvoll bestehen könne (*BVerwGE* 40, S. 268 (274).

[172] *BVerwG*, BRS 49 Nr. 35 (S. 88 f.); vgl. auch *BVerwG*, Buchholz 406.11 § 10 BauGB Nr. 25 (S. 34); *BVerwG*, Beschluß v. 23.1.1992 - 4 NB 2.90 -, S. 15 (insoweit nicht in Buchholz 310 § 47 VwGO Nr. 61 abgedruckt); *BVerwG*, Buchholz 406.11 § 9 BauGB Nr. 69 (S. 5).

[173] Das Erfordernis dieser Prüfung kann aber dann ausnahmsweise entfallen, wenn - losgelöst von den Details eines konkreten Bebauungsplans - von Rechts wegen eine Teilung ausgeschlossen ist. So steht nach Auffassung des *Bundesverwaltungsgerichts* (*BVerwGE* 80, S. 184 (188), Beschluß v. 7.9.1988 - 4 N 1.87) die Festsetzung von Verkehrsflächen (§ 9 Abs. 1 Nr. 11 BauGB) „in einem untrennbaren Zusammenhang" mit den Festsetzungen von (baulichen und sonstigen technischen) Vorkehrungen gemäß § 9 Abs. 1 Nr. 24 BauGB, die den Schutz vor den Verkehrsflächen ausgehen den schädlichen Umwelteinwirkungen dienen.

[174] Buchholz 406.11 § 9 BauGB Nr. 69 (Ls. u. S. 5).

bauungsplan (bei den Altfällen) mit seinen Festsetzungen für den Vorhabenträger ungültig ist.

3. Drittbezogenheit der Amtspflicht[175]

a) Allgemeine Grundsätze

Der handelnde Beamte bzw. die Gemeinderatsmitglieder müßten weiterhin durch ihr Verhalten die ihm bzw. ihnen einem Dritten gegenüber obliegende Amtspflicht verletzt haben. Ob der geschädigte Vorhabenträger als „Dritter" i. S. des § 839 BGB anzusehen ist, richtet sich danach, ob die Amtspflicht - nicht notwendig allein, so doch auch - den Zweck hat, gerade sein Interesse wahrzunehmen[176]. Ist dies nicht der Fall, so besteht keine Ersatzpflicht, auch wenn die Amtspflichtverletzung sich für den Geschädigten mehr oder weniger nachteilig auswirkt[177]. Nur wenn sich aus den die Amtspflicht begründenden und sie umreißenden Bestimmungen sowie aus der besonderen Natur des Amtsgeschäftes ergibt, daß der Geschädigte zu dem Personenkreis gehört, dessen Belange nach dem Zweck und der rechtlichen Bestimmung des Amtsgeschäftes geschützt und gefördert werden sollen, besteht ihm gegenüber eine Schadensersatzpflicht[178]. Zwischen der verletzten Amtspflicht und dem geschädigten „Dritten" muß daher eine besondere Beziehung bestehen[179].

Bei der Amtspflichtverletzung wegen Unterlassung der vollständigen, richtigen und rechtzeitigen Informationserteilung bei Änderung der Planungsabsichten der Gemeinde, handelt es sich um eine individuelle dem Vorhabenträger gegenüber obliegende Amtspflicht, so daß die Drittbezogenheit gegeben ist. Das gleiche gilt für eine Amtspflichtverletzung in Zusammenhang mit der Einleitung des Bebauungsplanverfahrens.

Bei einer Amtspflichtverletzung wegen fehlerhafter Interessenabwägung gemäß § 1 Abs. 6 BauGB, ist die Frage der Drittbezogenheit problematisch. Fraglich ist nämlich, ob der Bebauungsplan in subjektive Rechte des Vorhabenträgers eingreift, da ein Bebauungsplan stets eine Vielzahl von Interessen berührt. Im folgenden soll daher diesem Problem des normativen Unrechts (Frage des Drittbe-

---

[175] Siehe zur Frage der Drittbezogenheit und der Haftung des Staates für normatives Unrecht, *Schenke*, ArgrarR 1990, S. 184

[176] So in ständiger Rspr. *BGH* v.29.3.1971 - III ZR 110/68 -, *BGHZ* 56, S. 40 (45); *BGH* v.24.1.1972 - III ZR 166/69 - *BGHZ* 58, S. 96 (98); *BGH* v.4.7.1974 - III ZR 61/72 -, *BGHZ* 63, S. 35 (38 f.); *BGH* v. 23.10.1975 - III ZR 97/73-, *BGHZ* 65, S. 196 (198); *BGH* v. 16.6.1977 - III ZR 179/75-, *BGHZ* 69, S. 128 (136).

[177] *Bielenberg,* in: Ernst/Zinkahn/Bielenberg, S. 78 Vorb. §§ 39- 44 Rdnr.84.

[178] So fast wörtlich *Kröner*, ZfBR 1984, S. 20 (22).

[179] *BGH*-Urteile, *BGHZ* 69, S. 128 (136); 65, S. 196(198); 63, S. 35 (39); 56, S. 40 (45).

zugs von untergesetzlichen Normen wie z. B. Satzungen und Rechtsverordnungen) sowie dem Problem des legislativen Unrechts (Frage des Drittbezugs förmlicher Parlamentsgesetze)[180], das in *Rechtsprechung* und *Literatur* schon seit geraumer Zeit diskutiert wird, nachgegangen werden.

b) Problem des legislativen und normativen Unrechts[181] *- Stellungnahme*

Nach Auffassung des *BGH* haben die für die Gesetzgebung verantworlichen Amtsträger in der Regel Amtspflichten lediglich gegenüber der Allgemeinheit, aber nicht gegenüber bestimmten Einzelpersonen oder Personengruppen zu erfüllen[182]. Der *BGH* begründet seine Ansicht damit, daß Gesetze und Verordnungen generell-abstrakte Regeln enthalten und der Gesetzgeber deshalb - bei Tätigwerden oder Untätigbleiben - ausschließlich Aufgaben gegenüber der Allgemeinheit wahrnehme. Ausnahmen können nach dem *BGH* bezüglich des legislativen Unrechts nur bei sogenannten Maßnahme- oder Einzelfallgesetzen anerkannt werden[183].

Argumente, die gegen eine Haftung des Staates für normatives und legislatives Unrecht hervorgeberacht werden, erweisen sich als nicht stichhaltig. So wird vertreten[184], daß eine nichtige Norm, gleichgültig ob es sich hierbei um ein Gesetz oder um eine Rechtsverordnung handelt, keine Amtshaftungsansprüche nach sich ziehen kann. Hierbei wird aber verkannt, daß auch eine nichtige Norm noch tatsächliche Wirkungen erzielt und keine Nichtnorm ist[185].

Zudem kann der Ausschluß der staatlichen Haftung für legislatives Unrecht nicht mit der in Art. 46 Abs. 1 GG verankerten Indemnität des Parlamentsabgeordneten begründet werden[186]. Art. 46 Abs. 1 GG verhindert nicht die Entstehung von Schadensersatzansprüchen gegen den Abgeordneten, sondern es wird lediglich dessen gerichtliche Verfolgbarkeit ausgeschlossen. Dieses Privileg des Abgeordneten kann nicht die Geltendmachung von Amtshaftungsansprüchen gegen den Staat verhindern. Dem Sinn des Art. 46 Abs. 1 GG wird dadurch Rechnung ge-

---

[180] Da eine enge Verknüpfung zwischen legislativen und normativen Unrechts besteht und das Problem des normativen Unrechts nicht ohne Berücksichtigung des legislativen Unrechts erörtert werden kann, wird auf das legislative Unrecht ebenfalls kurz eingegangen.

[181] Siehe *Schenke*, Rechtsprobleme einer Haftung bei normativem Unrecht, DÖV 1991, S. 945. Siehe zur Unterscheidung von legislativem und normativem Unrecht auch *Boujong*, in: FS Geiger, S.430.

[182] So fast wörtlich *BGHZ* 56, S. 40 (46) = JuS 1971, 539 Nr.2; 102, S. 350 (367 f.).

[183] Siehe *BGHZ* 56, S. 40 (46).

[184] Vgl. *Menger*, VerwArch. Bd.49, S. 379; siehe auch zu einem Beispiel, an dem sich die Unhaltbarkeit dieser Auffassung zeigt, bei *Imohr*, DVBl. 1968, S. 269 ff.

[185] So zutreffend *Schenke*, DVBl. 1975, S. 121 (126).

[186] So aber *Bettermann*, Die Grundrechte III/2, S.836; *Bender*, Staatshaftungsrecht, S. 180 f.; a. A. *Haverkate*,NJW 1973, S. 441.

tragen, daß Regreßansprüche des Staates gegenüber den Abgeordneten (vgl. Art. 34 S. 2 GG) gemäß Art. 46 Abs. 1 GG nicht einklagbar sind[187].

Ferner ist der historische Begründungsversuch[188] für einen Ausschluß der Amtshaftungsansprüche bei normativen Unrecht nicht stichhaltig. So wurde vertreten, daß solche Ansprüche unter Zugrundelegung der früheren mit Art. 34 GG weitgehenden übereinstimmenden Staatshaftungsvorschriften allgemein abgelehnt wurden. In der konstitutionellen Monarchie konnte sich die Frage nach der staatlichen Haftung für legislatives Unrecht nicht stellen, da zwischen verfassungsgebender und gesetzgebender Gewalt nicht unterschieden worden war und somit ein richterliches Prüfungsrecht bezüglich formeller Gesetze nahezu allgemein abgelehnt wurde[189]. Zwar wurde unter der *Weimarer Reichsverfassung (WRV)*, nachdem mit dem Wandel der Staatsform die Vorstellung von dem Parlament als „Hüter der Verfassung“[190] ihre Bedeutung verloren hatte, ein richterliches Prüfungsrecht hinsichtlich formeller Gesetze anerkannt[191]. Jedoch erkannte die *WRV* ebensowenig wie die später konstitutionelle Monarchie, vor der Normgebung schützende subjektive Rechte an. Auch billigte die *WRV* den Grundrechten im groben nur eine Schutzrichtung gegenüber der Verwaltung zu[192]. Es war daher konsequent, wenn hier solche Amtshaftungsansprüche bei normativem Unrecht ebenfalls abgelehnt wurden[193], da es am Bestehen einer Amtspflicht gegenüber den normbetroffenen Bürgern fehlte. Nachdem aber heute subjektive vor der Normgebung schützende Rechte, insbesondere in Gestalt der Grundrechte anerkannt sind, scheidet eine Anknüpfung an den früheren Rechtszustand heute aus.

Wenig überzeugend ist der Einwand gegen die Bejahung von Schadensersatzansprüchen bei normativem Unrecht, daß durch die zu erwartende Ausuferung von Schadensersatzansprüchen, die finanzielle Leistungsfähigkeit des Staates ernstlich bedroht wird[194]. Dagegen spricht vor allem der Umstand, daß Art. 34 GG eine

[187] Zutreffend, *Schenke*, DVBl. 1975, S. 121 (126).

[188] So früher *Schack*, MDR 1953, S. 514 ff.

[189] Siehe umfassend zum damaligen Meinungsstand *Schack*, Die Prüfung der Rechtmäßigkeit von Gesetz und Verordnung, 1918 passim.

[190] Noch in der konstitutionellen Monariche sah man in dem Monarchen als dem Träger der Staatsgewalt den eigentlichen Gesetzgeber,vgl. z. B. *Laband*, Staatsrecht, S. 6; *Ullmann*, ZfGStW Bd. 24, S. 365 f.

[191] Vgl. in der Rspr. erstmals *RGZ* 111, S. 322.

[192] Vgl. z. B. *Anschütz*, Kommentar zur Reichsverfassung, S. 526 und S. 539.

[193] Nicht überzeugend dagegen war es, wenn das *RG*, JW 1928, S. 1038, solche Ansprüche mit der Begründung ablehnte, „der Gesetzgeber, d.h. der Reichstag (Art. 68 Abs.2 RVerf.)“ sei „kein Beamter des Reiches“, dann entscheidend konnte doch nur sein, ob der einzelne Reichstagsabgeordnete als Beamte i. S. des Art. 131 WRV zu qualifizieren war, was unter Zugrundelegung des vom RG geprägten haftungsrechtlichen Beamtenbegriffs, für den die Ausübung öffentlicher Gewalt maßgeblich war (vgl. *RGZ* 104, S. 261) hätte befürwortet werden müssen. (So *Schenke*, DVBl. 1975, S. 121 (127)).

[194] Vgl. *Arndt*, BB 1960, S. 993 ff. und S. 1351 ff.; *Dagtoglou*, Ersatzpflicht, S. 38; *Schack*, MDR 1953, S. 514 (518); *Traving*, Staatshaftung nach Art. 34 GG, S. 136.

staatliche Haftung bei Amtspflichtverletzungen nur grundsätzlich garantiert und damit einen gesetzgeberischen Spielraum bei der Ausgestalung dieses Anspruchs respektiert, sofern hierfür gewichtige sachliche Gründe sprechen[195]. Sollten aus einem rechtswidrigen Gesetz dennoch die Finanzwirtschaft des Staates ernsthaft gefährdende Amtshaftungsansprüche entstehen, so kann der Gesetzgeber derartige Ansprüche herabsetzen, oder in Ausnahmefällen auch ganz ausschließen. Eine derartige Sonderregelung bezüglich der Haftung bei normativem Unrecht kann auch noch ex post, also nach erfolgtem legislativem Unrecht gefällt werden, da sich die Schadensregelung in diesen Fällen wegen ihrer Besonderheiten oft einer sachgerechten gesetzgeberischen Vorausplanung entzieht. Zu beachten ist weiterhin, daß der Gesetzgeber für die Ausuferung der Schadensersatzansprüche § 839 Abs. 3 BGB erschaffen hat. Danach tritt die Schadensersatzverpflichtung nicht ein, wenn der Verletzte es vorsätzlich oder fahrlässig unterlassen hat, den Schaden durch den Gebrauch eines Rechtsmittels abzuwenden. Weil Art. 19 Abs. 4 GG nach *herrschender Meinung*[196] Rechtsschutz gegen untergesetzliche Rechtsnormen gewährt, muß der Bürger um sich seine Ansprüche zu erhalten, den Schaden durch den Gebrauch der ihm nach Art. 19 Abs. 4 GG verfassungsrechtlich garantierten Rechtsmittel vermeiden oder mindern. Rechtsmittel im Sinne des Art. 19 Abs. 4 GG sind nicht nur solche gerichtlichen Verfahren, bei denen in der Hauptsache über die Rechtmäßigkeit bzw. Gültigkeit einer Norm entschieden wird, sondern auch solche Verfahren, in denen über die Rechtmäßigkeit der Norm im Wege der Inzidentkontrolle entschieden wird, sofern nur diese - was meistens der Fall ist - einen effektiven Rechtsschutz gegen Normen gewährleisten. Insbesondere ist angesichts der weiten Interpretation des Begriffs der Rechtsmittel i. S. des § 839 Abs. 3 BGB[197] auch die Verfassungsbeschwerde gegen Normen zu zählen[198].

Der Ansicht des *BGH*[199], daß die Pflichten, welche im Gesetzgebungsverfahren zu erfüllen sind, im allgemeinen[200] nur der Allgemeinheit gegenüber bestünden

[195] Vgl. *Dagtoglou*, in: BK, Art. 34 GG, Rdnr. 34 ff. m. w. N.; a. A. *Bettermann*, Grundrechte, III/2, S. 847, der das Wort grundsätzlich nicht auf die staatliche Haftungsübernahme, sondern nur auf die Bestimmung des Haftungsträgers beziehen will.

[196] Vgl. *BVerwGE* 80, S. 335 (361). Das *BVerwG* bejaht in dieser Entscheidung die Anwendbarkeit von Art. 19 Abs. 4 GG auf untergesetzliche Rechtsnormen. Offengelassen hat die Frage der Anwendbarkeit des Art. 19 Abs. 4 GG auf untergesetzliche Rechtsnormen das *BVerfG*. Zwar hat das *BVerfG* die Gesetzgebung von der Rechtsschutzgarantie des Art. 19 Abs. 4 GG ausgenommen, jedoch wurde dieser Ausschluß ausdrücklich auf den Erlaß von Gesetzen im förmlichen Gesetzgebungsverfahren beschränkt (siehe hierzu *BVerfGE* 24, S. 33 (49); 24, S. 367 (401); 31, S. 364 (368); 45, S. 297 (334)). Siehe auch *Henke*, JZ 1969, S. 145; *Lorenz*, Rechtsschutz , S. 153 ff. und S. 162 ff.; *Maunz*, in: Maunz/Dürig/Herzog, Art. 19 Abs.4 GG, Rdnr. 18; *Maurer*, FS Eduard Kern, S. 275 ff.; *Schenke*, BK, Art. 19 Abs. 4 GG, Rdnr. 249 ff..

[197] Vgl. hierzu *Dagtoglou*, in: BK, Art. 34 GG, Rdnr. 305.

[198] Siehe hierzu umfassend *Schenke*, DVBl. 1975, S. 121 (127) mit zahlreichen weiteren Argumenten.

[199] *BGHZ* 56, S. 40 (46).

und ihnen eine besondere Drittrichtung zugunsten einzelner oder bestimmter Gruppen fehle, kann insoweit nicht gefolgt werden, als dies auch dann gelte, wenn der Normgeber Grundrechte verletzt. Nach Auffassung des *BGH* bedeute nicht jeder Grundrechtsverstoß zugleich die Verletzung einer drittgerichteten Amtpflicht. Der *BGH* begründet dies damit, daß der Begriff des „Dritten", wegen des weiten Schutzbereiches des Grundrechts aus Art. 2 Abs. 1 GG als allgemeiner Handlungsfreiheit, seine Konturen und seine haftungsbegrenzende Funktion, die er in einem deliktsrechtlichen System einnimmt, welches grundsätzlich nur Schadensersatzansprüche unmittelbar Verletzter kenne, verlöre[201]. Auch der Verfassungsgeber habe bei Schaffung des Art. 34 GG hieran nichts ändern wollen[202].

Zwar ist hieran korrekt, daß die Entscheidung über den Erlaß einer Rechtsnorm grundsätzlich nur am Interesse der Allgemeinheit zu orientieren ist, weshalb Ansprüche des Bürgers auf Normgebung meist ausscheiden[203]. Keinesfalls bedeutet dies aber, daß bei der konkreten Ausgestaltung nicht dem Interesse der von der Norm betroffenen Bürger dienende Amtspflichten zu beachten wären. Insbesondere ergeben sich aus den Grundrechten Amtspflichten, die angesichts der Qualität der Grundrechte - als dem Schutz des einzelnen dienende subjektive Rechte - kaum als nur dem Allgemeininteresse dienende Pflichten eingeordnet werden können. Insbesondere bei den Freiheitsgrundrechten, die ähnlich wie absolute Privatrechte, einen absoluten, vor aller staatlichen Hoheitsgewalt schützenden Freiheitsbereich gewähren, ist, obwohl ihnen als absoluten Rechten naturgemäß ein spezifischer, in einer besonderen Rechtsbeziehung wurzelnder Drittbezug fehlt[204], die Drittrichtung der Amtspflicht zur Wahrung dieser Rechte sonst allgemein anerkannt[205]. Zudem wird allgemein eine drittgerichtete Amtspflicht, unerlaubte Handlungen zu unterlassen, bejaht[206], obwohl auch die in § 823 Abs. 1 BGB geschützten absoluten Rechte gegenüber jedermann wirken und keine spezifische Rechtsbeziehung zwischen Verletzer und Verletztem voraussetzen. Die subjektiv-rechtliche Schutzfunktion der Grundrechte, wie sie insbesondere in Art. 1 Abs. 3 GG ihren Ausdruck gefunden hat, besteht unabhängig davon, ob ein Eingriff durch abstrakt-generelles Gesetz oder aber durch ein Maßnahme- oder

---

[200] Etwas anderes wird durch den BGH (vgl. z. B. *BGHZ* 92, 34 (51 ff.)) nur bei Maßnahme- und Einzelfallgesetzen in Betracht gezogen sowie bei Bebauungsplänen angenommen.

[201] Vgl. *BGH*, VersR 1988, S. 1046; *BGHZ* 56, S. 40 (45).

[202] Vgl. *BGH*, VersR 1988, S. 1046.

[203] Zu Fällen eines Rechtsanspruchs auf Erlaß einer Rechtsnorm, s. *Schenke*, Rechtsschutz bei normativem Unrecht, S. 308 ff.

[204] S. *Blankenagel*, DVBl. 1981, S. 15 (19 f.); *Ossenbühl*, Staatshaftungsrecht, S. 40.

[205] Vgl. *Ossenbühl*, Staatshaftungsrecht, S. 40, der es aber dennoch widersprüchlicherweise grds. ablehnt, in Verbindung mit normativem Unrecht von einem Drittbezug grundrechtlich begründeter Amtspflichten auszugehen.

[206] Vgl. z. B. *Ossenbühl*, Staatshaftungsrecht, S. 40.

Einzelfallgesetz vorgenommen wird[207]. Selbst wenn durch ein abstrakt-generelles grundrechtsverletzendes Gesetz häufig eine Vielzahl von Personen betroffen sein wird, ändert dies nichts daran, daß die Amtspflicht zur Wahrung der subjektivrechtlichen Grundrechte gegenüber jedem dieser Betroffenen besteht. Die Unüberschaubarkeit des von einer Amtshandlung betroffenen Personenkreises bildet schließlich auch sonst kein Hindernis bei der Bejahung drittbezogener Amtspflichten[208].

Ferner spricht auch der funktionale Zusammenhang zwischen der Gewährung gerichtlichen Rechtsschutzes und staatlicher Haftung eher für die grundsätzliche Bejahung drittbezogener Amtspflichten des Normgebers. Wenn die Anerkennung eines vom Bürger gerichtlich durchsetzbaren Abwehrrechts gegen eine bestimmte Amtshandlung mit einer diesem gegenüber bestehenden Amtspflicht zur Beachtung der dem Abwehrrecht zugrunde liegenden subjektiven Rechte korrespondiert[209] und wenn gleichzeitig jedenfalls bei untergesetzlichen Rechtsnormen nach der h. M die verfasssungsrechtliche Rechtsschutzgarantie des Art. 19 Abs. 4 GG bei der normativen Verletzung subjektiver Rechte anwendbar ist[210], muß auch eine drittbezogene Amtspflicht zur Wahrung dieser Rechte bejaht werden[211].

Beim normativen Unrecht vertritt der *BGH* beim Erlaß von Rechtsverordnungen ebenfalls die Ansicht, daß grundsätzlich kein Drittbezug gegeben ist[212]. Der Verordnungsgeber übe ebenso wie das Parlament seine Amtspflichten nur gegenüber der Allgemeinheit und nicht gegenüber Einzelnen oder individualisierbaren Personengruppen aus. Ebenso werden haftungsrechtlich Verwaltungsvorschriften

---

207 Hierbei ist anzumerken, daß der Begriff des Maßnahmengesetzes, bei dem der *BGH* drittbezogene Amtspflichten für möglich hält (vgl. *BGH*, VersR 1988, S. 1046), hinsichtlich seiner Konturen sehr unscharf und unterschiedlichen Deutungen zugänglich ist, so daß er eher als rechtssoziologisch denn als rechtsdogmatisch relevante Kategorie gelten kann.

208 Vgl. z. B. *BGH*, NJW 1961, S. 1572; *BGH*, LM Nr.34 zu § 839: Amtspflicht zum sachgemäßen Anbringen eines Verkehrsschildes gegenüber allen Verkehrsteilnehmnern !; *BGH*, LM Nr.2 zu § 839; *BGHZ* 39, 358.

209 Vgl. statt vieler z. B. *Prodromos Dagtoglou*, in: Bonner Kommentar (Zweitb.), Art. 34, Rdnr. 156.

210 Vgl. hierzu statt vieler *Schenke*, Rechtsschutz bei normativem Unrecht, 1979, S. 28 ff. und *ders.* in Bonner Kommentar zum GG (Zweitb.), Art. 19 Abs. 4, Rdnr. 249 ff. mit eingeh. Nachw.; *Eberhard Schmidt-Aßmann*, in: *Maunz/Dürig*, GG, Art. 19 Abs. 4, Rdnr. 90 ff; *BVerwGE* 80, 355 (361); *BVerwG*, NVwZ 1990, S. 162 (163); auch das *BVerfG* scheint hinsichtlich untergesetzlicher Normen nunmehr diesem Standpunkt zuzuneigen, vgl. hierzu in Verbindung mit Entscheidung des *BVerfG* (BverfG, DVBl. 1985, S. 1126 ff.); zum hamburgischen Bebauungsplansgesetz näher, *Schenke*, DVBl. 1985, S. 1367 ff.

211 Vgl. hierzu insgesamt *Schenke*, DÖV 1991, S. 945 (949, 950).

212 *BGHZ* 56, S. 40 (44); *BGH*, VersR 1975, S. 737 (738); *BGHZ*, 102, S. 350 (367); *BGH*, VersR 1988, S. 1046.

behandelt, die inhaltlich gegen das Recht verstoßen und infolgedessen für Schädigungen des Bürgers ursächlich sind[213].

Das gleiche vertritt der *BGH* bei Satzungen. Eine Ausnahme hierzu bilden lediglich Bebauungspläne, die in Form einer Satzung erlassen werden (§ 10 BauGB)[214]. Der *BGH* hält nämlich bei Bebauungsplänen die „individualisierte Beziehung" als Kriterium des Drittbezuges für gegeben[215]. Es sei aber entscheidend, den Nachweis für die Verletzung einer drittschützenden Norm zu erbringen. Das bauplanungsrechtliche Abwägungsgebot (§ 1 Abs. 6 BauGB) spiele hierbei eine zentrale Rolle. Maßgeblich ist daher vor allem, inwieweit aus dem Abwägungsgebot in § 1 Abs. 6 BauGB subjektive Rechte für die Träger privater, nach dieser Vorschrift abwägungsrelevanter Belange zu entnehmen sind.

c) Subjektivierung des Abwägungsgebotes des § 1 Abs. 6 BauGB

Das *BVerwG*[216]geht - im Gegensatz zu seiner früheren Auffassung - nun ebenso wie bereits vorher der 8. Senat des *VGH Mannheim*[217] sowie ein Teil des rechtswissenschaftlichen Schriftums[218] davon aus, daß § 1 Abs. 6 BauGB subjektive Rechte für die Träger privater Belange begründet. Dem Träger privater Belange i. S. des § 1 Abs. 6 BauGB steht eine subjektive Rechtsstellung zu, da es unter Zugrundelegung des sonst für die Bestimmung eines subjektiven Rechts maßgeblichen Grundsatzes ausreicht, wenn ein Rechtssatz jedenfalls auch Individualinteressen schützt[219]. Diese Ansicht wird darauf gestützt, daß in § 1 Abs. 6 BauGB, die privaten Belange gegenüber den öffentlichen Belangen Erwähnung finden. Sie wird ferner dadurch untermauert, daß sie ganz auf der Linie der bundesverwaltungsgerichtlichen Rechtssprechung zu den fachplanungsrechtlichen Abwägungsvorschriften liegt. Danach bestehen hinsichtlich der bei der Planfeststellung zu berücksichtigenden privaten Belange subjektive Rechte.

---

[213] *BGH*, NJW 1971, S. 1699 (1700) (Auslegungserlaß des BMF); *BGHZ* 91, S. 243 (249) (Ministerialerlaß betrifft Festsetzung der Rotwilddichte); *BGHZ* 102, S. 350 (368) (TA-Luft); *OLG-München*, JZ 1987, S. 88 (90); *OLG Köln*, NJW 1986, S. 589 (591).

[214] *BGHZ* 65, S. 182; 84, S. 292; 92, S. 34; *BGH* JZ 1989, S. 1122 m. Anm. *Ossenbühl*; *Degenhart*, NJW 1981, S. 2666.

[215] *BGH*, JZ 1989, S. 1122 (1124) m. Anm. *Ossenbühl*.

[216] *BVerwG*, Urteil vom 24.09.1999, DVBl. 1999, S. 100 ff.

[217] Vgl. *VGH Mannheim*, Urteil vom 13.05.1997, VBlBW 1997, S. 426; a. A. *VGH Mannheim*, 3. Senat, BauR 1989, S. 989.

[218] Vgl. *Dürr*, NVwZ 1996, S. 105 (109), *Gerhardt*, in Schoch/Schmidt-Assmann/Pietzner, VwGO, § 47 Rdnr. 50, *Hüttenbrink*, DVBl. 1997, S. 1253 (1257); *Löhnig*, JuS 1998, S. 315 (316 f.); *Numberger/Schönfeld*, UPR 1997, S. 89 ff.; *Sauthoff*, BauR 1997, S. 721 (730 f.); *Schenke*, Anmerkungen zum Urteil des OVG Münster vom 23.01.1997 (DVBl. 1997, S. 675), DVBl. 1997, S. 853 (S. 854 f.); *Kopp/Schenke*, VwGO, § 47 Rdnr. 54 m. w. N.; a. A. *Schütz*, Urteilsanmerkung, VBlBW 1997, S. 428 f.; *Würtenberger*, Verwaltungsprozeßrecht, 1998, Rdnr. 454.

[219] Siehe *BVerwG*, Urteil vom 24.09.1998, DVBl. 1999, S. 101 (102).

Das *BVerwG* weist zu Recht darauf hin, daß die privaten Belange als solche noch keine subjektiven Rechte zu sein brauchen, da ihre Subjektivierung jedenfalls durch § 1 Abs. 6 BauGB begründet wird. Allerdings ist die inhaltliche Reichweite eines aus § 1 Abs. 6 BauGB abgeleiteten subjektiven Rechts dadurch begrenzt[220], daß die privaten Belange lediglich ihrem Gewicht entsprechend bei der Abwägung zu berücksichtigen sind. „Das Ergebnis ist damit noch offen und kann von der völligen Zurückstellung des Belangs über seine teilweise Berücksichtigung bis zu einer vollen Durchsetzung führen"[221]. Diese Reaktivierung des subjektiven Rechts auf Abwägung rechtfertigt es, daß Belange in Verbindung mit Plänen eine Subjektivierung erfahren, obwohl ihnen diese im Zusammenhang beispielsweise mit einer Anlagegenehmigung möglicherweise fehlt. Da das Zulassungsinstrument des Plans und das der Anlagegenehmigung durch eine unterschiedliche Interessenlage gekennzeichnet sind, ist eine solche Differenzierung möglich. Während bei Vorliegen einer Einzelgenehmigung stets ein grundrechtlich begründeter Anspruch des Antragstellers zur Debatte steht, um an dem beantragten Standort die Anlage zu errichten, geht es bei der Planfeststellung wie auch der Bauleitplanung darum, ein bestimmtes Planungsziel zu verwirklichen und hierbei die von der Planung betroffenen öffentlichen und privaten Belange zu einem angemessenen Ausgleich zu bringen[222]. Dem in seinem Kern gerichtlich nicht überprüfbaren Gestaltungsspielraum, der jeder Planung innewohnt, entspricht auf der anderen Seite das Recht des von der Planung Betroffenen auf fehlerfreie Behandlung seiner beachtlichen Belange in der Abwägung[223].

Allerdings bedeutet das Vorliegen einer möglichen Verletzung des Abwägungsgebots i. S. des § 1 Abs. 6 BauGB nicht, daß jeder Individualbelang als privater Belang i. S. des § 1 Abs. 6 BauGB anzusehen ist. Wie das *BVerwG* in Anknüpfung an seine frühere Rechtsprechung zu § 47 Abs. 2 Satz 1, 1. Alt. a. F. VwGO ausgeführt hat[224], sind „insbesondere geringwertige oder mit einem Makel behaftete Interessen sowie solche, auf deren Fortbestand kein schutzwürdiges Vertrauen besteht, oder solche, die für die Gemeinde bei der Entscheidung über den Plan nicht erkennbar waren" nicht abwägungserheblich. Diese Einschränkung des Begriffs des privaten Belangs i. S. d. § 1 Abs. 6 BauGB macht das Abwägungsgebot erst praktikabel. Je nach Intensität der Beeinträchtigung von Individualbelangen[225] und ihrer Schutzwürdigkeit[226], ist ihre Subjektivierung unterschiedlich zu beantworten. Die daraus resultierenden Abgrenzungsprobleme sind beträchtlich,

---

[220] Vgl. auch *Schenke*, Anmerkungen zum Urteil des OVG Münster vom 23.01.1997 (DVBl. 1997, S. 675), DVBl. 1997, S. 853 (S. 854).

[221] Vgl. *BVerwG*, Urteil vom 24.09.1998, DVBl. 1999, S. 100 (102).

[222] *BVerwG*, Urteil vom 24.09.1998, DVBl. 1999, S. 100 (102).

[223] So *BVerwG*, Urteil vom 24.09.1998, DVBl. 1999, S. 100 (102).

[224] *BVerwG*, Urteil vom 24.09.1998, DVBl. 1999, S. 100 (101).

[225] Vgl. *BVerwG*, Beschluß vom 20.08.1992, NVwZ 1993, S. 468; Beschluß vom 09.02.1995, NVwZ 1995, S. 895.

[226] Vgl. *BVerwG*, Beschluß vom 09.11.1979, *BVerwGE* 59, S. 87; Beschluß vom 20.12.1988, *BVerwGE* 81, S. 128 (138).

fallen aber nicht schwerer ins Gewicht als die in diesem Zusammenhang im Baunachbarrecht durch das baurechtliche Gebot der Rücksichtnahme aufgeworfenen. Für dieses ist - wie das *BVerwG* abweichend von der Rechtsprechung verschiedener Oberverwaltungsgerichte zu Recht betont - in bezug auf Bebauungspläne kein Raum mehr. Es geht voll im Abwägungsgebot des subjektivierten § 1 Abs. 6 BauGB auf.

Im Ergebnis ist hier daher die Verletzung einer drittgerichteten Amtspflicht dann zu bejahen, wenn die Gemeinde bei nachträglicher Änderung, Ergänzung oder Aufhebung des Bebauungsplans zu Lasten des Vorhabenträgers bzw. bei den „Altfällen" bei nachträglicher Aufstellung eines Bebauungsplans, abwägungserhebliche Individualbelange des Vorhabenträgers in der Abwägung nach § 1 Abs. 6 BauGB nicht oder nicht ausreichend berücksichtigt hat, da der Bebauungsplan dann nicht nur allgemeine Interessen berührt, sondern auch subjektive Rechte des Vorhabenträgers.

4. Kausalität

Der Ursächlichkeitszusammenhang zwischen der Verletzung privater Interessen in der Abwägung und dem Schaden des privaten Interessenträgers ist problematisch. Das Abwägungsgebot verlangt nämlich nicht ein einzig richtiges, die private Belastung vermeidendes Planungsergebnis, sondern ermöglicht innerhalb der abwägungsgerechten Grenzen des planerischen Gestaltungsspielraums eine Vielzahl von Lösungen. Es ist kein Unterlassungsgebot, sondern ein dirigierendes Handlungsgebot. Denkt man die unzulässige Abwägungsentscheidung i. S. der Äquivalenztheorie hinweg, entfällt nicht zwingend die belastende Privatsituation, wenn eine zulässige Abwägungsalternative zu demselben belastenden Planungsergebnis hätte führen können. Für die Kausalität ist grundsätzlich maßgebend, welchen Verlauf die Dinge bei amtspflichtgemäßem Verhalten genommen hätten[227]. Während bei Unterlassungsgeboten die Handlung hinweggedacht wird, ist bei Handlungsgeboten das Hinzudenken der gesetzlich zulässigen Handlungsalternativen notwendig, um die dann bestehende Situation mit dem Schadensfall zu vergleichen[228]. Für den Fall, daß das Gesetz verschiedene Handlungsalternativen in das Ermessen des Amtswalters stellt, entfällt die Kausalität, wenn andere Handlungsalternativen innerhalb des rechtlichen Dürfens den Schaden auch ausgelöst hätten[229]. Diese Grundsätze gelten auch für die Abwägung[230]. Der legitime

---

[227] *BGHZ* 96, S. 157 (171); *BGH*, NJW 1982, S. 36 (37); *BGH*, NJW 1988, S. 1143 (1144).
[228] *Papier*, in: MünchKomm, § 839 BGB Rdnr. 171.
[229] *BGH*, VersR 1985, S. 887 f.; *OLG Köln*, NVwZ-RR 1993, S. 169 (170); *Schink*, DÖV 1988, S. 529 (537); *Papier*, in: Maunz/Dürig/Herzog/Scholz, GG Art. 34 Rdnr. 192; *ders.*, JuS 1980, S. 265 (268); *Schoch*, Jura 1988, S. 585 (592).

Gestaltungsfreiraum im Rahmen des Abwägungsgebotes erlaubt eine Vielzahl verschiedener Handlungsmöglichkeiten vergleichbar mit Ermessensnormen. Somit besteht die Ursächlichkeit zwischen einem Abwägungsfehler und dem durch die Planverwirklichung entstandenen Schaden ausschließlich dann, wenn jede die Schädigung auslösende Planungsentscheidung nur abwägungsfehlerhaft hätte beschlossen werden können. Sie besteht folglich nicht, wenn der konkrete Planinhalt ebenso abwägungsfehlerfrei hätte beschlossen werden können[231].

5. Verschulden

Weitere Voraussetzung für einen Anspruch aus Amtshaftung ist, daß der Beamte die (auch) dem Geschädigten gegenüber bestehende Amtspflicht schuldhaft verletzt hat[232]. In Betracht kommt eine vorsätzliche und auch eine fahrlässige Begehungsweise, § 276 Abs. 1 S. 2 BGB.

Der Beamte handelt *vorsätzlich*, wenn er sich der Verletzung einer Amtspflicht bewußt ist oder zumindest mit der Möglichkeit rechnet und dies billigend in Kauf nimmt (dolus eventualis)[233].

Fahrlässigkeit ist gegeben, wenn der Beamte bei Beachtung der für seinen Pflichtenkreis und für einen Bediensteten in seiner Amtsstellung erforderlichen Sorgfalt hätte erkennen können, daß sein Verhalten (Tun oder Unterlassen) gegen die ihm obliegende Amtspflichten verstößt. Der hierbei anzuwendende Maßstab wird von der Rechtsprechung in zweierlei Hinsicht objektiviert: Zum einen wird von dem Amtsträger verlangt, daß er die zur Ausübung seines Amtes notwendigen Rechts- und Verwaltungskenntnisse besitzt oder sich beschaffen muß. Demnach kommt es für die Verschuldensfrage auf Fähigkeiten, Kenntnisse und Einsichten, die für die Führung des Amtes durchschnittlich erforderlich sind, an, und nicht auf diejenigen, über die der Beamte tatsächlich verfügt. Des weiteren wird bei der Beurteilung der Handlungsweise des verantwortlichen Beamten auf den Maßstab eines pflichtgetreuen Durchschnittsbeamten abgesehen, und es wird die Frage gestellt, welches Verhalten von einem solchen in der Stellung und konkreten Situation des verantwortlichen Beamten erwartet werden konnte und mußte[234].

---

[230] *OLG Hamm*, NVwZ 1988, S. 573 (574); *Schoch*, in: von Mutius, Kommunales Haftungsrecht, S. 57; *Papier*, in: *Maunz/Dürig/Herzog/Scholz*, GG Art. 34, Rdnr. 192; *Schink*, DÖV 1988, S. 529 (537).

[231] Vgl. *Hoppe*, in: Hoppe/Grotefels, Öffentliches Baurecht, § 19 Rdnr. 33.

[232] *Ossenbühl*, Staatshaftungsrecht, § 6, S.12.

[233] *Kröner*, ZfBR 1984, S. 20 (29).

[234] *BGH*, Urt. v. 6.7.1989 - III ZR 251/87 - ; VersR 1989, S. 961 (962); Urt. v. 14.6. 1984 - III ZR 68/83; NVwZ 1986, S. 504 (505); *Engelhardt*, NVwZ 1989, S. 927 (931); *Kröner*, ZfBR 1984, S. 20 (24).

Beruht die Amtspflichtverletzung nur auf Fahrlässigkeit des Amtswalters, dann entfällt die Amtshaftung, wenn der Haftungsausschluß des § 839 Abs. 1 S. 2 BGB (Verweisungsprivileg) greift, das heißt wenn der Geschädigte auf andere Weise Ersatz verlangen kann. Fälle dieser Art sind jedoch in der Praxis verhältnismäßig selten[235].

6. Mitverschulden des Vorhabenträgers

Unterläßt es der Vorhabenträger vorsätzlich oder fahrlässig, den ihm durch den planändernden Bebauungsplan entstandenen Schaden durch den Gebrauch eines Rechtsmittels gegen die Planänderung abzuwenden, so erfährt der Anspruch gemäß § 839 Abs. 3 BGB eine Begrenzung. Ebenso wie die Subsidiaritätsklausel des § 839 Abs. 1 S. 2 BGB bei Fahrlässigkeit, sollte § 839 Abs. 3 BGB ursprünglich den leistungsschwachen Beamten schützen[236]. Diese Zwecksetzung ist in gleicher Weise wie bei der Subsidiaritätsklausel nach der Haftungsübernahme durch den Staat der Sache nach entfallen und rechtspolitisch untragbar geworden[237]. Der *Bundesgerichtshof* ist der Auffassung, daß § 839 Abs. 3 BGB „als besondere Ausprägung des § 254 BGB" davon ausgeht, daß nach Treu und Glauben nur demjenigen Schadensersatz zuerkannt werden könne, der sich in gehörigem und ihm zumutbarem Maße für seine eigenen Belange einsetzt und damit sich bemüht den Schaden abzuwenden[238]. Wird die Einlegung eines Rechtsmittels schuldhaft versäumt, so wird dies als ein „Verschulden gegen sich selbst" verstanden[239]. Der Begriff des Rechtsmittels ist hier untechnisch zu verstehen. Rechtsmittel sind „alle Rechtsbehelfe, die sich gegen die Amtspflichtverletzung darstellende Handlung oder Unterlassung richten und sowohl deren Beseitigung oder Berichtigung als auch die Abwendung des Schadens zum Ziel haben und herbeizuführen geeignet sind"[240].

Als Rechtsbehelf gegen den Bebauungsplan kommt primär eine Normenkontrolle nach § 47 Abs. 1 Nr. 1 VwGO in Betracht[241]. Im Normenkontrollverfahren ent-

---

[235] Siehe *BGH*, Urt. v. 23 .9.1976 - III ZR 119/74 - WM 1976, S. 1352.

[236] Vgl. *RGZ* 96, S. 143 (148), *Bettermann*, in: Die Grundrechte III/2 S. 838.

[237] Vgl. Bettermann, Die Grundrechte III/2, S. 838; *Papier*, in: MüKomm - BGB, § 839, Rdnr. 285.

[238] *BGHZ* 56, S. 57 (63) = NJW 1971, S. 1694 (1695).

[239] *BGH* v. 15.11.1990 - ZR 302/89; *Schäfer/Bonk*, StHG, § 6 Rdnr. 11, vgl. auch *Henke*, JuS 1988, S. 753 (756).

[240] *RGZ* 163, S. 121 (124); *BGHZ* 28, S. 104 (106) = NJW 1958, S. 1532; *BGH*, NJW 1978, S. 1522 (1523); *BGH*, VersR 1984, S. 947.

[241] Zu den Abwendungsmöglichkeiten im Allgemeinen, siehe für die verwaltungsrechtlichen Klagen sowie sonstigen formlosen Gegenvorstellungen, Erinnerungen, Beschwerden, Einsprüchen u. s. w., *Engelhardt*, NVwZ 1989, S. 927 (932); *Papier*, in: MüKomm - BGB, § 839 Rdnr. 286; für die Möglichkeit des vorläufigen Rechtsschutzes, *BGH*, NJW 1986, S. 1107 (1108); *BGH*, VersR 1984, S. 947; für die Dienstaufsichtsbeschwerden, *BGH*, DVBl.

scheidet das *Oberverwaltungsgericht* im Rahmen seiner Gerichtsbarkeit über die Gültigkeit von Satzungen, die nach den Vorschriften des Baugesetzbuchs erlassen worden sind sowie von Rechtsverordnungen auf Grund des § 246 Abs. 2 BauGB[242]. Allerdings ist auch eine inzidente Prüfung der Rechtmäßigkeit des Bebauungsplans im Wege einer verwaltungsgerichtlichen Klage möglich. So wird bei der Anfechtungsklage (§ 42 Abs. 1 VwGO) einer Baugenehmigung im Rahmen der Begründetheitsprüfung inzident die Wirksamkeit des Bebauungsplans überprüft. Ebenso ist bei der Verpflichtungsklage auf Erteilung einer Baugenehmigung im Bebauungsplangebiet (§ 30 BauGB), die bauplanungsrechtliche Zulässigkeit abhängig von der Wirksamkeit des Bebauungsplans.

Eine Überprüfung der Rechtmäßigkeit des Bebauungsplans im Wege einer (prinzipalen[243]) Normenkontrolle durch den Vorhabenträger macht jedoch theoretisch nur dann Sinn, wenn der Bebauungsplan Anhaltspunkte dafür liefert, daß er rechtswidrig ist. Jedoch ist die Überprüfung stets sinnvoll, um der Gefahr einer Kürzung oder des Ausschlußes des Amtshaftungsanspruchs nach § 839 Abs. 3 BGB vorzubeugen.

7. Rechtsfolge

Die Rechtsfolge des Schadensersatzanspruchs aus Amtshaftung ist der Ersatz der mit der Pflichtverletzung verbundenen Vermögenseinbuße[244]. Der Vorhabenträger kann verlangen so gestellt zu werden, wie er ohne das schädigende Verhalten des anderen Teils (hier der Gemeinde) gestanden hätte[245]. Ein Anspruch auf Fortsetzung der eingeleiteten Planung und auf Erfüllung falscher Auskünfte und Prognosen besteht jedoch nicht[246].

8. Verjährung[247] und Rechtsweg

Amtshaftungsansprüche verjähren gem. § 852 Abs. 1 BGB in drei Jahren von dem Zeitpunkt an, in dem der Verletzte von dem Schaden und der Person des Ersatzpflichtigen Kenntnis erlangt, ohne Rücksicht auf diese Kenntnis in dreißig Jahren von der Begehung der Handlung an: „Begangen" ist die unerlaubte Hand-

---

1974, S. 589 (590); *BGH*, NJW 1978, S.1522 (1523), *BGH*, WM 1985, S. 336 (338); *BGH*, VersR 1985. S. 358 (359); *BGH*, NJW 1986, S. 1924.

[242] *BVerfGE* 70, S. 35 = NJW 1985, S. 2315 = BRS 44 Nr. 24.

[243] *Schenke*, Verwaltungsprozeßrecht, Rdnr. 131.

[244] *Papier*, in: MüKomm - BGB, § 839 BGB, Rdnr. 250.

[245] Vgl. *BGH*, NJW 1981, S. 1673.

[246] *Fronhöfer*, BayVBl. 1991, S. 193 (195).

[247] Siehe auch *Schenke*,Verjährungsunterbrechung bei Amtshaftungsansprüchen, JuS 1986, S. 694.

lung im Sinne des § 852 BGB, wenn die die Verletzung herbeiführende Schadensursache gesetzt ist, mag auch der Schadensersatzanspruch selbst noch nicht entstanden sein[248].

Für den Anspruch auf Schadensersatz darf gemäß Art. 34 S. 3 GG der ordentliche Rechtsweg nicht ausgeschlossen werden[249].

9. Ergebnis

Es bleibt festzuhalten, daß dem Vorhabenträger prinzipiell Schadensersatzansprüche aus Amtshaftung zustehen können. Voraussetzung ist aber, daß eine rechtswidrige Verletzung gesetzlicher oder vertraglicher Amtspflichten vorliegt und nicht lediglich eine rechtmäßige Änderung der Bauleitplanung, bei der die Interessen und Rechte des Vorhabenträgers in der Abwägung genügend beachtet wurden.

VI. Zusammenfassung

Zusammenfassend sind Schadensersatzansprüche des Vorhabenträgers aus culpa in contrahendo, positiver Vertragsverletzung und aus Amtshaftung möglich. Da der Durchführungsvertrag ein öffentlich-rechtlicher Vertrag ist, finden die zivilrechtlichen Institute (c.i.c., p.V.V.) über § 62 S. 2 VwVfG Anwendung. Eine Pflichtverletzung der Gemeinde und somit ein Anspruch aus c.i.c./p.V.V. scheidet allerdings aus, wenn die Gemeinde ihre Bauleitplanung ändert, weil der Gemeinderat eine andere Planungskonzeption enwickelt hat, da die Gemeinde rechtmäßig aufgrund ihrer Planungshoheit gehandelt hat. Informiert die Gemeinde den Investor nicht rechtzeitig über geplante Änderungen oder erteilt sie ihm unzutreffende Auskünfte über den Stand der Planung oder den voraussichtlichen Abschluß des Planungsverfahrens, so ist aufgrund dieser, in der Regel schuldhaften Pflichtverletzung, ein Anspruch aus c.i.c./p.V.V. gegeben. Auch ist eine Pflichtverletzung und auch ein Anspruch gegeben, wenn die Gemeinde aus sachwidrigen Gründen von ihren im Vertrag manifestierten städtebaulichen Zielen abrückt. Ansprüche aus c.i.c./p.V.V. sind auf einen Ausgleich des negativen Interesses, also den Vertrauensschaden gerichtet. Der Erfüllungsschaden, d. h. der entgangene Gewinn wird nicht ersetzt.

Ansprüche aus Unmöglichkeit gemäß § 62 VwVfG i. V. m. § 325 BGB sowie aus Verzug gemäß § 62 VwVfG i. V. m. § 326 BGB[250] scheiden mangels Ver-

---

[248] *BGHZ* 98, S. 77 (82).
[249] Einzelheiten hierzu siehe bei *Ossenbühl*, Staatshaftungsrecht, § 11 1.
[250] So die Ansicht *Plagemanns*, WM 1979, S. 794 ff.

pflichtung der Gemeinde das Vorhaben zu beenden bzw. mangels fälligen Leistungsanspruchs aus.

Ein Anspruch aus Amtshaftung kann bestehen, wenn die Gemeinde den Vorhabenträger nicht vollständig, richtig und rechtzeitig über geplante Änderungen der Bauleitplanung informiert hat oder aber bei der Abwägung gemäß § 1 Abs. 6 BauGB, die Interessen des Vorhabenträgers nicht ausreichend berücksichtigt hat. Liegt ein Abwägungsfehler im „neuen“ Bebauungsplan vor, so ist dieser, falls der Fehler nicht nach § 214 ff. BauGB geheilt werden kann, nichtig. Jedoch besteht bei den „Altfällen“ die Möglichkeit, daß der neu erlassene Bebauungsplan vom zuständigen Gericht als teilnichtig angesehen wird, mit der Folge, daß der Bebauungsplan lediglich gegenüber dem betroffenen Vorhabenträger unwirksam ist, ansonsten aber seine volle Gültigkeit behält.

Hervorzuheben ist nochmals, daß der Vorhabenträger keinen Anspruch auf Ersatz des Vertrauensschadens hat, wenn die Gemeinde keine dieser Pflichten verletzt hat, also lediglich die Bauleitplanung geändert hat und hierbei die öffentlichen und privaten Belange korrekt gewichtet und abgewogen hat.

VII. Rechtsweg für die Schadensersatzansprüche

Für die Geltendmachung eines Anspruchs aus Amtshaftung ist nach § 40 Abs. 2 S. 1 VwGO der Zivilrechtsweg gegeben. Im Gegensatz dazu, sind nach der durch § 97 Nr. 1 VwVfG geänderten Regelung des § 40 Abs. 2 S. 1 VwGO die Schadensersatzansprüche aus öffentlich-rechtlichen Verträgen vor den Verwaltungsgerichten geltend zu machen. Voraussetzung hierfür ist allerdings, daß es sich um Ansprüche handelt, die auf öffentlich-rechtlichen Verträgen beruhen oder aber, wie der Anspruch aus culpa in contrahendo, mit diesen in Zusammenhang stehen[251]. Zwar spricht § 40 Abs. 2 Satz 1 VwGO nur von „Schadensersatzansprüchen aus der Verletzung öffentlich-rechtlicher Pflichten, die ... auf einem öffentlich-rechtlichen Vertrag beruhen“. Aus der Begründung des Regierungsentwurfes zu § 92 EVwVfG (= § 97 VwVfG) folgt jedoch, daß mit dieser Formulierung auch quasivertragliche Ansprüche, wie der aus culpa in contrahendo erfaßt werden sollten[252], was vor dem Inkrafttreten des Verwal-

---

[251] *BVerwG*, DÖV 1974, S. 133, ebenso *BayVGH*, BayVBl. 1973, S. 138. Im Gegensatz dazu ist der *BGH* der Auffassung, daß Ansprüche aus Verschulden bei der Anbahnung oder dem Abschluß eines öffentlich-rechtlichen Vertrages vor den Zivilgerichten zu verfolgen seien (*BGH*, NJW 1986, S. 1109 (1110)).

[252] Vgl. BT-DS 7/910 S. 97. Ebenso *Busch*, in: Knack, VwVfG, § 97 Rdnr. 3.1.; *Kopp*, VwVfG, § 97 Rdnr. 2; *Littbarski*, JuS 1979, S. 543 f.; *Redeker/von Oertzen*, VwGO, § 40 Rdnr. 15 und 43.

tungsverfahrensgesetzes im Jahre 1976 für Schadensersatzansprüche aus culpa in contrahendo streitig war[253].

Somit ist für die vertraglichen und quasivertraglichen Schadensersatzansprüche des Vorhabenträgers aus öffentlich-rechtlichen Verträgen ein anderer Rechtsweg gegeben, als für die mit ihnen konkurrierenden Amtshaftungsansprüchen[254]. Aus Gründen der Prozeßökonomie und der Rechtseinheitlichkeit, ist diese Rechtswegspaltung wenig vorteilhaft[255]. Zwar ergibt sich aus § 173 VwGO i. V. m. § 17 Abs. 2 S. 1 GVG, daß bei Vorliegen von zivilrechtlichen und öffentlich-rechtlichen Ansprüchen, diese Ansprüche in einer Klage vor dem Verwaltungsgericht geltend gemacht werden können. Jedoch bestimmt § 173 VwGO i. V. m. § 17 Abs. 2 S. 2 VwGO wiederum, daß Art. 34 S. 3 GG hiervon unberührt bleibt, der Anspruch aus Amtshaftung somit vor dem Zivilgericht geltend gemacht werden muß.

Es besteht allerdings die Möglichkeit, die Schadensersatzansprüche zusammen mit dem Amtshaftungsanspruch vor den ordentlichen Gerichten einzuklagen. So ordnet das *BVerwG*[256] Ersatzansprüche dem ordentlichen Rechtsweg zu, wenn mit dem Amtshaftungsanspruch ein „aktueller Zusammenhang" festgestellt werden kann. Andere Ersatzansprüche des Vorhabenträgers aus dem gleichen Lebenssachverhalt gegen die Gemeinde dürften regelmäßig mit dem Amtshaftungsanspruch in einem rechtlichen Zusammenhang stehen, so daß er seine Ansprüche vor den ordentlichen Gerichten einklagen kann.

---

[253] Nach *OVG Münster*, DVBl 1972, S. 614 (615 f.) und *OVG Münster* DB 1973, S. 1889 (1889 f.), sollte der Zivilrechtsweg jedenfalls dann gegeben sein, wenn diese Ansprüche in einem aktuellen Zusammenhang mit Amtshaftungsansprüchen stehen. Im Gegensatz dazu hat das *BVerwG* in DÖV 1974, S. 133 (134) den Verwaltungsrechtsweg in den Fällen für zulässig erachtet, in denen der Anspruch aus culpa in contrahendo in einem Sachzusammenhang mit dem Erfüllungsanspruch steht. Das *VG München* bejahte im *BayVBl.* 1973, S. 135 (135 f.) generell den Verwaltungsrechtsweg. Siehe hierzu auch ausführlich *Littbarski*, JuS 1979, S. 537 (543) m.w.N.

[254] Vor dem Inkrafttreten des § 40 Abs.2 Satz 2 VwGO in der heute gültigen Fassung hat der *BGH* die Auffassung vertreten, Ansprüche aus culpa in contrahendo fielen, wenn sie in einem engen Zusammenhang zu Amtshaftungsansprüchen stehen, in die Zuständigkeit der Zivilgerichte (vgl. z. B. *BGHZ* 43, S. 34 (41 f.). Der *BGH* hat dies insbesondere damit begründet, in solchen Fällen werde eine getrennte Beurteilung von (deliktischen) Amtspflichten und vorvertraglichen Pflichten dem Streitverhältnis nicht gerecht und vernachlässige die sachliche Nähe der beiden Ansprüche.

[255] So auch *Littbarski*, JuS 1979, S. 537 (544).

[256] *BVerwGE* 37, S. 231 (236, 238).

VIII. Ansprüche aus Art. 14 GG

Der Vorhabenträger hat möglicherweise Entschädigungsansprüche aus Art. 14 GG[257]. Zu denken ist hier bei Vorliegen einer *rechtmäßigen* Hoheitsmaßnahme an einen Anspruch aus enteignendem Eingriff, bei Vorliegen eines *rechtswidrigen* Hoheitsaktes an einen Anspruch aus enteignungsgleichem Eingriff[258].

1. Anspruch aus enteignendem Eingriff

Ein enteignender Eingriff setzt voraus, daß durch einen *rechtmäßigen* Hoheitsakt in eine von Art. 14 GG rechtlich geschützten Position eingegriffen wird und dieser Eingriff eine Enteignung und nicht nur eine Inhalts- und Schrankenbestimmung darstellt[259]. Ändert die Gemeinde ihre Bauleitplanung, indem sie einen Bebauungsplan erläßt und das geplante Vorhaben nun nicht mehr den Festsetzungen entspricht, so handelt es sich bei rechtmäßig erfolgter Abwägung der öffentlichen und privaten Interessen[260] und wegen der der Gemeinde nach Art. 28 Abs. 2 S. 1 GG obliegenden Planungshoheit um einen rechtmäßigen Eingriff. Da die §§ 39 - 44 BauGB die Folgen rechtmäßiger Eingriffe in das Grundeigentum jedoch abschließend regeln[261], kommt ein Anspruch aus enteignendem Eingriff nicht in Betracht[262].

2. Anspruch aus enteignungsgleichem Eingriff

Für einen Entschädigungsanspruch aus „enteignungsleichem Eingriff" muß der „enteignende" Handlungserfolg auf rechtswidrigem Handeln beruhen[263]. Ein

---

[257] Siehe zum enteignungsgleichen und enteignendem Eingriff *Ossenbühl*, Staatshaftungsrecht, § 22 ff., 29; *Maurer*, Allgem.VerwR, § 26 Rdnr. 41 ff. ; *Rüfner*, in: Erichsen-Martens, Allgem. VerwR., § 52 Rdnrn. 53 ff.; *Papier*, JuS 1985, S. 184; *ders.*, JuS 1989, S. 630.

[258] Siehe *Ossenbühl*, Staatshaftungsrecht, S.122 ff. (Enteignung) u. S. 173 ff. (enteignungsgleicher Eingriff); vgl. auch *Ehlermann*, Wirtschaftslenkung und Entschädigung, S. 49 ff.; *Burmeister*, Die Verwaltung, S. 21 (41 ff.); *Ossenbühl*, Gutachten B z. 50. DJT, 1974, S. 201; *Egerer*, Der Plangewährleistungsanspruch, S. 69 f.; *Badura*, Wirtschafsverfassung und Wirtschaftsverwaltung, S. 111; *Maecker*, Gewährleistung bei staatlicher Wirtschaftsplanung, S. 101 ff.

[259] Vgl. *BVerfG*, Urt. v. 16.3.1971 - 1 BvR 52.656, 667, 754.66 - , *BverfGE* 30, S. 292, 334 f.; *BGH*, Urt. v. 30.9.1976 - III ZR 134.74 - , VersR 1952, S. 332 = LM GG Art.12 Nr.29.

[260] Siehe zum Durchführungsvertrag in der Abwägung die Ausführungen im zweiten Teil, D. VI. 3. c) dd).

[261] *Kimminich*, in: Bonner Kommentar zum GG, Art. 14, Rdnr. 259.

[262] Art. 14 GG spielt lediglich eine Rolle dabei, ob § 39 und § 42 BauGB mit Art. 14 Abs. 3 GG bzw. mit Art. 14 Abs. 1 GG i. V. m. dem Verhältnismäßigkeitsprinzip vereinbar ist. Siehe hierzu die Ausführungen unter XI. 5.b) ee) (III).

[263] Grundlegend *BGHZ* (GS) 6, S. 270 ff..

schuldhaftes Handeln des Staates ist nicht Anspruchsvoraussetzung[264]. Ist ein Bebauungsplan mit rechtswidrigem Inhalt aufgestellt und vollzogen worden, so kann ein enteignungsgleicher Eingriff vorliegen[265]. Dieser Anspruch kommt in Betracht, wenn der aufgestellte Bebauungsplan (§ 7 Abs. 7 BauGB-MaßnG), z. B. wegen eines Abwägungsfehlers, rechtswidrig ist.

a) Rechtsgrundlage

Die richterrechtlichen Entschädigungsansprüche hatte der *BGH* ursprünglich mit Blick auf Art. 14 Abs. 3 GG entwickelt[266]. Nach Auffassung des *BGH* findet heute[267] die Haftungsfigur des enteignungsgleichen und des enteignenden Eingriffs im allgemeinen Aufopferungsgrundsatz der §§ 74, 75 Einl. Allgemeines Landrecht in seiner richterrechtlich geprägten Ausformung seine Grundlage[268].

b) Geschichtliche Entwicklung

Der enteignungsgleiche Eingriff wurde vom *BGH* in seinem grundlegenden Beschluß am 10.6.1952[269] erstmalig definiert[270]. In diesem Beschluß erklärte der *BGH*, daß der enteignungsgleiche Eingriff dann wie eine Enteignung zu behandeln sei, wenn er sich für den Fall seiner gesetzlichen Zulässigkeit sowohl nach seinem Inhalt, wie auch nach seiner Wirkung als eine Enteignung darstellen würde und in seiner tatsächlichen Auswirkung dem Betroffenen ein besonderers (ungleiches) Opfer auferlegt hat[271]. Für den enteignungsleichen Eingriff müssen

---

[264] Im Falle der Entscheidung *BGHZ* 7, S. 296, war die Wohnungszuweisung nicht nur rechtswidrig, sondern rechtswidrig und schuldhaft. Der *BGH* ließ aber die umstrittene Schuldfrage dahingestellt, letzlich mit der Begründung, daß der enteignungsleiche Eingriff auch die rechtswidrig-schuldhaften Eingriffe umfasse, der *BGH* wörtlich: „Dieser Grundsatz muß aber auch dann, und sogar erst recht dann zu Anwendung gelangen, wenn ein solcher Eingriff schuldhaft vorgenommen worden ist."; vgl. auch *BGHZ* 13, S. 88, (92).

[265] *Kimminich*, in: Bonner Kommentar zum GG, Art. 14, Rdnr. 259.

[266] Siehe auch *Ossenbühl*, Staatshaftungsrecht, § 22, S. 29.

[267] Früher hat der *BGH* das Institut des enteignungsgleichen Eingriffs im Wege eines zweifelhaften Erst-recht-Schlußes an Art. 14 GG angekoppelt.

[268] *BGHZ* 90, S. 17 (31ff.) in Einklang mit dem *RG* (vgl. RGZ 140, S.276 (278). Nach Auffassung von *Schenke* ist der enteigungsgleiche Eingriff aus Gewohnheitsrecht abzuleiten. (Vgl. *Schenke*, NJW 1995, S. 1777 (1789)). Siehe auch *BGHZ* 90,S. 17 (29 ff.) = JuS 1984, 477 Nr.3 (für den enteignungsleichen Eingriff); *BGHZ* 91, S. 20 (27 f.) = JuS 1984, 714 Nr.1 (für den enteignenden Eingriff).

[269] *BGHZ* 6, S. 290.

[270] „und zwar auf dem Wege einer rechtsergänzenden (nach vielfach vertretener Auffassung irreführenden) Anbindung dieses Anspruchs an Art. 14 GG" (*Bender*, Staatshaftungsrecht, S. 25).

[271] *BGHZ* 6, S. 290.

demnach, abgesehen von der Rechtmäßigkeit des Eingriffes, sämtliche Merkmale der Enteignung vorhanden sein[272].

Das Institut des enteignungsleichen Eingriffs, wurde vom *BGH* in der Folgezeit in ständiger *Rechtsprechung* angewandt und weiterentwickelt[273]. Im Zuge dieser Rechtsprechung wurden die Tatbestandsmerkmale des enteignungsleichen Eingriffs modifiziert, was die Rechtslehre zum Teil heftig kritisierte[274] und was dazu führte, daß man sogar von einer „Auflösung des Enteignungsbegriffes"[275] sprach. Mit der Ausgestaltung des Rechtsinstitutes des enteignungsleichen Eingriffs, bezweckte der *BGH* nicht die Auflösung von Eigentum und Enteignung, sondern er wollte Eigentumsschutz möglichst lückenlos gewähren, um den immer zahlreicher und intensiver werdenden hoheitlichen Eingriffen Herr zu werden.

Durch den Naßauskiesungsbeschluß[276] des *BVerfG* vom 15. Juli 1981[277], in dem dieses zu den Kiesgrubenfällen des *BGH* Stellung nahm, waren vor allem in der *Literatur*[278] aber auch in der *Rechtsprechung*[279] Zweifel am Fortbestand des enteignungsleichen Eingriffs aufgekommen[280]. Der Beschluß wurde als

---

[272] Zu den einzelnen Tatbestandsmerkmalen, siehe *Ossenbühl*, JuS 1971, S. 577.

[273] Vgl. *BGHZ* 7, S. 296; 10, S. 255; 11, S. 248; 12, S. 52; 13, S. 81; 13, S. 90; 13, S. 395; 15, S. 17; 23, S. 157; 32, S. 208; 37, S. 44; 19, S. 149; 56, S. 50; 58, S. 124; 65, S. 188; 72, S. 291; 73, S. 166; 81, S. 21.

[274] Siehe z. B. *Ossenbühl*, JuS 1971, S. 575 (577), der von einer „Verwässerung" des Tatbestandes spricht.

[275] *Peter*, JZ 1969, S. 549 (552).

[276] Vgl. hierzu die umfangreiche Literatur: *Battis/Felkl-Brentano*, JA 1983, S. 494 ff.; *Baur*, NJW 1982, S. 1734 ff; *Bender*, VBlBW 1984, S. 225 ff.; *Böhmer*, ArgrarR 1984, Beilage 1, S. 21 ff.; *ders.*, NJW, S. 2561 ff.; *Boujong*, UPR 1984, S. 137 ff.; *v. Brünneck*, Eigentumsgarantie, S. 414 ff.; *Engelhardt*, NuR 1986, S. 185 ff.; *Goppert*, Der enteigungsgleiche Eingriff; *Götz*, ArgrarR 1984, S. 1 ff.; *Hendler*, DVBl. 1983, S.873 ff.; *Ipsen*, DVBl. 1983, S. 1029 ff.; *Kimminich*, NuR 1985, S. 1 ff.; *Krohn*, WM 1984, S. 825 ff.; *ders.*, DVBl. 1986, S. 745 ff.; *Lege*, NJW 1990, S. 864 ff.; *Leisner*, DVBl 1983, S. 61 ff.; Maurer, in: FS Dürig, S. 293 ff.; *Maurer*, DVBl. 1991, S. 781 ff.; *Olivet*, NVwZ 1986, S. 431 ff.; *Ossenbühl*, NJW 1983, S. 1 ff.; *ders.*, JuS 1988, S. 193; *ders.*, in: FS Geiger, S. 475 ff.; *Papier*, Eigentumsgarantie im Wandel, S. 24; *ders.* JuS 1985, S. 184 ff.; *ders.*, NVwZ 1983, S. 258 ff.; *Rüfner*, in: *Erichsen/Martens*, Allgem.VerwR, S. 611 ff.; *Schenke*, NJW 1988, S. 857 ff.; *Scherzberg*, DVBl. 1991, S. 84 ff., *Schmitt-Kammler*, in: FS der Universität zu Köln, S. 821 ff.; *Schoch*, Jura 1989, S. 529 ff.; *Schröer*, NJW 1984, S. 1864 ff.; *Schulte*, JZ 1984, S. 297 ff.; *Schwerdtfeger*, JuS 1983, S. 104 ff.; *ders.*, Die dogmatische Struktur der Eigentumsgarantie, S. 12 (37 f.); *Starck*, JuS 1977, S. 732 ff..

[277] *BVerfGE* 58, S. 300.

[278] *Baur*, NJW 1982, S. 1734 (1735); *Berkemann*, JR 1982, S. 229 (232); *Bull*, Allgem.VerwR, S. 403; *Rupp*, NJW 1982, S. 1731 (1733); *Schrödter*, DVBl 1982, S. 323 (328); *Sendler*, DVBl 1982, S. 816; *Weber*, JuS 1982, S. 855.

[279] Siehe *LG München* I, NVwZ 1983, S. 635.

[280] Dies war verständlich aufgrund folgender Aussage des *BVerfG* (*BVerfGE* 58, S. 300 (Ls. 2, 324): „Sieht der Bürger in der gegen ihn gerichteten Maßnahme eine Enteignung, so kann er eine Entschädigung nur einklagen, wenn hierfür eine gesetzliche Anspruchgrundlage vor-

„Paukenschlag" empfunden[281]. In dieser Entscheidung hat das *BVerfG* nämlich Grundsätze herausgestellt, mit denen die Konstruktion des enteignungsleichen Eingriffs nicht mehr zu vereinbaren war[282]. Allerdings haben sich die vor dem „Abschied des enteignungsleichen Eingriffs" warnenden Stimmen[283] letztendlich durchgesetzt, da das Staatshaftungsrecht noch immer Lücken aufweist, die vom enteignungsgleichen Eingriff geschlossen werden müssen. In der Entscheidung des *BGH* vom 26.1.1984[284] wurde schließlich das Festhalten am enteignungsleichen Eingriff deklariert.

c) Subsidiarität[285] des enteignungsgleichen Eingriffs

Noch heute ist es in *Rechtsprechung* und *Literatur* umstritten, ob bei Vorliegen eines rechtswidrigen zielgerichteten Eingriffs nicht erst die Möglichkeit des Rechtsschutzes gegenüber der rechtswidrigen Maßnahme ergriffen werden muß, bevor eine Entschädigung verlangt werden kann.

Aufgeworfen wurde diese Frage durch eine Entscheidung des *BGH* vom 26. Januar 1984[286], als das Gericht für den Anspruch aus enteignungsleichem Eingriff ein weiteres negatives Tatbestandsmerkmal für erforderlich gehalten hat, und zwar, daß der enteignungsleiche Eingriff gegenüber anderen Rechtsschutzmöglichkeiten, welche die Rechtsordnung zur Abwehr staatlicher Eingriffe zur Verfügung stellt, subsidiär ist. Dieses negative Tatbestandsmerkmal stellt sich nach Ansicht des *BGH* wie folgt dar: Falls der Betroffene von den ihm von der Rechtsordnung zur Verfügung stehenden Rechtsbehelfen in zumutbarer Weise keinen Gebrauch macht, so daß ihm sein Unterlassen als „Verschulden in eigener Angelegenheit" angerechnet werden kann, steht ihm im Regelfalle ein Entschädigungsanspruch in entsprechender Anwendung von § 254 BGB für solche Nachteile nicht zu, die er mit den Mitteln des Primärrechtsschutzes hätte vermeiden können.

---

handen ist. Fehlt sie, so muß er sich bei den Verwaltungsgerichten um die Aufhebung des Eingriffsaktes bemühen. Er kann aber nicht unter Verzicht auf die Anfechtung eine ihm vom Gesetz nicht zugebilligte Entschädigung beanspruchen; mangels gesetzlicher Grundlage können die Gerichte auch keine Entschädigung zusprechen."

[281] So *Maurer*, DVBl. 1991, S. 781.

[282] *Schröer*, NJW 1984, S. 1864.

[283] *Aust-Jacobs*, Enteignungsentschädigung, S. 65, *Bender*, BauR 1983, S. 1 (7), *Hendler*, DVBl. 1983, S. 873 (881); *Krohn-Löwisch*, Eigentumsgarantie, S. 105; *Maurer*, Allgem.VerwR, § 26 Rdnr. 59; *Ossenbühl*, NJW 1983, S. 1, *ders.*, Neuere Entwicklungen im Staatshaftungsrecht, S. 15; *Papier*, NVwZ 1983, S. 258 ff.; *ders.*, in: Maunz/Dürig, Art. 14 GG, Rdnr. 631 ff.; *ders.*, Eigentumsgarantie des GG im Wandel, S. 35 ff.; *Schwerdtfeger*, JuS 1983, S. 104 (110); *ders.*, Die dogmatische Struktur der Eigentumsgarantie, S. 25.

[284] *BGHZ* 90, S. 17.

[285] Vgl. *Goppert*, Der enteignungsleiche Eingriff, S. 68 ff.; *Konow*, Eigentumsschutz, S. 68; *Mayer/Kopp*, Allgem.VerwR, S. 467; *Ossenbühl*, Staatshaftungsrecht in der Krise, S. 355 ff..

[286] *BGHZ* 90, S. 17 (31).

Nicht in den Anwendungsbereich der Subsidiarität fallen somit solche Fälle, bei denen ein Primärrechtsschutz ausscheidet. Beispielsweise bei plötzlich eintretenden Schädigungen durch hoheitliche Realakte oder Verzögerungsschäden bei rechtswidrig vorenthaltener Bau- oder Gewerbeerlaubnis[287].

Das *BVerfG*[288] hat in seinem Naßauskiesungsbeschluß in nicht explizit erwähntem Bezug auf die frühere Rechtsprechung des *BGH* festgestellt, daß der Betroffene kein Wahlrecht habe, ob er sich gegen eine wegen Fehlens der gesetzlichen Entschädigungsgrundlage rechtswidrige Enteignung zur Wehr setzt oder aber unmittelbar Entschädigung verlangt. Falls er den Eingriffsakt unanfechtbar werden ließe, würde seine Entschädigungsklage der Abweisung verfallen. Das *BVerfG* wörtlich: „Wer von den ihm durch das Grundgesetz eingeräumten Möglichkeiten, sein Recht auf Herstellung des verfassungsmäßigen Zustandes zu wahren, keinen Gebrauch macht, kann wegen eines etwaigen, von ihm selbst herbeigeführten Rechtsverlustes nicht anschließend von der öffentlichen Hand Geldersatz verlangen"[289].

Prinzipiell ist dem zuzustimmen, dennoch muß kritisch angemerkt werden, daß auch das Kostenrisiko[290] für die Zumutbarkeit des Primärrechtsschutzes eine zentrale Rolle spielt. Es kann dem Betroffenen z. B. nicht zugemutet werden, alle in unserem Rechtswegestaat denkbaren Rechtsschutzmöglichkeiten auszunutzen.

d) Haftung aus enteignungsgleichem Eingriff bei legislativem bzw. normativem Unrecht ?

Der *BGH* hat in seiner Entscheidung vom 12.03.1987[291] einen Entschädigungsanspruch aus enteignungsgleichem Eingriff wegen legislativen Unrechts sowohl bezüglich der gesetzlichen Ermächtigungsgrundlagen selbst als auch hinsichtlich der auf sie gestützten Maßnahmen der beklagten Stadt fälschlicherweise verneint[292]: Nicht nur bei einem verfassungswidrigen formellen Gesetz, sondern auch bei hierauf basierenden untergesetzlichen Normen oder Verwaltungsakten handele es sich um legislatives Unrecht. Eine diesbezügliche Anerkennung von Entschädigungsansprüchen würde sich vor allem wegen ihrer finanziellen Folgewirkungen, nicht mehr im Rahmen des richterrechtlich geprägten und ausgestalteten Haf-

---

[287] Vgl. *Ossenbühl*, NJW 1983, S. 1 (3, 5); *Nüßgens/Boujong*, Eigentum-Sozialbindung-Enteignung, S. 195, Rdnr. 433; *Schoch*, Jura 1989, S. 529 (535 f.); *BGH* 1984, S. 1169 (1172).
[288] *BVerfGE* 58, S. 300.
[289] *BVerfGE* 58, S. 300 (322).
[290] *BGHZ* 92, S. 34 (50).
[291] *BGH*, NJW 1987, S. 1875 (1877).
[292] Vgl. hierzu kritischen Ausführungen und Argumente von *Schenke*, NJW 1988, S. 857 ff.

tungsinstituts des enteignungsgleichen Eingriffs halten[293]. Jedoch hat der *BGH* ausdrücklich hervorgehoben, daß dies sich nur auf eine etwaige Haftung für verfassungswidrige formelle Gesetze (bzw. gesetzesvertretende Verordnungen) und darauf gestütze Maßnahmen beziehe, nicht aber auf die Haftung für untergesetzliche Normen, die aufgrund rechtswirksamer Gesetze ergehen.

Ein Bebauungsplan ist eine untergesetzliche Norm, die aufgrund des Baugesetzbuches und der Gemeindeordnung und somit aufgrund eines rechtswirksamen Gesetzes ergangen ist. Die Möglichkeit eines Entschädigungsanspruchs unter dem Aspekt des enteignungsgleichen Eingriffs ist hier folglich zu bejahen. Voraussetzung für diesen Anspruch ist ferner das Vorliegen eines rechtswidrigen Eingriffs.

e) Vorliegen eines rechtswidrigen Eingriffs

Der enteignungsgleiche Eingriff setzt die Verletzung einer als Eigentum i. S. d. Art. 14 GG geschützten Rechtsposition durch rechtswidriges hoheitliches Handeln voraus.

In seiner ursprünglichen Fassung war der Eingriffsbegriff durch seine Finalität gekennzeichnet. Nur ein gezielter hoheitlicher Eingriff im Sinne eines wissentlich und willentlich gegen vermögenswerte Rechte einzelner gerichteten Handelns wurde als Eingriff i. S. d. enteignungsgleichen Engriffs verstanden. Diese Finalität als Voraussetzung ist aber inzwischen längst aufgegeben worden.

Der enteignungsgleiche Eingriff ist auch nicht auf bestimmte Eingriffsformen beschränkt. Vielmehr kommen als Eingriffe alle konkreten hoheitlichen Maßnahmen in Betracht, die auf eine als Eigentum geschützte Position im Sinne des Art. 14 GG einwirken können. Ferner ist erforderlich, daß die Eigentumsverletzung auf einer unmittelbaren Auswirkung einer hoheitlichen Maßnahme beruht.

Ändert die Gemeinde ihre Bauleitplanung, indem sie einen Bebauungsplan erläßt und das geplante Vorhaben nun nicht mehr den Festsetzungen entspricht, so handelt es sich bei rechtmäßig erfolgter Abwägung der öffentlichen und privaten Interessen[294] wegen der der Gemeinde nach Art. 28 Abs. 2 S. 1 GG obliegenden Planungshoheit um einen rechtmäßigen Eingriff, so daß ein Anspruch aus enteignungsgleichem Eingriff ausscheiden muß. Ein Anspruch aus enteignungsgleichem Eingriff ist aber dann möglich, wenn ein Abwägungsfehler vorliegt, beispielsweise weil die Gemeinde die Interessen des Vorhabenträgers nicht ausreichend berücksichtigt hat und der Bebauungsplan somit rechtswidrig ist. Der Vorhabenträ-

---

[293] Vgl. *BGH*, NJW 1987, S. 1877 f.

[294] Siehe zum Durchführungsvertrag in der Abwägung die Ausführungen im zweiten Teil D. VI. 3. d) dd) (II.)

ger kann dann, wenn die rechtswidrige Hoheitsmaßnahme in seine als Eigentum i. S. d. Art. 14 GG geschützte Rechtsposition eingreift, einen Entschädigungsanspruch aus enteignungsgleichem Eingriff geltend machen. Das Grundeigentum und die mit dem Grundeigentum verbundenen Nutzungsbefugnisse stellen eine solche geschützte Rechtsposition dar.

f) Rechtsfolge

Der enteignungsleiche Eingriff gewährt in seiner Rechtsfolge Entschädigung in Geld und keinen Schadensersatz. Als Ausnahme von diesem Grundsatz, wurde vom *BGH*[295] lediglich anerkannt, daß Gewerbetreibende auch Schadensersatz, also insbesondere den entgangenen Gewinn ersetzt bekommen, da die Entschädigungshöhe schwierig zu berechnen sei.

Anders als der Schadensersatzanspruch, ist die Enteignungsentschädigung nicht darauf gerichtet, den Eingriff ungeschehen zu machen. Sie ist daher an dem Verkehrswert der entzogenen Substanz und nicht an einer hypothetischen Vermögenentwicklung auszurichten[296]. Handelt es sich um Eingriffe in das Grundeigentum, so wird Entschädigung in Form der sogenannten Bodenrente[297] gewährt, sofern die Eingriffsfolge in einem Nutzungsausfall besteht. Maßgebend ist danach ein fiktiver Miet- Pacht- oder Erbbauzins, den ein Dritter gezahlt hätte, wenn er das Grundstück hätte nutzen können. Zu beachten ist aber, daß entgangene Nutzungen für zu erstellende Gebäude, an deren Errichtung der Eigentümer (zeitweise) gehindert worden ist sowie die zwischenzeitlich gestiegenen Baukosten, nicht entschädigt werden[298].

g) Mitwirkendes Verschulden

Beim enteignungsleichem Eingriff kann der Anspruch aufgrund von Mitverschulden des Anspruchstellers gekürzt werden, z. B. dann, wenn der Vorhabenträger es unterläßt, den Schaden durch ein Rechtsmittel abzuwenden (Pflicht zur Schadensabwendung und -minderung)[299]. Zu beachten ist auch, daß ein Mitverschulden nicht nur dann begründet werden kann, wenn der Schaden nach dem erfolgten Eingriff nicht abgewendet wird (§ 254 Abs. 2 BGB analog)[300], sondern auch

---

[295] *BGH*, NJW 1972, S. 1574 (1575); *BGH*, NJW 1975, S. 1966.
[296] *BGH*, NJW 1972, S. 1574 (1575); NJW 1975, S. 1966 (1967).
[297] *BGHZ* 30, S. 338 (351); bestätigt in *BGHZ* 65, S. 182 (189); *BGH*, NJW 1980, S. 1567 (1571), WM 1980, S. 658 (660).
[298] *Vgl. Ossenbühl*, Staatshaftungsrecht, § 25, 2. (S. 221).
[299] *Ossenbühl*, Staatshaftungsrecht, § 25, 2. (S. 222). „Dieser Fall wird durch den Gedanken der Subsidiarität des enteignungsleichen Eingriffs aufgefangen."
[300] Vgl. *BGHZ* 56, 57 (64 ff.) = NJW 1971, S. 1694 (1696).

bei der Schadensentstehung, also beim „Eingriff" selbst (§ 254 Abs. 1 BGB analog)[301].

h) Anspruchsgegegner

Nach Auffassung des *BGH* ist für den „enteignungsgleichen Eingriff" die durch den Eingriff unmittelbar begünstigte und nicht die eingreifende Körperschaft passivlegitimiert[302], d. h. derjenige Hoheitsträger, dessen Aufgaben wahrgenommen wurden oder dem die Vorteile des Eingriffs zugeflossen sind und nicht der, der den Eingriff vorgenommen hat[303]. Begünstigt ist eine bestimmte Stelle der öffentlichen Hand auch, wenn ihre Aufgaben durch den Eingriff gefördert werden sollen[304].

Mit dieser Begründung sei daher in den Fällen, in denen eine Baugenehmigung wegen versagten oder verweigerten Einvernehmens der Gemeinde nach § 36 BauGB abgelehnt oder nicht erteilt wird, nicht nur die Bauaufsichtsbehörde, sondern auch die Gemeinde „als Begünstigte" im Sinne des Enteignungsrechts anzusehen, da der Eingriff in ihrem planerischen Interesse erfolgt ist"[305].

Dieses Beispiel zeigt deutlich, daß die dem Enteignungsrecht entnommenen Formeln auf die Haftung für Staatsunrecht überhaupt nicht passen. Anders als bei der klassischen Enteignung gibt es bei rechtswidrig staatlichen Maßnahmen, z. B. beim rechtswidrigen Vollzug eines Gesetzes, in aller Regel keinen Begünstigten[306].

Besser ist es daher, wenn die Körperschaft zur Leistung der Entschädigung verpflichtet ist, deren Behörde eine gegenüber dem Geschädigten bestehende Rechtspflicht verletzt hat, also die eingreifende Körperschaft[307]. Dies entspricht eher dem Charakter des „enteignungsgleichen Eingriffs" als Staatshaftungsinstitut.

---

[301] Vgl. *BGH*, DVBl. 1971, S. 457 (458); *Bender*, Staatshaftungsrecht, Rdnr. 770;

[302] *BGHZ* 76, S. 387 (396), so auch *Ossenbühl*, Staatshaftungsrecht, S. 239, § 33, 2.

[303] *BGHZ* 40, S. 49 = NJW 1963, S. 1915.

[304] *BGHZ* 90, S. 17 (20); *BayOLG*, NVwZ-RR 1990, S. 284; beim Bau einer Straße der Träger der Straßenbaulast und nicht die beauftragte andere Stelle der Verwaltung.

[305] *BGHZ* 65, S. 182 (189); vgl. *Schrödter/Schmaltz*, DVBl. 1971, S. 468.

[306] *Maurer*, Verwaltungsrecht, § 26 Rdnr. 90.

[307] So auch *Maurer*, Allgmeines Verwaltungsrecht, § 26 Rdnr. 90; *Steinberg/Lubberger*, Aufopferung, Enteignung und Staatshaftung, S. 373; siehe auch *Konow*, Eigentumsschutz, S. 100 f.

i) Anpruchskonkurrenzen und Verjährung

Der Anspruch aus enteignungsgleichem Eingriff steht neben dem Anspruch aus Amtshaftung[308]. Der enteignungsleiche Eingriff und der enteignende Eingriff konkurrieren nicht miteinander, da sie unterschiedliche Schadensfälle abdecken[309].

Der Anspruch aus enteignungsgleichem Eingriff verjährt in 30 Jahren (§ 195 BGB)[310].

k) Rechtsweg

Für Entschädigungsansprüche aus enteignungsgleichem[311] und enteignendem[312] Eingriff ist der ordentliche Rechtsweg gegeben, § 40 Abs. 2 S. 1 Alt. 1 VwGO[313]; sie sind also vor den Zivilgerichten geltend zu machen. Nach § 17 Abs. 2 GVG fallen diese Ansprüche aber auch in die Sachkompetenz anderer Gerichte, sofern aus anderen Klagegründen der Rechtsweg zu diesen Gerichten offensteht.

3. Aufopferungsanspruch[314]

Dem Vorhabenträger könnte ein Anspruch aus Aufopferung zustehen. Der Aufopferungsanspruch ist gewohnheitsrechtlich im Anschluß an § 74, 75 Einl. Allgemeines Landrecht vom *BGH* entwickelt worden[315]. Der *BGH* begründet dies damit, daß „der Staat gehalten ist, denjenigen zu entschädigen, der seine besonderen Rechte und Vorteile dem Wohl des Gemeinwesens aufzuopfern genötigt

---

[308] *BGHZ* 13, S. 88.

[309] Vgl. *Ossenbühl,* § 27 (S. 223). Der enteignungsgleiche Eingriff erfaßt nur rechtswidrige, der enteignende Eingriff nur rechtmäßige Eingriffe.

[310] Siehe zum Konkurrenzverhältnis des enteignungsgleichen Eingriffs mit spezialgesetzlichen Ausformungen des enteignungsgleichen Eingriffs einschließlich der darin enthaltenen Verjährungsproblematik, *Ossenbühl*, Staatshaftungsrecht, § 27 (S. 223).

[311] *BGHZ* 90, S. 17 (31); *BGH* NJW 1995, S. 964 ff. = BayVBl 1995, S. 283 ff. = DÖV 1995, S. 291; siehe auch *BGH*, NJW 1994, S. 3283 = NVwZ 1995, S. 198 L = LM H.1/1995 Art. 14 (Ba) GrundG Nr. 84 = DÖV 1995, S. 156 ff.; ebenso *Schenke*, Verwaltungsprozeßrecht, Rdnr.145; *ders.*, NJW 1995, S. 3145 ff.; *Papier*, NVwZ 1983, S. 258 (260 f.); *Aust/Jacobs*, Enteignungsentschädigung, S. 69; *Nüßgens/Boujong*, Eigentum, Sozialbindung, Enteignung, S. 204, Rdnr. 448; *Stern*, Verwaltungsprozessuale Probleme, Rdnr. 66 und schon früher *Rinne*, DVBl. 1994, S. 23 ff..

[312] *BGHZ* 90, S. 20 (28); a. A. *Schwerdtfeger*, JuS 1983, S. 104 (119); *ders.*, Eigentumsgarantie, S. 39 f. (Verwaltungsrechtsweg).

[313] vgl. *Kopp*, VwGO, § 40 Rdnr. 58.

[314] Siehe hierzu *Schenke*, NJW 1991, S. 1777 ff; *ders.* NJW 1995, S. 3145 ff..

[315] Siehe grundlegend *BGHZ* 9, S. 85 ff. sowie *BGHZ* 13, S. 88; 17, S. 172; 20, S. 61; 23, S. 157; 29, S. 95; 56, S. 57; 60, S. 302; 65, S.196. Siehe auch Zusammenfassung zur „Aufopferung" *Kunig*, Jura 1992, 554.

wird“[316]. Nach der früheren Rechtsprechung des *BGH*[317], war ein Aufopferungsanspruch nur bei nichtvermögenswerten Rechtsgütern, wie Leben, Gesundheit und Freiheit möglich. Sobald es um Eigentum i. S. d. Art. 14 Abs. 2 GG ging, waren der „enteignungsgleiche“ und „enteignende“ Eingriff spezieller. Inzwischen leitet der *BGH* Entschädigungsansprüche aus enteignendem und enteignungsgleichem Eingriff ebenfalls aus dem allgemeinen gewohnheitsrechtlichen Aufopferungsgedanken her. Ein Anspruch aus Aufopferung scheitert hier daher, weil der *BGH* den Anwendungsbereich der Enteignung auf Kosten der Aufopferung immer weiter ausgedehnt hat und den Schutz von vermögenswerten subjektiven Rechten mittlerweile nur noch ausschließlich durch das Eigentumsgrundrecht als gewährleistet ansieht[318].

IX. Anspruch auf Entschädigung gemäß § 48 Abs. 3 bzw. § 49 Abs. 6 VwVfG

1. Einführung

Das Verwaltungsverfahrensgesetz sieht bei Rücknahme und Widerruf eines Verwaltungsaktes i. S. v. § 35 VwVfG[319] bei Vorliegen der Voraussetzungen der §§ 48, 49 VwVfG eine Entschädigung vor. Als möglicher aufgehobener Verwaltungsakt, der einen Entschädigungsanspruch nach sich ziehen kann, kommt hierbei insbesondere die Baugenehmigung in Betracht.

2. Aufhebung der Baugenehmigung

Da für die Aufhebung der Baugenehmigung keine (baurechtliche) Spezialvorschrift besteht[320] und diese ein Verwaltungsakt i. S. d. § 35 VwVfG darstellt, beurteilt sich die Zulässigkeit der Baugenehmigungsaufhebung nach den §§ 48 ff. VwVfG[321].

Hierbei stellt sich zunächst die Frage, ob die Aufhebung der erteilten Baugenehmigung nach § 49 Abs. 2 Nr. 3, 4 u. 5 VwVfG (Widerruf eines rechtmäßigen

---

316 Vgl. *BGHZ* 9, S. 83 (86).

317 Seit *BGHZ* (GS) 6, S. 270 ff.; 23, S. 157 (161).

318 *BGHZ* 13, S. 88 (91); kritisch hierzu *Kriele*, DÖV 1967, S. 531 (538); vgl. *Schenke,* AöR 101 (1976), S. 337 (347).

319 Siehe auch den Aufsatz von *Schenke*, Formeller oder materieller Verwaltungsbegriff, NVwZ 1990, S. 1009.

320 Eine Spezialregelung findet sich nur noch in Rheinland-Pfalz, Vgl. § 58 Abs.2 BauO RP; vgl. auch *Battis*, Öffentliches Baurecht, S. 265.

321 Vgl. zuletzt zur Rücknahme *BVerwG* v. 10.2.1994 - 4 B 26.94-, UPR 1994, S. 229.

Verwaltungsaktes) oder aber nach § 48 VwVfG (Rücknahme eines rechtswidrigen Verwaltungsaktes) erfolgt.

Ist die Baugenehmigung aufgrund des vorhabenbezogenen Bebauungsplans bzw. der Satzung über den Vorhaben- und Erschließungsplan im Zeitpunkt ihres Erlasses rechtmäßig ergangen, so beurteilt sich die Aufhebung nach § 49 VwVfG (Widerruf eines rechtmäßigen Verwaltungsaktes).

Es ist aber zu beachten, daß ein Verwaltungsakt auch nachträglich rechtswidrig werden kann. Seine Rücknahme richtet sich dann nach § 48 VwVfG und nicht ausschließlich nach § 49 VwVfG[322]. Diese Fälle sind relativ selten, wie gerade die Normierung des § 49 Abs. 2 Nr. 3 und 4 VwVfG belegt. In erster Linie kommen sie bei Verwaltungsakten mit Dauerwirkung in Betracht. Da es sich bei der Baugenehmigung aber nicht um einen Verwaltungsakt mit Dauerwirkung handelt, ist auf die schwierige Frage der Anwendung des § 48 VwVfG auf nachträglich rechtswidrig gewordene Verwaltungsakte nicht einzugehen[323]. Widerruft die Behörde die (rechtmäßige) Baugenehmigung, so ist folglich § 49 Abs. 6 S. 1 VwVfG Rechtsgrundlage für den Entschädigungsanspruch.

Der Vorhabenträger kann nach § 49 Abs. 6 VwVfG mit Verweisung auf § 48 Abs. 3 S. 3 bis 5 VwVfG, auf Antrag Entschädigung des Vermögensnachteils verlangen[324], den er dadurch erleidet, daß er auf den Bestand der Baugenehmigung vertraut hat (sog. negative Interesse), soweit sein Vertrauen schutzwürdig ist. Dieses Vertrauen dürfte in der Regel nur dann nicht schutzwürdig sein, wenn der vorhabenbezogene Bebauungsplan bzw. die Vorhaben- und Erschließungsplansatzung und somit die Baugenehmigung wegen Nichteinhaltung der Frist

---

[322] Vgl. *Schenke*, DVBl. 1989, S. 433 ff.. A.A. die wohl h. M., nach der die spätere Änderung der Rechts- und Sachlage nach Vornahme des Verwaltungsakts, selbst wenn sie zur Rechtswidrigkeit der Aufrechterhaltung des Verwaltungsakts führt, nichts an der Einschlägigkeit des § 49 VwVfG ändert. Siehe z. B. *Achterberg*, Allgemeines Verwaltungsrecht, § 23 Rdnr. 74; *Domnach*, DÖV 1981, S. 122 (124); *Erichsen*, in: Erichsen/Martens, Allgemeines Verwaltungsrecht, § 17 Abs.2 S. 252 f.; *Kopp*, VwVfG, § 48 Rdnrn.7, 24, 25; a. A. in der Literatur *K. Lange*, WiVerw. 1979, 15 (16); *ders.*, Jura 1980, S. 456 (460); in der Rechtsprechung ferner *BVerwG*, ZBR 1983, S. 35 (36); *OVG-Münster*, NVwZ-RR 1988, S. 1 f.; ebenso vor Inkrafttreten des VwVfG auch *Forsthoff*, Lehrbuch des Verwaltungsrechts, Bd.1, S. 264; *Haueisen*, NJW 1956, S. 201 (202) und *ders.*, NJW 1960, S. 1881 (1884); *ders.*, DÖV 1961, S. 121 (125).

[323] Vgl. hierzu näher *Schenke*, DVBl. 1989, S. 433 ff. sowie *Schenke/Baumeister*, JuS 1991, S. 547 ff..

[324] Ausgenommen hiervon ist eine Entschädigung für immaterielle Schäden (§ 49 VI), so zutreffend *Schenke*, DÖV 1983, S. 320 (327); eine Entschädigung diesbezüglich kann aber unter dem Gesichtspunkt der Aufopferung geboten sein, vgl. *Kopp*, VwGO, Rdnr. 61 zu § 40 mwN; a. A. zB. *BGHZ* 78, S. 45; *BGHZ* 111, S. 355; NJW 1994, S. 1468; *Rinne*, DVBl. 1993, S.869 (872).

durch den Vorhabenträger aufgehoben wird, da dieser seine Pflicht zur zeitgerechten Herstellung des Bauvorhabens kennt[325].

Die Entschädigung des Vermögensnachteils umfasst beispielsweise Aufwendungen für Anschaffungen oder Planungen, die er im Vertrauen auf den Bestand der Baugenehmigung gemacht hat und die durch die Aufhebung des Verwaltungsaktes wertlos geworden sind[326]. Nicht ersetzt bekommt der Vorhabenträger das Erfüllungsinteresse (sog. positives Interesse), nach dem er so zu stellen wäre, wie er stehen würde, wenn die Baugenehmigung aufrecht erhalten worden wäre[327].

Hat der Vorhabenträger aber von der Baugenehmigung bereits Gebrauch gemacht, d. h. mit dem Bau begonnen, so scheidet ein Widerruf aufgrund von § 49 Abs. 2 S. 1 Nr. 4 VwVfG aus, mit der Folge, daß der Vorhabenträger hieraus keinen Entschädigungsanspruch gegen die Gemeinde hat.

Probleme bereitet der Ersatz der Planungskosten aus § 49 VwVfG auch dann, wenn noch keine Baugenehmigung ergangen ist und der Vorhabenträger im berechtigten Vertrauen auf den Durchführungsvertrag und den vorhabenbezogenen Bebauungsplan bzw. die Satzung über den Vorhaben- und Erschließungsplan Aufwendungen gemacht hat. Ein Anspruch aus § 49 Abs. 6 VwVfG ist mangels Vorliegen einer Baugenehmigung und somit mangels Widerrufbarkeit eines Verwaltungsaktes ausgeschlossen.

3. Widerrufbarkeit einer Baugenehmigung aufgrund einer später erlassenen Veränderungssperre durch die Gemeinde

Wird von der Gemeinde eine Veränderungssperre erlassen[328], so stellt sich die Frage, inwieweit die Möglichkeit besteht, eine Baugenehmigung in Hinblick auf eine Veränderungssperrre zu widerrufen.

Durch den späteren Erlaß einer Veränderungssperre wird die Wirksamkeit einer Baugenehmigung nicht berührt. Dies wird durch § 14 Abs. 3 BauGB klargestellt, der besagt, daß eine Veränderungssperre, die nach Erlaß einer baurechtlichen Genehmigung in Kraft tritt, keine Bedeutung für die baurechtliche Genehmigung

---

[325] Vgl. *Birk*, Die neuen städtebaulichen Verträge, Rdnr. 430.
[326] *W. Klappstein,* in: Knack, VwVfG, § 48 Rdnr. 9.2.3., S.722; *Kopp*, § 48 VwVfG, Rdnr. 89; *Obermayer*, VwVfG, § 48 Rdnr. 119 (S. 747); *Ule/Laubinger*, Verwaltungsverfahrensrecht, § 62 II 3 c). Siehe zur Berechnung des Vertrauensschadens auch *OLG Hamm*, NVwZ 1990, S. 694.
[327] *Obermayer*, VwVfG, § 48 Rdnr. 119 (S. 747); im Ergebnis ebenso *Kopp*, VwVfG, § 48, Rdnr. 89; *W. Klappstein,* in: Knack, VwVfG, § 48 Rdnr. 9.2.3. (S. 722).
[328] Nach Ansicht *Hambergers*, Der VEP, S. 194 ff., ist der Erlaß einer Veränderungssperre möglich.

besitzt, vor allem deren Rechtswirksamkeit, aber auch ihre Rechtmäßigkeit nicht in Frage stellt[329].

Die Frage, ob der Erlaß einer Veränderungssperre möglicherweise die Aufhebung dieses Bescheids rechtfertigt, ist damit aber noch nicht beantwortet[330]. Eine Aufhebung kommt hier nur nach § 49 Abs. 2 S. 1 Nr. 4 VwVfG (Widerruf eines rechtmäßigen Verwaltungsaktes) in Betracht, da die Veränderungssperre den vorher erfolgten Erlaß einer Baugenehmigung nicht rechtswidrig macht.

Da ein Widerruf der Baugenehmigung gemäß § 49 Abs. 2 S. 1 Nr. 4 VwVfG aber ausscheidet, wenn von der Baugenehmigung Gebrauch gemacht wurde, also mit dem Bau begonnen worden ist, wird diese Frage meist nicht relevant. Anders verhält es sich indessen vor Baubeginn. Entscheidend ist dann, ob § 14 Abs. 3 BauGB als lex specialis gegenüber § 49 Abs. 2 S. 1 Nr. 4 VwVfG einen Widerruf ausschließt oder ob § 14 Abs. 3 BauGB die Frage der Aufhebbarkeit einer Baugenehmigung nicht (auch nicht konkludent) regelt, also lediglich die Rechtswirksamkeit bzw. Rechtmäßigkeit solcher, vor Erlaß der Veränderungssperre ergangener Bescheide zum Gegenstand hat[331].

---

[329] Lange umstritten war, inwieweit dies auch für einen Bauvorbescheid gilt. Inzwischen ist aber durch die höchstrichterliche Rechtsprechung anerkannt (Vgl. *BVerwGE* 69, S. 1 ff.; vgl. auch die ganz herrschende Meinung: *Bielenberg*, in: Ernst/Zinkahn/Bielenberg, BauGB, § 14 Rdnr. 65; *Brügelmann/Grauvogel*, BauGB, § 14 Anm. 5; *Degenhart*, DVBl. 1981, S. 994; *Gaentzsch*, BauGB, § 14 Rdnr. 10; *Gailus*, NVwZ 1990, S. 536 (537); *Krautzberger*, in: Battis/Krautzberger/Löhr, BauGB § 14 Rdnr. 21; *Lemmel*, in: Berliner Kommentar zum BauGB, § 14 Rdrn. 23; *Ortloff*, NVwZ 1983, S. 705; *Schmaltz*, in: Schrödter, BauGB, § 14 Rdnr. 25; *OVG Lüneburg*, NVwZ 1990, S. 685; *OVG Münster*, BRS 38 Nr.110; a. A. noch *BGHZ* 73, S.161 (167 f.); *BVerwG*, BBauBl. 1966, S. 321(322). Als Genehmigung i. S. des § 14 Abs. 3 BauGB ist auch eine Teilbaugenehmigung anzusehen, vgl. *BGH*, NVwZ 1983, S. 500 (501).) daß § 14 Abs. 3 BauGB dort ebenfalls Anwendung findet, wo das Landrecht einen Bauvorbescheid vorsieht, der als vorweggenommener Teil der Baugenehmigung die bebauungsrechtliche Zulässigkeit eines Vorhabens feststellt (sog. Bebauungsgenehmigung). Zu beachten ist, daß die Rechtslage in einzelnen Bundesländern anders ist, vgl. z. B. § 71 Abs. 1 S. 2 HBGBauO, da der Bauvorbescheid wie eine Zusage einer Baugenehmigung behandelt wird; siehe hierzu *J.Mann*, Das gestufte Verwaltungsverfahren im Baurecht, S. 54 ff.; *Gailus*, NVwZ 1990, S. 536.

[330] Für die Anwendbarkeit nach § 49 Abs. 2 Nr. 4 LVwVfG *Dürr*, JuS 1984, S. 770 (774); *Gaentzsch*, BauGB, § 14, Rdnr. 10; *Krautzberger*, in: Battis/Krautzberger/Löhr, BauGB,§ 14 Rdnr. 21; *Lemmel*, in: Berliner Kommentar zum BauGB,§ 14 Rdnr. 21; *Schmaltz*, in: Schrödter, BauGB, § 14 Rdnr. 23; *Weidemann*, BauR, S. 9 ff.; a. A. *Bielenberg*, in: Ernst/Zinkahn/Bielenberg, BauGB, § 14 Rdnr. 61; *Brügelmann/Grauvogel*, BauGB, § 14 Rdnr. 116; *Gailus*, NVwZ 1990, S. 536 (537); *Oldiges*, in: Steiner (Hrsg.), Besonderes Verwaltungsrecht, IV, Rdnr. 244 a; *Ortloff*, NVwZ 1983, S. 705 (708 f.); *Sachs*, in: Stelkens/Bonk/Sachs, VwVfG, § 49 Rdnr. 37, *Stelkens*, ZfBR 1980, S. 119 (123); *VG Arnsberg*, NVwZ 1990, S. 592.

[331] Siehe eingehend zu dieser Problematik, *Schenke*, WiVerw 1994, S. 253 (275 ff.).

Im Ergebnis spricht mehr dafür, daß § 14 Abs. 3 BauGB als lex specialis gegenüber § 49 Abs. 2 S. 1 Nr. 4 VwVfG einen Widerruf ausschließt[332].

4. Ergebnis

Der Vorhabenträger bekommt, soweit noch keine Baugenehmigung erlassen wurde, mangels Widerrufbarkeit eines Verwaltungsaktes, keinen Ersatz der Planungskosten aus § 49 Abs. 6 S. 1 VwVfG. Hat er nach Erteilung der Baugenehmigung mit dem Bauvorhaben begonnen so ist ein Widerruf aufgrund von § 49 Abs. 2 S. 1 Nr. 4 VwVfG ausgeschlossen, mit der Folge, daß hieraus gleichfalls kein Entschädigungsanspruch entstehen kann. In den sonstigen Fällen ist - bei Voliegen der Voraussetzungen - ein Entschädigungsanspruch bei Widerruf der Baugenehmigung aus § 49 Abs. 6 S. 1 VwVfG möglich.

X. Plangewährleistungsansprüche

1. Einführung

Die Schaffung von Plangewährleistungsansprüchen erfolgte für die Fälle, in denen die Bauleitplanung zuungunsten des Bauwilligen geändert wird. Der Vorhabenträger kann gegen die Gemeinde bei Änderung der Bauleitplanung möglicherweise Plangewährleistungsansprüche geltend machen. Zu denken ist hier insbesondere an § 39 BauGB und an § 42 BauGB. Diese Plangewährleistungsansprüche sind bei der hier behandelten Fallkonstellation auch nicht ausgeschlossen. Der Ausschluß des Planungsentschädigungsrechts (§§ 39 - 45) in § 12 Abs. 3 S. 2 HS 2 BauGB, bezieht sich nämlich nur auf die Nutzungsänderung bei Aufstellung oder Änderung eines Vorhaben- und Erschließungsplans einschließlich seiner Aufhebung nach Abs. 6 BauGB, nicht jedoch auf spätere Änderungen der vereinbarten Nutzung außerhalb des Verfahrens nach § 12 BauGB[333].

Nach § 39 BauGB wird der Vertrauensschaden ersetzt, also die Aufwendungen, die im berechtigten Vertrauen auf den Bestand eines Bebauungsplans gemacht wurden und die infolge Änderung, Ergänzung oder Aufhebung des Bebauungsplans an Wert verlieren. Im Gegensatz dazu, entschädigt § 42 BauGB den minderen Wert des Grundstücks, der durch Änderung der gemeindlichen Planungsabsicht enstanden ist.

Zunächst erfolgt die Prüfung eines Entschädigungsanspruchs des Vorhabenträgers gegen die Gemeinde aus § 39 BauGB bzw. aus § 39 BauGB analog. Dann erfolgt

---

[332] Vgl. hierzu die einleuchtenden Argumente von *Schenke*, WiVerw 1994, S. 253 (275 ff.).
[333] *Krautzberger*, in: Battis/Krautzberger/Löhr, BauGB, § 12 Rdnr. 31.

die Prüfung der Anwendbarkeit von § 39 BauGB auf den auflassungsvormerkungsberechtigten Vorhabenträger. Anschließend wird ein möglicher Anspruch des Vorhabenträgers aus § 42 BauGB geprüft.

2. Entschädigungsanspruch aus § 39 BauGB direkt

§ 39 BauGB kann nicht als Rechtsgrundlage für Entschädigungen aufgrund von rechtswidrigen Maßnahmen herangezogen werden, sondern nur bei Vorliegen einer rechtmäßigen Handlung[334]. Da die Gemeinde aufgrund ihrer Planungshoheit rechtmäßig handelt wenn sie den Bebauungsplan ändert, ergänzt oder aufhebt bzw. einen neuen Bebauungsplan erläßt, steht der Anwendbarkeit von § 39 BauGB nichts entgegen, sofern der Bebauungsplan nicht aufgrund eines Abwägungsfehlers rechtswidrig ist und dieser Fehler nicht nach § 214 ff. BauGB geheilt wurde.

§ 39 BauGB gewährt dem Eigentümer oder den in Ausübung ihrer Nutzungsrechte sonstigen Nutzungsberechtigten, die im berechtigten Vertrauen auf den Bestand eines rechtsverbindlichen Bebauungsplans Vorbereitungen für die Verwirklichung von Nutzungsmöglichkeiten getroffen haben, die sich aus dem Bebauungsplan ergeben, eine angemessene Entschädigung in Geld, soweit die Aufwendungen durch die Änderung, Ergänzung oder Aufhebung des Bebauungsplans an Wert verlieren.

Während § 39 BauGB als Entschädigungsnorm durch die Übernahme des Vorhaben- und Erschließungsplans in § 12 BauGB zum 1.1.98 bei Änderung der Bauleitplanung nun anwendbar ist, bleibt die Anwendbarkeit von § 39 BauGB bei den „Altfällen" weiterhin problematisch. Gemäß § 233 Abs. 1 S. 1 BauGB n. F., werden Verfahren, die nach diesem Gesetz, vor dem Inkrafttreten einer Gesetzesänderung förmlich eingeleitet worden sind, nach den bisher geltenden Rechtsvorschriften abgeschlossen. § 243 Abs. 1 BauGB bestimmt, daß § 233 BauGB auf Verfahren, Pläne, Satzungen und Entscheidungen, die auf der Grundlage des Maßnahmengesetzes zum Baugesetzbuch eingeleitet, in Kraft oder wirksam geworden sind, entsprechend anzuwenden ist. Aus § 233 Abs. 1 S. 1 BauGB i. V. m. § 243 Abs. 1 BauGB ergibt sich somit, daß Verfahren nach § 7 BauGB-MaßnG, die vor dem 1.1.1998 - dem Inkrafttreten der Baurechtsnovelle - eingeleitet wurden, nach den bisher geltenden Rechtsvorschriften abgeschlossen werden, also aufgrund der Normen des BauGB-MaßnG. Macht die Gemeinde daher von ihrem Recht aus § 7 Abs. 7 BauGB-MaßnG Gebrauch und stellt nach Erlaß der Satzung über den Vorhaben- und Erschließungsplan einen Bebauungsplan auf, der die Satzung außer Kraft setzt, scheidet die Entschädigungsnorm des § 39 BauGB vom Wortlaut her für Aufwendungen, die durch diese Änderung an Wert

---

[334] *Bielenberg*, in: Ernst/Zinkahn/Bielenberg, Vorb. §§ 39 - 44 BauGB, S. 74, Rdnr. 80.

verlieren, aus. Der Vorhabenträger hat bei diesen „Altfällen“ nämlich auf den Bestand der Vorhaben- und Erschließungsplansatzung vertraut und nicht auf den Bestand eines Bebauungsplans, wie es Voraussetzung für einen Entschädigungsanspruch nach § 39 BauGB ist. Aus dem gleichen Grund scheidet ein Entschädigungsanspruch für Aufwendungen aus, die infolge der Änderung bzw. Ergänzung der Vorhaben- und Erschließungsplansatzung an Wert verlieren, § 7 Abs. 6 BauGB-MaßnG.

3. Entschädigunganspruch aus § 39 BauGB analog

a) Einführung

Für die „Altfälle“ ist ein Entschädigungsanspruch des Vorhabenträgers gegen die Gemeinde aufgrund von § 39 BauGB analog zu erwägen. Zwingende Voraussetzung für eine Analogiebegründung ist das Vorliegen einer Regelungslücke sowie die Vergleichbarkeit der Interessenlage.

Eine Regelungslücke ist gegeben, da § 39 BauGB bei den Altfällen - mangels Vertrauen in einen Bebauungsplan - nicht einschlägig ist. Der Vorhabenträger bekommt seine Planungskosten aus anderen Ansprüchen - wie bereits erörtert wurde - ohne zusätzliche Pflichtverletzungen durch die Gemeinde oder deren Vertreter nicht ersetzt. Falls noch keine Baugenehmigung ergangen ist, scheidet ebenfalls ein Entschädigungsanspruch gemäß § 49 Abs. 6 S. 1 VwVfG aus.

Zudem ist die Vergleichbarkeit der Interessenlage gegeben. Der Vorhabenträger, der Aufwendungen im berechtigten Vertrauen auf den Bestand einer Vorhaben- und Erschließungsplansatzung gemacht hat, die durch Aufhebung, bzw. Änderung oder Ergänzung der Satzung an Wert verlieren, ist genauso schutzwürdig wie derjenige, der auf einen Bebauungsplan vertraut hat. In der Regel ist er noch schutzwürdiger, da zusätzlich ein städtebaulicher Vertrag, nämlich der Durchführungsvertrag zwischen ihm und der Gemeinde, abgeschlossen wurde.

b) Der Meinungsstand

Zu der Frage, ob die Plangewährleistungsansprüche und insbesondere § 39 BauGB im Falle der Änderung der gemeindlichen Bauleitplanung bei Projekten aufgrund des Vorhaben- und Erschließungsplans nach § 7 BauGB-MaßnG Anwendung finden, war bis zur Übernahme des Vorhaben- und Erschließungsplans in § 12 BauGB bisher nur vereinzelt Stellung bezogen worden. Da die Frage der Anwendbarkeit von § 39 BauGB bei Aufhebung der Vorhaben- und Erschließungsplansatzung durch die nachträgliche Aufstellung eines Bebauungsplans (§ 7 Abs. 7 BauGB-MaßnG), trotz Baurechtsnovelle bei diesen „Altfällen“ immer noch problematisch und somit noch aktuell ist (das gleiche gilt für die Änderung oder Ergänzung der Satzung, § 7 Abs. 6 BauGB-MaßnG), soll der hierzu entflammte Meinungsstreit kurz dargestellt werden:

Die *überwiegende Meinung im Schriftum*[335] war für die (analoge) Anwendung von § 39 BauGB in vorliegender Fallkonstellation. So sollte, wenn die Gemeinde die Satzung aus anderen Gründen - also nicht wegen Zweckverfehlung des Vorhabenträgers aufhebt - für § 7 Abs. 5 S. 3 BauGB-MaßnG, der Ansprüche des Investors gegen die Gemeinde ausschließt[336], kein Raum sein, da diese Sonderregelung ausschließlich für die in § 7 Abs. 5 S. 1 und 2 BauGB-MaßnG bezeichneten Fälle - Nichteinhaltung der Frist, unbefugter Vorhabenträgerwechsel - gelte. In § 7 BauGB-MaßnG sollte daher bestimmt werden[337], daß die Satzung über den Vorhaben- und Erschließungsplan für die Anwendung des Planungsschadensrechts als Bebauungsplan gilt bzw. die §§ 39 bis 44 BauGB und § 246 a Abs. 2 Nr. 9 BauGB[338] entsprechend Anwendung finden.

Reidt[339] sprach sich gegen die Anwendung von § 39 BauGB aus. Dieser stellte zunächst fest, daß dem Vorhabenträger wegen der Regelung des § 7 Abs. 5 S. 3 BauGB-MaßnG keine Entschädigungsansprüche erwachsen, wenn das Vorhaben entgegen der vertraglich vereinbarten Verpflichtung nicht fristgerecht realisiert wird oder weil der Vorhabenträger wechselt. Weiterhin erläuterte er, daß sich aus § 7 Abs. 2 Satz 1 BauGB-MaßnG i. V. m. § 1 Abs. 3 u. 4 BauGB ergibt und durch § 7 Abs. 6 BauGB-MaßnG bestätigt wird, daß eine Plansatzung auch dann aufgehoben werden kann, wenn die Voraussetzungen des § 7 Abs. 5 S. 1, 2 BauGB-MaßnG nicht vorliegen - also beispielsweise bei Überplanung durch einen Bebauungsplan. *Reidt* stellte fest, daß dem Vorhabenträger in diesem Fall Planungsschadensansprüche aus § 42 BauGB zustehen, da eine zulässige bauliche Nutzung aufgehoben wird. Die §§ 39 ff. BauGB würden dagegen ausscheiden, da

---

[335] *Krautzberger,* in: Battis/Krautzberger/Löhr, BauGB, § 7 BauGB-MaßnG, Rdnr. 154; *Krautzberger,* in: Ernst/Zinkahn/Bielenberg, § 7 BauGB-MaßnG, Rdnr. 154; *Hoppe,* in: Hoppe/Grotefels, Öffentliches Baurecht, Rdnr. 186; *Runkel,* in: Das neue Bundesbaurecht, S. 27 (49). *Söfker*, ZfBR 1992, S. 149 (154) vertritt die gleiche Ansicht ausgehend von dem Entschädigungsausschluß des § 55 Abs. 5 S. 4 BauZVO, der § 7 Abs. 5 S. 3 BauGB-MaßnG entspricht. *Birk* (in: FS Weyreuther, S. 213 (231 f.) hat seine zunächst ablehnende Haltung gegenüber Entschädigungsansprüchen in dieser Fallkonstellation vollständig aufgegeben und sich (in: Die neuen städtebaulichen Verträge, Rdnr. 422) der Ansicht *Krautzbergers* (s. o.) angeschlossen.

[336] Zu beachten ist allerdings, daß nur die Vermögenseinbußen, die allein und unmittelbar auf der Satzungsaufhebung beruhen, von eine etwaigen Ersatzpflicht ausgeschlossen werden. Die Kausalität zwischen Satzungsaufhebung und Schadensersatz- und Entschädigungsansprüchen muß daher stets beachtet werden, *Jäde*, Der Vorhaben- und Erschließungsplan, Rdnr. 224.

[337] *Bielenberg*, ZfBR 1996, S. 1 (13 f.).

[338] § 246 a: Überleitungsregelungen aus Anlaß der Einheit Deutschlands (Abs. 2 Nr. 9 = Vertrauensschaden) infolge der Baurechtsnovelle 1998 weggefallen.

[339] *Reidt*, BauR 1995, S. 788 ff.

sich diese auf die Änderung oder Aufhebung eines Bebauungsplans beziehen. Aufgrund des Wortlautes von § 39 BauGB und aufgrund der Tatsache, daß in § 7 BauGB-MaßnG ein umfassender Verweis auf die Vorschriften des Planungsschadensrechts fehlt, komme eine unmittelbare Anwendung der Vorschriften nicht in Betracht.

Eine analoge Anwendung des § 39 BauGB lehnte *Reidt* mit der Begründung ab, daß § 42 BauGB anwendbar sei und somit keine Regelungslücke vorläge, die eine analoge Anwendung der weiteren Vorschriften des Planungsschadensrechts rechtfertigen könnte. Hierbei verkannte *Reidt*, daß die Rechtsfolgen von § 39 BauGB und § 42 BauGB unterschiedlich sind. § 42 BauGB ersetzt nur den Schaden, der durch die Minderung des Grundstücks aufgrund der Bebauungsplanänderung eingetreten ist. Ersatz des Vertrauensschaden für erbrachte Aufwendungen wird aber nur durch § 39 BauGB gewährt. Die erfolglos aufgewendeten Planungskosten bekommt der Vorhabenträger daher nur bei einer analogen Anwendung des § 39 BauGB ersetzt.

Jäde äußerte sich in bezug auf die Anwendbarkeit von § 39 BauGB lediglich dazu, ob der Vorhabenträger einen Entschädigungsanspruch nach § 39 ff. BauGB geltend machen kann, wenn die Satzung über den Vorhaben- und Erschließungsplan nur aus dem Grund aufgehoben wird, um den Rechtsschein einer nichtigen Satzung zu beseitigen[340]. Der Gesetzgeber fordere auch für die Beseitigung des Rechtsscheins einer nichtigen Satzung, daß ein förmliches Aufhebungsverfahren erfolgt. Dies ergäbe sich daraus, daß nach § 7 Abs. 6 HS 1 BauGB-MaßnG die Vorschriften über die Aufstellung der Satzung über den Vorhaben- und Erschließungsplan auch für ihre Änderung, Ergänzung oder Aufhebung gelten. Die Vorschrift entspreche § 2 Abs. 4 BauGB. Der Gesetzgeber wolle nicht, daß diese Nichtigkeit der Satzung auf andere (und einfachere) Weise (deklaratorisch) durch die Gemeinde festgestellt werden könnte[341]. Wird die Satzung über den Vorhaben- und Erschließungsplan aufgehoben, um den Rechtsschein einer nichtigen Satzung zu beseitigen oder falls es sich nachträglich herausstellt, daß die aufgehobene Satzung nichtig gewesen ist, so entnimmt *Jäde* aus § 39 BauGB einen allgemeinen Rechtsgedanken dahingehend, daß ein Planungsschadensersatzanspruch bestehen kann, der allein auf das negative Interesse abzielt. Das heißt, der Vorhabenträger ist so zu stellen, wie wenn es die nichtige Satzung nicht gegeben hätte. Einen Planungsschadensersatzanspruch, der auf ein darüber hinausgehendes positives Interesse abzielt, mit der Folge, daß der Vorhabenträger so gestellt wird als ob die Satzung gültig gewesen sei, gibt dieser Rechtsgedanke nach An-

---

[340] *Jäde*, Der Vorhaben- und Erschließungsplan, Rdnr. 223.

[341] Siehe hierzu auch *BVerwG*, Urt. v. 21.11.1986 - 4 C 22.83 -, BauR 1987, S. 179 = BBauBl. 1987, S. 245 = BayVBl. 1987, S. 310 = NJW 1987, S. 1344 = DVBl. 1987, S. 481 = UPR 1987, S. 186 = BRS 46 Nr.3; 4 C 60.84 -, BayVBl. 1987, S. 311 = UPR 1987, S.188 = BRS 46 Nr. 4; Beschl. v. 12.12.1990 - 4 B 143.90-, NVwZ - RR 1991, S. 524; zur Kritik siehe *Jäde*, BayVBl. 1988, S. 5;

sicht *Jädes* gerade nicht her[342]. Vertraglich begründete Garantiepflichten blieben hiervon jedoch unberührt. Somit kann der Investor nach dieser Auffassung bei Aufhebung einer nichtigen Vorhaben- und Erschließungsplansatzung Ersatz seiner wertlos gewordenen Aufwendungen gemäß § 39 BauGB verlangen, nicht aber den entgangenen Gewinn.

c) Stellungnahme

Ein Vergleich des Vertrauens auf einen rechtsverbindlichen Bebauungsplan und des Vertrauens auf die Satzung über den Vorhaben- und Erschließungsplan ergibt, daß § 39 BauGB für die „Altfälle" analog anwendbar sein muß. Zwar tritt bei einem Vorhaben- und Erschließungsplan der Vorhabenträger an die Gemeinde heran, bei einem Bebauungsplan dagegen handelt es sich um eine Angebotsplanung der Gemeinde. Sowohl der Bebauungsplan als auch die Vorhaben- und Erschließungsplansatzung sind jedoch Satzungen, die vom Gemeinderat nach erfolgter Abwägung erlassen werden, um Baurechte zu schaffen. Das Vertrauen auf die Vorhaben- und Erschließungsplansatzung ist also gleich zu bewerten wie das Vertrauen auf einen Bebauungsplan.

Das Vertrauen auf die Beständigkeit des Vorhaben- und Erschließungsplans ist durch die vertragliche Bindung der Gemeinde im Durchführungsvertrag sogar noch verstärkt vorhanden. Der „erst-recht" Schluß begründet ein berechtigtes Vertrauen des Investors auf die Satzung über den Vorhaben- und Erschließungsplan, mit der Folge der analogen Anwendung von § 39 BauGB auf diese Fallkonstellation. Der Annahme einer Analogie steht nicht der Wortlaut von § 39 BauGB entgegen, da das argumentum e contrario nach allgemeinen methodologischen Grundsätzen nur vorsichtig gehandhabt werden darf[343]. Außerdem existiert der Vorhaben- und Erschließungsplan erst seit 1990 und war bei der Schaffung des § 39 BauGB unbekannt.

Für eine Analogie sprechen zudem systematische Gründe. Wird die Plansatzung über den Vorhaben- und Erschließungsplan wegen Nichteinhaltung der Frist durch den Vorhabenträger aufgehoben (§ 7 Abs. 5 S. 1 BauGB-MaßnG), so bestimmt § 7 Abs. 5 S. 3 BauGB-MaßnG, daß der Vorhabenträger aus der Aufhebung der Satzung keine Ansprüche gegen die Gemeinde geltend machen kann. Das heißt, die Plangewährleistungsansprüche gemäß § 39 ff. BauGB sind ausgeschlossen[344]. Ebenso verhält es sich bei Aufhebung der Satzung wegen unbefugten Wechsels des Vorhabenträgers, § 7 Abs. 5 S. 2 BauGB-MaßnG. Auch hier

---

[342] Vgl. zu § 39 BauGB (bzw. der Vorgängerregelung § 39 j BBauG) *BGH*, Urt. v. 24.6.1983 - III ZR 169/80 - , *BGHZ* 84, S. 292 = NJW 1983, S. 215 = BauR 1982, S. 457; a.A: *Lenz*, BauR 1981, S. 215.

[343] *Schenke*, WiVerw 1990, S. 226 (247).

[344] *Krautzberger*, in: Battis/Krautzberger/Löhr, § 7 BauGB-MaßnG, Rdnr. 153.

schließt § 7 Abs. 5 S. 3 BauGB-MaßnG Ansprüche nach § 39 ff. BauGB aus. § 7 Abs. 7 S.1 BauGB-MaßnG, der regelt, daß die Aufstellung eines Bebauungsplans unberührt bleibt, verweist jedoch nicht auf die Ausschlußregelung des § 7 Abs. 5 S. 3 BauGB-MaßnG. Aus dem Umkehrschluß ergibt sich somit, daß bei dieser Konstellation die gesamte Palette der Plangewährleistungsansprüche, also auch § 39 BauGB, anwendbar sein muß.

Ferner sprechen teleologische Gründe für die Anwendbarkeit des § 39 BauGB im Fall der Aufstellung eines Bebauungsplans nach § 7 Abs. 7 BauGB-MaßnG. Bei der Aufhebung der Vorhaben- und Erschließungsplansatzung nach § 7 Abs. 5 S. 1 und S. 2 BauGB-MaßnG liegen die Gründe für die Aufhebung der Satzung in der Sphäre des Vorhabenträgers. Ein Ausschluß der Plangewährleistungsansprüche ist somit gerechtfertigt. Ganz anders verhält es sich bei der Aufhebung der Satzung durch die Aufstellung eines Bebauungsplans (§ 7 Abs. 7 BauGB-MaßnG i. V. m. § 7 Abs. 3 S. 8 BauGB-MaßnG (in entsprechender Anwendung)). Die Gemeinde stellt wegen einer veränderten Planungskonzeption aufgrund ihrer Planungshoheit einen Bebauungsplan auf, dessen Festsetzungen von denen der Vorhaben- und Erschließungsplansatzung abweichen und die vom Vorhabenträger in Vorbereitung für die Verwirklichung der Nutzungsmöglichkeit gemachten Aufwendungen an Wert verlieren. Der Vorhabenträger erleidet hierdurch einen (hohen) Schaden, der durch eine Handlung verursacht wurde, die er nicht zu vertreten hat. Ein Vergleich mit den ersten beiden Fallkonstellationen zeigt daher, daß die Plangewährleistungsansprüche, insbesondere § 39 BauGB, anwendbar sein müssen. Dies entspricht auch dem Sinn und Zweck des § 39 BauGB, nämlich bei einer vom Bauherrn nicht zu vertretenen Änderung und Aufhebung der zuvor eingräumten Nutzungsmöglichkeit, den daraus entstanden Schaden zu ersetzen. Würde § 39 BauGB hier keine (analoge) Anwendung finden, so bekäme der Vorhabenträger - wie sich bei der Prüfung der Ansprüche gezeigt hat - ohne zusätzliche Pflichtverletzung durch die Gemeinde keinen Ersatz seiner Planungskosten. Dies ist ein unbilliges und untragbares Ergebnis, da hier der Vorhabenträger aus Gründen, die bei der Gemeinde liegen, einen Schaden erleidet. Die analoge Anwendung des § 39 BauGB bei berechtigtem Vertrauen auf die Vorhaben- und Erschließungsplansatzung ist somit zu befürworten.

Ebenfalls sprechen historische Gründe für die Anwendbarkeit von § 39 BauGB analog. Im Gesetzgebungsverfahren der Novelle 1976 wurde in den Beratungen zwei Fragen besondere Bedeutung zugemessen. So wurde darauf hingewiesen, daß nach § 39 j BBauG - dem Vorgänger von § 39 BauGB - auch diejenigen Vorbereitungen und Maßnahmen geschützt werden sollten, die ein Eigentümer zur Finanzierung des Bauvorhabens getätigt hat und die wegen der Bebauungsplanänderung an Wert verloren haben. Aufwendungen aufgrund von Vorbereitungen (einschließlich konkreter Maßnahmen) zur Verwirklichung des Bebaungsplans, die durch die Änderung, Ergänzung oder Aufhebung des Bebauungsplans an Wert verloren haben, sollten erstattet werden. § 39 j BBauG wurde somit geschaffen, um die Stellung der Eigentümer und sonstiger Nutzungsberechtigter zu stärken, indem sie vor unvorhersehbaren Entwertungen getroffener Vermögensdispositionen geschützt wurden[345].

Der Gesetzgeber tendierte - letztendlich durch die Übernahme des Vorhaben- und Erschließungsplans in § 12 BauGB als vorhabenbezogenen Bebauungsplan - zunehmend zu einer rechtlichen Angleichung des Vorhaben- und Erschließungsplans an den Bebauungsplan. So muß die Satzung über den Vorhaben- und Erschließungsplan ebenfalls mit einer geordneten städtebaulichen Entwicklung, insbesondere mit § 1 Abs. 3 bis 6 BauGB (Aufgabe, Begriff und Grundsätze der Bauleitplanung) vereinbar sein (§ 7 Abs. 2 S. 1 BauGB-MaßnG). Genau wie bei einem Bebauungsplan kommt bei Erlaß der Vorhaben- und Erschließungsplansatzung dem Abwägungsgebot eine zentrale Rolle zu. Weiterhin ist die Plansatzung wie ein Bebauungsplan aus dem Flächennutzungsplan zu entwickeln (§ 7 Abs. 2 S. 2 BauGB-MaßnG). § 8 Abs. 2 - 4 BauGB (Zweck des Bebauungsplans), § 246 a Abs. 1 Nr. 3 BauGB (Überleitungsregelungen aus Anlaß der Herstellung der Einheit Deutschlands - vorzeitiger Bebauungsplan) und § 1 Abs. 2 BauGB sind entsprechend anzuwenden. Es ist daher erforderlich, daß der Vorhaben- und Erschließungsplan auch im Rechtsfolgenbereich die gleichen Auswirkungen wie ein Bebauungsplan erzielt. Da die §§ 40 - 44 BauGB auf einen Vorhaben- und Erschließungsplan anwendbar sind, wird diesem Erfordernis bereits Rechnung getragen. Es ist aber unbedingt notwendig - nicht zuletzt aufgrund der Ähnlichkeit der Vorhaben- und Ershcließungsplansatzung mit dem Bebauungsplan -, daß der Vorhabenträger erfolglos getätigte Aufwendungen, die er im Vertrauen auf den Vorhaben- und Erschließungsplan gemacht hat, bei Änderung der gemeindlichen Bauleitplanung ersetzt bekommt. Dies rechtfertigt die (analoge) Anwendbarkeit von § 39 BauGB.

Bekäme der Vorhabenträger keinen Ersatz seiner getätigten Aufwendungen nach § 39 BauGB, so würde dies ferner einen Verstoß gegen den Gleichheitsgrundsatz aus Art. 3 GG darstellen. Die Satzung über den Vorhaben- und Erschließungsplan ist wie der Bebauungsplan eine Satzung, die Baurechte schafft. Der Bebauungsplan ermöglicht es hierbei auf einer Gesamtfläche mehrere Vorhaben zu verwirklichen, während der Vorhaben- und Erschließungsplan vorhabenbezogen ist. Gewährt man bei Änderung der gemeindlichen Bauleitplanung demjenigen, der auf den Bestand eines Bebauungsplan vertraut hat, Aufwendungsersatz nach § 39 BauGB und dem Vorhabenträger, der auf die Satzung über den Vorhaben- und Erschließungsplan vertraut hat, keinen Ersatz seiner Aufwendungen, so liegt darin eine Ungleichbehandlung, da ein wesentlich gleicher Sachverhalt rechtlich unterschiedlich behandelt wird. Ein sachlicher Grund für diese Ungleichbehandlung ist nicht ersichtlich. In beiden Fällen wird die Bauleitplanung aufgrund der Planungshoheit der Gemeinden geändert, also aus einem Grund, der nicht in der

[345] *Battis,* in: Battis/Krautzberger/Löhr, Vorb. §§ 39 - 44 BauGB, Rdnr. 4.

Sphäre des Bauherrn liegt. § 39 BauGB muß somit auch bei berechtigtem Vertrauen auf den Bestand einer Vorhaben- und Erschließungsplansatzung Entschädigung gewähren. Nicht zu überzeugen vermag hier die Argumentation im Bericht zur Expertenkommission[346], welche die Nichtanwendbarkeit des § 39 BauGB weiterhin für gerechtfertigt hält, da ein Vorhaben nach § 7 BauGB-MaßnG nicht aufgedrängt werde und die Verfügbarkeit gegeben sei.

Ebenfalls spricht das Ungleichgewicht der Absicherungsmöglichkeiten[347] der Vertragspartner im Durchführungsvertrag dafür, daß der Vorhabenträger einen Entschädigungsanspruch aus § 39 BauGB haben muß, wenn seine erbrachten Aufwendungen aus Gründen, die in der Sphäre der Gemeinde liegen, weil diese ihre Bauleitplanung geändert hat, entwertet werden. Obwohl der Vorhabenträger und die Gemeinde aufgrund des Durchführungsvertrages in einem Gleichordnungs- und nicht in einem Über- und Unterordnungsverhältnis stehen, kann zugunsten der Gemeinde eine Vertragsstrafe vereinbart werden, wenn das Projekt aus Gründen, die beim Vorhabenträger liegen, nicht durchgeführt wird. Im Gegensatz dazu ist die Bindung der Gemeinde im Durchführungsvertrag an eine bestimmte Bauleitplanung unzulässig.

Das entscheidende Argument für die Anwendbarkeit von § 39 BauGB (analog) auf diese „Altfälle" ist, daß durch die Übernahme des Vorhaben- und Erschließungsplans in § 12 BauGB mit Wirkung vom 1.1.1998, § 39 BauGB nun bei Änderung der Bauleitplanung uneingeschränkt anwendbar ist. Um Ungleichbehandlungen zu vermeiden, muß § 39 BauGB analog für die „Altfälle" eingreifen, wenn nach Erlaß der Satzung über den Vorhaben- und Erschließungsplan ein Bebauungsplan aufgestellt wird, der die Satzung außer Kraft setzt, § 7 Abs. 7 i. V. m. Abs. 3 S. 8 BauGB-MaßnG, bzw. die Satzung geändert oder ergänzt wird, § 7 Abs. 6 BauGB-MaßnG, und dadurch Aufwendungen, die der Vorhabenträger getätigt hat, an Wert verlieren.

Eine analoge Anwendung von § 39 BauGB auf diese Fallkonstellation ist daher beim berechtigten Vertrauen auf den Bestand einer Vorhaben- und Erschließungsplansatzung zu befürworten.

d) Berechtigtes Vertrauen des Vorhabenträgers ?

Für einen Anspruch aus § 39 BauGB muß das Tatbestandsmerkmal „berechtigtes Vertrauen" des Vorhabenträgers in den Bestand der Satzung über den Vorhaben- und Erschließungsplan erfüllt sein. Gegen das Vorliegen eines „berechtigten Vertrauens" könnte der Wortlaut von § 7 Abs. 7 BauGB-MaßnG sprechen, der

346 *Bericht der Expertenkommission*, a.a.O., Rdnr. 165.
347 Siehe hierzu die Ausführungen im ersten Teil unter C. II. e.

ausdrücklich die Aufstellung eines Bebauungsplans für möglich erachtet - der Vorhabenträger also mit einer Änderung rechnen muß. Ferner könnte die Planungshoheit der Gemeinde, die regelmäßig ein Verschulden bei Schadensersatzansprüchen ausschließt bzw. bereits keine Pflichtverletzung begründet, gegen ein berechtigtes Vertrauen des Vorhabenträgers sprechen. Diese Einwendungen sind indessen nicht haltbar. Das „berechtigte Vertrauen" auf den Bestand eines Bebauungsplans liegt trotz der Planungshoheit der Gemeinde vor. § 39 BauGB ist ja speziell für den Fall konzipiert, daß der Vertrauensschaden bei Änderung der gemeindlichen Planungshoheit ersetzt wird. Daß der Investor wegen § 7 Abs. 7 BauGB-MaßnG damit rechnen muß, kann nicht zu einem Ausschluß des Anspruchs führen. Bei einem Vorhaben aufgrund eines Bebauungsplans muß ebenfalls wegen der gemeindlichen Planungshoheit mit einer Änderung der Bauleitplanung gerechnet werden. Für solche Fälle ist vorgesehen, daß § 39 BauGB den Vertrauensschaden ersetzt.

Ausgeschlossen ist das berechtigte Vertrauen i. S. d. § 39 BauGB nur dann, wenn die Gemeinde eine Veränderungssperre gemäß § 14 BauGB erlassen hat und zwar ab dem Zeitpunkt, wenn sie beschlossen hat den Bebauungsplan zu ändern und dies dem Bauherrn bekannt ist[348].

e) Rechtsfolge

§ 39 BauGB gewährt eine angemessene Entschädigung für wertlos gewordene Aufwendungen, also insbesondere für Planungskosten, die sich nicht in der Substanz des Grundstücks niedergeschlagen haben.

Zu den *Aufwendungen* nach § 39 S. 1 BauGB zählen alle Vorbereitungshandlungen, die der Verwirklichung der Nutzung, vor allem durch Bebauung, vorausgehen: Also z. B. Bodenuntersuchungen, Grundstücksteilungen und -vermessungen, Bauwerksplanungen zur Erstellung der Antragsunterlagen, hierbei insbesondere Honorare für Architekten, Statiker und Ingenieure. Weiterhin zählen dazu Wirtschaftlichkeitsberechnungen und Aufwendungen für die Baufinanzierung und deren Vorbereitung sowie Bereitstellungszinsen für Baudarlehen[349] und Aufwendungen für ähnliche Vorbereitungshandlungen - kurz gesagt, alle Aufwendungen, die der Realisierung des Projektes dienen. Zu den Aufwendungen, die durch Änderung, Ergänzung oder Aufhebung eines Bebauungsplans an Wert verlieren, zählen aber nicht nur als endgültig anzusehende bereits erbrachte Leistungen,

---

[348] *Schlez*, BBauG, § 39 j BBauG Rdnr. 1.

[349] Diese Frage, ob nach § 39 j BBauG auch diejenigen Vorbereitungen und Maßnahmen geschützt werden sollen, die ein Eigentümer zur Finanzierung des Bauvorhabens getätigt hat und die wegen der Bebauungsplanänderung an Wert verlieren, hat in den Beratungen des 15. BT-Ausschusses (Ausschußbericht, BT-DS. 7.4793, S. 40) des Gesetzgebungsverfahrens der Novelle 1976, eine große Rolle gespielt.

sondern auch bereits rechtsverbindlich eingegangene Verpflichtungen[350]. Nicht zu den Vorbereitungshandlungen und den Aufwendungen gehören jedoch die Vorbereitung für die Beantragung von Befreiungen und die entsprechenden Kosten[351].

Erbrachte Gegenleistungen für den Erwerb des Grundstücks oder für die Einräumung von Nutzungsrechten, wie z. B. von Erbbaurechten, zählen ebenfalls nicht zu den Aufwendungen i. S. d. § 39 BauGB. Entschädigung hierfür gewähren die §§ 40, (41) und 42 BauGB[352].

Die *angemessene Entschädigung* unterscheidet sich vom Schadensersatz dadurch, daß sie gegebenenfalls nicht so weit reicht. Im Gegensatz zum Schadensersatzanspruch, der sämtliche Vermögensnachteile umfasst, auch den entgangenen Gewinn, gewährt der Entschädigungsanspruch nur Ausgleich für den Substanzverlust. Ferner kann die Entschädigung nur in Geld geleistet werden.[353]

f) Ergebnis

Aufgrund des oben Gesagten ist das Vertrauen in eine Vorhaben- und Erschließungsplansatzung genauso schutzwürdig, wie das Vertrauen in einen Bebauungsplan. Da der Vorhabenträger die Aufhebung der Vorhaben- und Erschließungsplansatzung bei Überplanung mit einem Bebauungsplan nicht zu vertreten hat, müssen ihm seine Planungskosten gemäß § 39 BauGB analog ersetzt werden. Das gleiche gilt auch für die Änderung bzw. Ergänzung der Satzung über den Vorhaben- und Erschließungsplan, § 7 Abs. 6 BauGB-MaßnG.

4. Anwendbarkeit des § 39 BauGB auf einen auflassungsvormerkungsberechtigten Vorhabenträger ?

a) Einführung

Im Rahmen des § 39 BauGB ist das nächste hier erörterungsbedürftige und sehr interessante Problem, wie weit der Kreis der nach § 39 BauGB Entschädigungsberechtigten zu ziehen ist, insbesondere ob ein mit einer Vormerkung gesicherter

---

[350] *Hoppe,* in: Hoppe/Grotefels, Öffentliches Baurecht, § 9 Rdnr. 4; *Bielenberg,* in: Ernst/Zinkahn/Bielenberg, § 39 BauGB, Rdnr. 9.

[351] *Bielenberg,* in: Ernst/Zinkahn/Bielenberg, BauGB, § 39 BauGB, Rdnr. 9; *Breuer*, BauGB, § 39, Rdnr. 13; *Pohl*, Bauplanungsrecht, Anm. II; Für Ausnahmen, die der Bebauungsplan vorsieht, ist die Frage der Schutzwürdigkeit von entsprechenden Vorbereitungshandlungen und Aufwendungen umstritten (siehe hierzu im einzelnen: *Bielenberg,* in: Ernst/Zinkahn/Bielenberg, BauGB, § 39 BauGB, Rdnr. 9).

[352] *Bielenberg,* in: Ernst/Zinkahn/Bielenberg, § 39 BauGB, Rdnr. 10.

[353] *Schlez*, BBauG, § 40 BBauG, Rdnr. 12.

Vorhabenträger (vor Übergang von Besitz und Lasten) Anspruchsberechtigter im Sinne des § 39 BauGB ist.

Strittig ist, ob der Grundstückserwerber, der (noch) nicht Eigentümer der zu bebauenden Fläche geworden ist, vergeblich aufgewendete Planungskosten, die er durch Änderung der Bauleitplanung erlitten hat, nach § 39 BauGB ersetzt bekommt, insbesondere wenn er eine dinglich gesicherte Rechtsposition in Form einer Auflassungsvormerkung (§ 883 Abs. 1 BGB) innehat, die der Verkäufer einseitig nicht mehr beseitigen kann. Da der Vorhabenträger nicht zwingend der Eigentümer des zu bebaubaren Grundstücks sein muß, vielmehr ein durch eine Auflassungsvormerkung im Grundbuch gesicherter Übereignunganspruch oder ein eingeräumtes Erbbaurecht ausreichen[354], ist dieser Streit von großer Aktualität.

Zunächst soll der Kreis der Entschädigungsberechtigten nach § 39 BauGB erörtert werden. Insbesondere soll - unter Berücksichtigung des aktuellen Meinungsstandes - der Frage nachgegangen werden, warum ein Grundstückserwerber, zu dessen Gunsten eine Auflassungsvormerkung eingetragen ist, in den Kreis der Entschädigungsberechtigten nach § 39 BauGB einzubeziehen ist, soweit er vor Eigentumsübergang im berechtigten Vertrauen auf den Bestand eines rechtsverbindlichen (vorhabenbezogenen) Bebauungsplans Aufwendungen[355] getätigt hat, die infolge der Änderung, Ergänzung oder Aufhebung des (vorhabenbezogenen) Bebauungsplans wertlos geworden sind. Erster Ansatzpunkt für die Begründung eines Entschädigungsanspruchs des mit einer Auflassungsvormerkung dinglich gesicherten Grundstückserwerbers, ist der Vergleich seiner Rechtsstellung mit der des Eigentümers.

Auch stellt sich die Frage, ob man den mit einer Auflassungsvormerkung gesicherten Grundstückserwerber als „sonstigen Nutzungsberechtigten" anzusehen hat oder aber ob man ihn unter das Tatbestandsmerkmal „Eigentümer" subsumieren kann, mit der Folge, daß ein Entschädigungsanspruch auch bei fehlendem Besitz und fehlender Nutzungsbefugnis zu befürworten ist.

Auch wird der Frage nachgegangen, ob ein Rücktritt seitens des Entschädigungsberechtigten den möglicherweise bestehenden Anspruch ausschließt. Ferner wird erörtert, ob der dinglich gesicherte Optionsberechtigte einen Entschädigungsanspruch aus § 39 BauGB geltend machen kann.

---

[354] *Jäde*, Der Vorhaben- und Erschließungsplan, Rdnr. 42; *Runkel*, Satzung über den VEP, in: Kormann, Das neue Bundesbaurecht, S. 27 (31); *Mustererlaß ARGEBAU*, Rdnr. 7.6.

[355] Siehe zum Umfang der erstattungsfähigen Aufwendungen, *Schenke*, DÖV 1987, S. 45.

b) Der Kreis der Entschädigungsberechtigten nach § 39 BauGB

Als Entschädigungsberechtigte i. S. d. § 39 BauGB kommen neben dem Eigentümer eines Grundstücks, der Kaufinteressent, der schuldrechtlich Berechtigte und der auflassungsvormerkungsberechtigte Käufer in Betracht.

Der *Eigentümer* wird vom Wortlaut des § 39 BauGB erfasst und bedarf daher keiner weiteren Erörterung.

Daß ein *Kaufinteressent* nicht als Entschädigungsberechtigter gemäß § 39 BauGB angesehen werden kann, liegt auf der Hand[356]. Dieser ist nämlich weder Eigentümer, noch ist er Nutzungsberechtigter wie z. B. ein Erbbauberechtigter. Ebensowenig kann der Eigentümer eines Grundstücks, der es einem Kaufinteressenten überläßt, zur Vorbereitung einer Bauvoranfrage von einem Architekten Bauvorlagen anfertigen zu lassen, die dem Kaufinteressenten entstandenen Aufwendungen nach § 39 BauGB entschädigt bekommen[357].

Einigkeit besteht darüber, daß ein lediglich *schuldrechtlich Berechtigter*, wie der Mieter und der Pächter, als Nutzungsberechtigter anzusehen und somit entschädigungsberechtigt ist[358]. Zu bemerken ist aber, daß sich aus dieser obligatorischen Berechtigung nur sehr selten ein Recht auf eine baurechtlich relevante Nutzung ergibt, da diese inhaltlich begrenzt sind[359].

Die Frage, ob der auflassungsvormerkungsberechtigte Käufer in den Kreis der Entschädigungsberechtitgten nach § 39 BauGB mit einzubeziehen ist, soll im folgenden erörtert werden.

c) Die Einbeziehung des Auflassungsvormerkungsberechtigten in § 39 BauGB - Meinungsstand

Anerkannt ist, daß ein Grundstückskäufer bei Grundstücksbesitz einen Anspruch aus § 39 BauGB hat, da er ein „sonstiger Nutzungsberechtigter" im Sinne des § 39 BauGB ist, der in der Lage ist, seine Nutzung auszuüben[360]. Ob ein mit einer Auflassungsvormerkung dinglich gesicherter Grundstückserwerber vor Besitzer-

356 So auch *Gaentzsch*, BauGB, § 39 Rdnr. 12; zustimmend *Schenke*, WiVerw 1990/4, S. 226 (252).

357 *Gaentzsch*, BauGB, § 39 Rdnr. 12.

358 *Battis*, in: Battis/Krautzberger/Löhr, BauGB, § 39 BauGB, Rdnr. 2; *Bielenberg*, in: Ernst/Zinkahn/Bielenberg, § 39 BauGB, Rdnr. 37; *Gaentzsch*, BauGB, § 39 Rdnr. 12; *Schenke*, WiVerw 1990, S. 226 (252); *Schenke*, NVwZ 1991, S. 1052.

359 So zutreffend *Schenke*, WiVerw 1990, S. 226 (252).

360 Vgl. *Bielenberg*, in: Ernst/Zinkahn/Bielenberg, BauGB, § 39 Rdnr. 37; *Schenke*, WiVerw 1990, S. 226 (252).

langung und aktueller Nutzungsberechtigung Entschädigungsberechtigter im Sinne des § 39 BauGB sein kann, ist umstritten.

In der Literaturmeinung haben sich folgende Ansichten herausgebildet:

Gaentzsch[361] vertritt die Ansicht, daß der dinglich gesicherte Grundstückserwerber nicht als Nutzungsberechtigter anzusehen ist und damit nicht zu den Entschädigungsberechtigten zählt, sofern dieser Aufwendungen vor dem Übergang von Besitz, Nutzungen und Lasten getätigt hat.

Birk[362] ist der Auffassung, daß für eine Nutzungsberechtigung nach § 39 j BBauG (= § 39 BauGB) mindestens der mittelbare Besitz erforderlich ist. Als „sonstiger Nutzungsberechtigter" sei anzusehen, wer vom Eigentümer befugt ist, das Grundstück in irgendeiner (grundstückstypischen) Form zu nutzen. Ob hierunter der Auflassungsvormerkungsberechtigte fällt, wird nicht erörtert. Allerdings sieht *Birk*[363] Bauherren der Bauherrenmodelle, die durch notariellen Vertrag ein Anwartschaftsrecht auf Übertragung eines Grundstückes erworben haben und auf dieser Basis über Treuhänder o. a. Baugenehmigungen beantragen, als Nutzungsberechtigte i. S. des § 39 j BBauG an. Diese hätten nämlich vertraglich gesicherte, nach § 313 BGB formgerecht eingeräumte Nutzungsberechtigungen erhalten. Dies geschehe meist durch einen aufgrund Vertrages durchsetzbaren Rechtsanspruches auf Übertragung des konkreten Grundstücks.

Birk hält allerdings keine Nutzungsberechtigung für gegeben, wenn der Grundstückseigentümer, ohne sein Grundstück zu veräußern und ohne den Besitz zu übertragen, einem Bauträger die Möglichkeit einräumt, Bauanträge für dieses Grundstück einzureichen. Ändere die Kommune ihre planungsrechtliche Grundlage, so könne er keinen Anspruch aus § 39 j BBauG geltend machen, weil er kein grundstücksbezogenes und -spezifisches Nutzungsrecht besitze. Derjenige, der nur die Befugnis des Grundstückseigentümers hat, das Grundstück zu überplanen, ohne jedoch durch notarielle Verträge die spätere Eigentumsübertragung abgesichert zu haben, sei nicht nutzungsberechtigt und habe daher auch keinen durchsetzbaren Anspruch.

Bielenberg[364] ist der Ansicht, daß der Käufer eines Grundstücks, der Aufwendungen i. S. d. § 39 BauGB tätigt, bevor er Eigentümer ist, nur dann zu den „sonstigen Nutzungsberechtigten" zähle, wenn ihm das Recht zur baulichen Nutzung bereits vor Eigentumsübergang eingeräumt worden sei und er Besitz erlangt habe. Ohne Besitz könne er die bauliche Nutzung nicht verwirklichen. *Bielenberg*

---

[361] *Gaentzsch*, BauGB, § 39 Rdnr. 12; *Gaentzsch,* in: Schlichter/Stich, BauGB, § 39, Rdnr. 15.
[362] *Birk*, NVwZ 1984, S. 1 (6 f.).
[363] *Birk*, NVwZ 1984, S. 1 (6); so auch *Bielenberg,* in: Ernst/Zinkahn/Bielenberg, § 39 j BBauG, Rdnr. 37.
[364] *Bielenberg*, in: Ernst/Zinkahn/Bielenberg, BauGB, § 39 BauGB, Rdnr. 37.

betont aber, daß ein Käufer, der eine unwiderrufliche (unbedingte) Position zur Nutzung vertraglich erworben habe, einem Nutzungsberechtigten im engeren Sinne gleichgestellt werden muß. Als Beispiel führt er die sichere Anwartschaft auf das Eigentum am Grundstück an. Voraussetzung dafür ist seiner Ansicht nach allerdings auch hier, daß Besitz sowie Nutzungen (dazu müßte auch die angestrebte bauliche Nutzung gehören) und Lasten in dem Zeitpunkt, in dem er die Aufwendungen tätigt, bereits übergegangen sind. *Bielenberg* gelangt zu dieser Überzeugung, da er feststellt, daß das Tatbestandsmerkmal „in Ausübung des Nutzungsrechts" einen Hinweis darauf erhält, daß der Nutzungsberechtigte Besitz haben muß.

Als entschädigungsberechtigter „Eigentümer" ist nach Ansicht *Bielenbergs* nur anzusehen, wer zum Zeitpunkt der vorgenommenen Aufwendungen Eigentümer war. Nicht erforderlich ist, daß der Entschädigungsberechtigte in dem Zeitpunkt noch Eigentümer ist, wenn die Verpflichtung zu erfüllen ist. Es sei vielmehr ausreichend, daß derjenige, der Entschädigung verlangt, Verpflichtungen in bezug auf Aufwendungen eingegangen ist, die zu erfüllen sind[365].

Allerdings werden immer mehr Stimmen laut, die für einen Anspruch des Auflassungsvormerkungsberechtigen aus § 39 BauGB vor Besitzerlangung sind:

So vertritt *Schenke*[366] daß ein Grundstückserwerber, der durch eine Auflassungsvormerkung gesichert ist, gemäß § 39 BauGB entschädigungsberechtigt sein muß. Die durch den Kaufvertrag begründete Rechtsstellung des Käufers begründe, sofern der Übereignungsanspruch durch eine Vormerkung dinglich gesichert ist, eine besonders gefertigte Rechtsposition. Diese rechtfertige, bereits vor Übereignung des Grundstückes einen Entschädigungsanspruch aus § 39 BauGB zu bejahen. Ein (aktuelles) Besitz- und Nutzungsrecht sei nicht erforderlich[367].

Breuer[368] sieht neben dem Eigentümer auch sonstige Nutzungsberechtigte als entschädigungsberechtigt an, sofern diese die nutzungsvorbereitenden Aufwendungen, in Ausübung eines Nutzungsrechts gemacht haben. Er stellt fest, daß dieses ausgeübte Nutzungsrecht dinglicher oder aber auch obligatorischer Art sein kann. Aus der maßgebenden Sicht des Vertrauensschutzes sei entscheidend, ob derjenige, der die nutzungsvorbereitenden Aufwendungen erbringt, über eine gesicherte

[365] *Bielenberg*, in: Ernst/Zinkahn/Bielenberg, BauGB, § 39 BauGB, Rdnr. 37.

[366] *Schenke*, WiVerw 1990, S. 226 (252 ff.); *Schenke/Melchior*, NVwZ 1991, S. 1052; *Hoppe* (in: Hoppe/Grotefels, Öffentliches Baurecht, § 9 Rdnr. 3), schließt sich der Ansicht von *Schenke* an, allerdings ohne auf die Problematik näher einzugehen. Auch *Battis* (in: Battis/Krautzberger/Löhr, § 39 BauGB, Rdnr. 2) folgt *Schenke* und zählt zu den Entschädigungsberechtigten nach § 39 BauGB auch den mit einer Auflassungsvormerkung dinglich gesicherten Grundstückserwerber vor Übergang von Besitz, Nutzungen und Lasten.

[367] *Schenke/Melchior*, NVwZ, 1991, S. 1052 (1054).

[368] *Breuer*, in: Schrödter, BauGB, § 39 BauGB, Rdnr. 29.

Rechtsposition verfügt, die es ihm ermöglicht, das Bauvorhaben zu verwirklichen. Diese Voraussetzung sei erfüllt, wenn der durch eine Auflassungsvormerkung gesicherte Grundstückserwerber die Aufwendungen im Einvernehmen mit dem Eigentümer macht.

Auch findet *Deutsch*[369] es unverständlich, warum die *Rechtsprechung* Anwartschaftsinhaber, die noch keine Nutzungsrechte haben, aus dem Kreis der Entschädigungsberechtigten ausklammere. *Deutsch* argumentiert, daß jedenfalls dann, wenn der Anwartschaftsberechtigte eine dingliche Rechtsposition habe, die ihm der Eigentümer nicht mehr entziehen könne, dieser ebenso schutzwürdig sei. Auf seine Nutzungsbefugnis komme es - wie beim Eigentümer auch - dann nicht mehr an[370]. Für dieses Ergebnis sprechen auch rechtspolitische Erwägungen, da es sich doch gerade um die wirtschaftlich bedeutsamsten Fälle handelt.

Finkelnburg/Ortloff[371] zählen zum Kreis der Entschädigungsberechtigten nach § 39 BauGB jeden, der zivilrechtlich befugt war, die vorbereitete Nutzung vorzunehmen. Als Beispiel werden hierfür neben dem Eigentümer und dem Wohnungseigentümer, der Erbbauberechtigte, Nießbraucher oder Pächter als sonstige dinglich oder obligatorisch Nutzungsberechtigte aufgezählt. Der lediglich mit einer Auflassungsvormerkung versehene Käufer wird nicht genannt. Dies ist insofern verwunderlich, da *Finkelnburg/Ortloff* diejenigen als entschädigungsberechtigt ansehen, deren Nutzungsrechte von Art. 14 GG geschützt werden und somit unter § 39 BauGB fallen. Das *BVerwG*[372] ist nämlich in Übereinstimmung mit der Rechtsprechung des *BVerfG* von einem weiten verfassungsrechtlichen Eigentumsbegriff ausgegangen. Der Schutz des Art. 14 GG erfaßt in seiner Funktion als Individualgarantie, über das zivilrechtliche Eigentum an Sachen i. S. der §§ 903 ff. BGB hinaus, auch generell alle vermögenswerten Rechte[373]. Sogar schuldrechtliche Ansprüche können zu den durch Art. 14 GG geschützten „vermögenswerten Rechten" gehören. Das *BVerwG* hat für einen Schutz nach Art. 14 GG nur vorausgesetzt, daß die schutzwürdige eigentumsähnliche Rechtsposition hinsichtlich der von ihr vermittelten Berechtigungen nach außen, d. h. sowohl der Behörde als auch dem Bauherrn erkennbar sein muß. Diese Erkennbarkeit sah das Gericht anhand der im Grundbuch eingetragenen Auflassungsvormerkung für gegeben an. Folgerichtig müßte die Auflassungsvormerkung ein geschütztes Nutzungsrecht nach Art. 14 GG sein. Nach der Ansicht von *Finkelnburg/Ortloff* muß diese daher auch unter § 39 BauGB fallen und der Auflas-

---

[369] *Deutsch*, DVBl. 1995, S. 546 (551).

[370] Hier schließt sich *Deutsch* der Ansicht *Schenke/Melchior*, in NVwZ 1991, S. 1052 ff. an.

[371] *Finkelnburg/Ortloff*, Öffentliches Baurecht I, S. 154.

[372] *BVerwG*, Urt. v. 29.10.1982 - 4 C 51/79 (Mannheim), in: NJW 1983, S. 1626.

[373] Vgl. z. B. *BVerfGE* 42, S. 263 (293) = NJW 1976, S. 1783 unter Hinweis auf *BVerfGE* 31, S. 229 (239) = NJW 1971, S. 2163; *BVerfGE* 36, S. 281 (290) und *BVerfGE* 40, S. 65 (83 f.).

sungsvormerkungsberechtigte somit zum Kreis der Entschädigungsberechtigten zählen.

d) Stellungnahme

Aufgeworfen wurde die Frage, ob ein mit einer Auflassungsvormerkung dinglich gesicherter Grundstückserwerber vor Besitzerlangung und aktueller Nutzungsberechtigung Entschädigungsberechtigter im Sinne des § 39 BauGB sein kann insbesondere durch die Entscheidung des *OLG Nürnbergs* vom 19.10.1988[374]:

Darin war die Antragsstellerin ein durch eine Auflassungsvormerkung dinglich gesicherte Grundstückserwerberin. Für den Fall der Nichterteilung der Baugenehmigung und somit der Nichtgenehmigung des geplanten Warenhauses wurde ihr - wie es in der Praxis üblich ist - vertraglich ein einseitiges und auf sechs Monate ab Beurkundung gerechnet, zeitlich begrenztes Rücktrittsrecht gewährt. Hierbei wurde vereinbart, daß im Falle der Rücktrittsausübung die angefallenen Kosten für den Vertrag und dessen Aufhebung einschließlich der Grundbuchkosten die Antragsstellerin zu tragen hat und eine Schadensersatzpflicht gegenüber dem Verkäufer nicht besteht. Die Erwerberin tätigte diverse Aufwendungen. Das im Geltungsbereich eines Baulinienplans als reines Industriegebiet ausgewiesene Baugebiet sollte als Gewerbegebiet festgesetzt werden. Die Stadt beschloß aber, das Baugesuch der Antragstellerin zurückzustellen. Nach Inkrafttreten einer Veränderungssperre lehnte die Stadt den Bauantrag ab. Die eingelegten Widersprüche blieben erfolglos. Ersatzansprüche für die getätigten Aufwendungen, welche die Antragsstellerin gegen die Stadt geltend machte, wurden zurückgewiesen. Der daraufhin gestellte Antrag auf gerichtliche Entscheidung wies das LG zurück. Da der Bundesgerichtshof der Ansicht war, die Rechtssache habe keine grundsätzliche Bedeutung (gemäß § 554 b I ZPO) und die Revision habe keinen Aussicht auf Erfolg, hat er die Annahme der Revision abgelehnt.

Das *OLG Nürnberg* hat etwaige Ersatzansprüche mit der Begründung zurückgewiesen, daß die Antragsstellerin keinen Anspruch auf Entschädigung nach § 39 BauGB habe, da sie nicht zu dem Kreis der Entschädigungsberechtigten zähle. Andere Anspüche seien nicht ersichtlich.

Richtig ist, daß die Antragsstellerin noch nicht Eigentümerin des Grundstücks war. Zu beachten ist jedoch, daß zu ihren Gunsten bereits eine Auflassungsvormerkung eingetragen war. Sie könnte daher als zumindest „sonstige Nutzungberechtigte" i. S. d. § 39 BauGB in Ausübung ihrer Nutzungsrechte Aufwendungen getätigt haben.

---

374 *OLG Nürnberg*, NVwZ 1991, S. 1114 ff.

Vorab muß festgehalten werden, daß in dem vom *OLG Nürnberg* zu entscheidenden Fall eine „Änderung, Ergänzung oder Aufhebung des Bebauungsplans" im Sinne des § 39 BauGB nicht erfolgt ist, sondern diese nur geplant war. Auch sollte ein als reines Industriegebiet ausgewiesenes Baugebiet *zugunsten* der Antragsstellerin in ein Gewerbegebiet umgewandelt werden. Der Tatbestand des § 39 BauGB wäre somit auf keinen Fall erfüllt gewesen. In dem Fall bestand vielmehr ein Anspruch aus § 18 BauGB wegen Erlasses der Veränderungssperre oder aber aus enteignungsleichem Eingriff[375].

Das *OLG Nürnberg* hat dennoch hier vertreten, daß ein Entschädigungsanspruch nach § 39 BauGB, falls nicht bereits Besitz und Nutzungsmöglichkeit eingeräumt wurden, erst in Betracht käme, wenn der Erwerb vollzogen worden sei. Die dingliche Sicherung und das damit erworbene Anwartschaftsrecht wurde für die Begründung eines Entschädigungsanspruches aus § 39 BauGB nicht für ausreichend erachtet, insbesondere dann nicht, wenn die „Anwartschaft" - wie hier - widerruflich sei. Als „widerruflich" sah das Gericht die Anwartschaft an, da der Käufer vom Vertrag zurücktreten und die Anwartschaft wieder entfallen lassen konnte.

Das *OLG Nürnbergs* trug vor, der Erwerber könne sich das Grundstück ja erst übereignen lassen und danach die entsprechenden Aufwendungen zur Nutzungsvorbereitung tätigen, so daß § 39 BauGB anwendbar wäre. Die schweren Folgen einer solchen Vorgehensweise hat das *OLG* indessen nicht bedacht. Zwar bekommt der Käufer die im Vertrauen auf den Bestand eines rechtsverbindlichen Bebauungsplans gemachten Aufwendungen nun nach § 39 BauGB entschädigt. Die Kosten für den Erwerb bei Änderung bzw. Aufhebung der Bebaubarkeit muß er aber möglicherweise selbst tragen, da diese nicht nach § 39 BauGB ersetzt werden können. Dies steht im Gegensatz zu dem ausdrücklichen Hinweis in der Regierungsbegründung[376]: „Der Schutz berechtigten Vertrauens auf bestehende Bebauungspläne muß aus den engen sachlichen Grenzen des § 44 Abs. 2 gelöst und auf alle Tatbestände der §§ 40 ff. erweitert werden". Der vom *OLG Nürnberg* vorgeschlagene Hinweis führt ferner zu enormen Zeitverlusten sowie zu hieraus resultierenden wirtschaftlichen Nachteilen für den Betroffenen.

Für die Einbeziehung des dinglich gesicherten Grundstückserwerbers in den Anwendungsbereich des § 39 BauGB spricht, daß der Kreis der nach § 39 BauGB Entschädigungsberechtigten weit zu ziehen ist und nicht nur dinglich, sondern auch obligatorisch Nutzungsberechtigte umfasst[377]. Aus dem Wortlaut „Nutzungsberechtigte" bzw. „in Ausübung ihrer Nutzungsrechte" ergibt sich, daß ein unmittelbarer Bezug zur möglichen Nutzung des beplanten Grundstücks erforderlich ist. Dabei handelt es sich um die „Befugnis, die jeweils zur Verwirkli-

---

[375] *Schenke*, NVwZ 1991, S. 1052 (1053); *Bielenberg*, in: Ernst/Zinkahn/Bielenberg, BauGB, § 18, Rdnrn. 21 ff.

[376] BT-DS. 7/2496, S. 53.

[377] So das *OLG Nürnberg*, NVwZ 1991, S. 1114 = BayVBl. 1990, S. 698.

chung vorbereitete, sich aus dem Bebauungsplan ergebende Nutzungsmöglichkeit auf dem Grundstück zu verwirklichen“[378]. Folgendes ist dem „eindeutigen Wortlaut des Gesetzes“ nicht zu entnehmen[379]: nämlich, daß bei antizipierten Aufwendungen im Hinblick auf eine zukünftige Nutzungsverwirklichung, die vom Eigentümer/Veräußerer nicht vereitelt werden kann, ein Entschädigungsanspruch zugunsten des Erwerbers nicht in Betracht kommt. Bei Vorliegen einer dinglichen Sicherung (Auflassungsvormerkung) kann nicht mehr, wie beim alleinigen Vorliegen eines obligatorischen Vertrages, nur von einer rechtlichen Möglichkeit zum Erwerb von Nutzungsrecht und Besitz gesprochen werden. Dem Erwerber steht vielmehr eine gefestigte Rechtsposition zu, die dem Eigentumsrecht angenährert ist. Sie sichert ihm zivilrechtlich genauso wie das Eigentum die bauliche Nutzung des Grundstücks, freilich erst zu einem späteren Zeitpunkt. Dies rechtfertigt die Einbeziehung des dinglich gesicherten Grundstückserwerbers in den Anwendungsbereich des § 39 BauGB[380].

Auch kann der Erwerb des Vollrechts durch andere Personen nicht mehr verhindert werden. Der Veräußerer kann den Eigentumserwerb des Erwerbers nicht mehr (auch nicht durch Veräußerung des Grundstücks an andere Personen oder durch die Ausübung eines ihm und nicht dem Erwerber zustehenden Rücktrittsrechts) vereiteln. Der Auflassungsvormerkungsberechtigte kann vielmehr von einem Dritten, der nach der Eintragung der Vormerkung ein Recht an dem Grundstück (z. B. das Eigentum) erworben hat, verlangen, daß er der zur Verwirklichung des vorgemerkten Anspruchs erforderlichen Eintragung (z. B. des Berechtigten als Eigentümer) oder Löschung (z. B. eines inzwischen eingetragenen Grundpfandrechts) zustimmt. Neben diesem Schutz vor anderweitigen rechtsgeschäftlichen Verfügungen, schützt die Vormerkung den Berechtigten gegen Zwangsvollstreckungsmaßnahmen in das betroffene Recht (§ 883 Abs. 2 BGB), gegen eine zwischenzeitliche Insolvenzeröffnung über das Vermögen des Verpflichteten (§ 27 Insolvenzordnung) und gegen Haftungsbeschränkung des Erben des Verpflichteten, § 884 BGB. Schließlich wahrt die Vormerkung auch den Rang des einzutragenden Rechts, § 883 Abs. 3 BGB.

Für eine Gleichbehandlung des dinglich gesicherten Übereignungsanspruchs mit dem Eigentumsrecht spricht ferner die Tatsache, daß im Baurecht auch sonst eine partielle Gleichstellung des durch eine Vormerkung gesicherten Übereignungsanspruchs mit dem Eigentum befürwortet wird. So hat das *BVerwG* den durch eine Vormerkung gesicherten Käufer[381] nachbarschutzrechtlich wie einen Eigentümer behandelt. Die Gewährung des Nachbarschutzes machte es allerdings zusätzlich

---

[378] Vgl. *BGH*, Beschl. v. 25.1.1990 - III ZR 43/89 unter Hinweis auf Battis/Krautzberger/Löhr, BauGB, § 39 Rdnr. 2.

[379] So aber das *OLG Nürnberg*, NVwZ 1991, S. 1114 = BayVBl. 1990, S. 698.

[380] Vgl. *Schenke/Melchior*, NVwZ 1991, S. 1052 (1054).

[381] Vgl. *BVerwG*, NJW 1983, S. 1626 = DÖV 1983, S. 344 und *Schenke*, BauordnungsR, in: *Achterberg/Püttner* , Bes.VerwR, S. 492 Rdnr. 567.

davon abhängig, daß der Besitz sowie die Nutzungen und Lasten an dem Grundstück bereits auf den Vormerkungsberechtigten übergegangen sind[382].

Daß der Auflassungsvormerkungsberechtigte nach § 39 BauGB entschädigungsberechtigt sein muß, ergibt sich auch aus der *Rechtsprechung des BGH*. Primär ging es in einer Entscheidung[383] um die Frage, ob dem Erbbauberechtigten ein Übernahmeanspruch nach § 40 Abs. 2 BBauG zusteht, was der *BGH* in dieser Entscheidung verneint hat. Bezüglich des Anspruchs auf Entschädigung in Geld war die Revision beim *BGH* erfolgreich. Die Klägerin hatte ihr Entschädigungsbegehren auf die §§ 40 und 44 BBauG 1960 gestützt. § 44 BBauG entspricht heute nahezu wortgetreu § 39 BauGB. Im konkreten Fall war die Klägerin nicht als Erbbauberechtigte im Grundbuch eingetragen gewesen und das Erbbaurecht selbst mangels Eintragung im Grundbuch an den Flurstücken nicht entstanden (§ 11 ErbbauRVO, § 873 BGB). Die Klägerin hatte aber aufgrund der behördlich genehmigten Erbbaurechtsverträge und der im Grundbuch eingetragenen Vormerkung eine einem Erbbaurecht weitgehend angenäherte Rechtsposition, also ein Anwartschaftsrecht erworben[384]. Der *BGH* bejahte einen Entschädigungsanspruch nach § 44 Abs. 2 BBauG 1960 (§ 39 BauGB) auch für denjenigen, der lediglich ein Anwartschaftsrecht an dem Erbbaurecht hatte, obwohl § 44 Abs. 2 BBauG 1960 vom Wortlaut her nur den „Eigentümer" entschädigt und nicht wie die Nachfolgevorschriften § 39 j BBauG und der jetzige § 39 BauGB, auch „sonstige Nutzungsberechtigte". Zählt ein Erbbauberechtigter zu den „Eigentümern" im Sinne des § 44 Abs. 2 BBauG 1960 und sogar derjenige, der lediglich ein Anwartschaftsrecht am Erbbaurecht erworben hat, so folgt aus dem erst recht Schluß, daß jemand, der eine Anwartschaftsrecht auf das Eigentum erworben hat, also der zukünftige Eigentümer auch unter das Tatbestandsmerkmal „Eigentümer" subsumiert werden muß. Dies hat zu Folge, daß es für einen Entschädigungsanspruch auch nicht wie bei den „sonstigen Nutzungsberechtigten" im Sinne von § 39 BauGB des Besitzes oder der aktuellen Nutzungsbefugnis bedarf.

Für die hier vertretene Ansicht spricht weiterhin die Interpretation der bauordnungsrechtlichen Vorschriften, nach denen der Nachweis verlangt werden kann, daß der Bauherr, der nicht zugleich der Eigentümer eines Grundstücks ist, zur Bauausführung berechtigt ist (z. B. § 53 Abs. 4 S. 2 BadWürttBauO). „Auch hier ist davon auszugehen, daß der durch eine Auflassungsvormerkung geschützte Grundstückserwerber dem Grundstückseigentümer gleichzustellen ist und deshalb auch bei ihm kein zusätzlicher Berechtigungsnachweis verlangt werden kann"[385].

---

382 Vgl. *Schenke/Melchior*, NVwZ 1991, S. 1052 (1054).

383 *BGH*, BRS 34, Nr. 137, S. 288 (289), (III ZR 122/76, Hamburg) = WM 1978, S. 1212.

384 *BGH*, Urteil v. 13.04.1978, III ZR 122/76, WM 1978 S. 1212; vgl. hierzu auch *BGHZ* 60, S. 46 (49) = WM 1973, S. 206.

385 *Schenke/Melchior*, NVwZ 1991, S. 1052 (1055); noch weitergehend *Baldauf*, BayVBl. 1967, S. 161 (163):

Ferner scheitert ein Entschädigungsanspruch (für die Kosten des Erwerbs) nach § 42 BauGB (Entschädigung bei Änderung oder Aufhebung einer zulässigen Nutzung), wenn gemäß § 42 Abs. 3 BauGB die Nutzungsaufhebung nach mehr als sieben Jahren erfolgt und in dieser Zeit die bestehende Nutzungsmöglichkeit nicht ausgeübt wurde. Rechnet man den (mit einer Auflassungsvormerkung gesicherten) Grundstückserwerber nicht zu den Kreis der Entschädigungsberechtigten, so führt dies zu einer starken Einschränkung der wirtschaftlichen Verwertbakeit des Grundstücks. Auch der Grundstückseigentümer würde Nachteile erleiden, da die dem § 39 BauGB zugedachte Schutzfunktion ihm gegenüber nur unvollständig wäre.

Ein weiteres Argument für die Einbeziehung des Auflassungsvormerkungsberechtigten in den Kreis der Entschädigungsberechtigten nach § 39 BauGB ist, daß die Eintragung als Eigentümer in das Grundbuch zeitlich gesehen vom Zufall abhängt. Solange der Staat diese Ungewissheit aufrecht erhält, muß der Auflassungsvormerkungsberechtigte hier dem Eigentümer gleichgestellt werden. Ansonsten läge ein Verstoß gegen Art. 3 GG vor, wenn - bei gleichem Antragsdatum - jemand zufällig vor Änderung der gemeindlichen Bauleitplanung als Eigentümer eingetragen wird, der andere aber nicht mit der Folge, daß nur der „rechtzeitig" Eingetragene einen Entschädigungsanspruch aus § 39 BauGB geltend machen kann. Dies wäre auch nicht mit dem in Art. 20 GG verankerten Rechtsstaatsprinzip vereinbar, zumal, was die Reihenfolge der Eintragung in das Grundbuch betrifft, Fehler gemacht werden können.

e) Ausschluß des Entschädigungsanspruchs bei Rücktrittsmöglichkeit des Erwerbers ?

Fraglich ist, ob eine Rücktrittsmöglichkeit des Erwerbers den Entschädigungsanspruch ausschließt. Da für die Gleichbehandlung des Auflassungsvormerkungsberechtigten mit dem Eigentümer nur entscheidend ist, daß der Erwerb des Vollrechts durch Dritte nicht mehr verhindert werden kann, also der Veräußerer den Eigentumserwerb des Erwerbers nicht mehr (auch nicht durch die Veräußerung des Grundstücks an andere Personen oder die Ausübung eines ihm und nicht dem Erwerber zustehenden Rücktrittsrechts) vereiteln kann, ist der Argumentation des *OLG Nürnberg*[386] nicht zu folgen. Danach könne eine Nutzungsberechtigung im engeren Sinn des § 39 BauGB „der Anwartschaft auf das Eigentum allenfalls dann gleichgestellt werden, wenn sie unwiderruflich ist, wenn also bereits feststeht, daß sie zum Volleigentum erstarkt und nur der Zeitpunkt, zu dem diese Rechtsfolge eintritt, noch unsicher ist".

---

dieser hält den Nachweis der Zustimmung des Eigentümers dann für entbehrlich, wenn eine hinreichende Aussicht für die Verwirklichung des Vorhabens besteht.

[386] *OLG Nürnberg*, NVwZ 1991, S. 1114 = BayVBl.1990, S. 698 f.

Diese Differenzierung zwischen einer widerruflichen und einer nicht widerruflichen Vollmacht ist gar nicht praxisrelevant. Hat der durch eine Vormerkung gesicherte Anspruchsberechtigte die Möglichkeit sich einseitig von dem Erwerbsgeschäft zu lösen und macht er dies aus Gründen, die nichts mit der Planänderung oder Planaufhebung zu tun haben, so entfällt ein Anspruch nach § 39 BauGB mangels Kausalität zwischen der Planänderung oder Planaufhebung und der Entwertung seiner Aufwendungen[387]. Selbst wenn der Rücktritt vom Vertrag ursächlich auf der Planänderung oder Planaufhebung beruht, ist der Betroffene hierfür beweispflichtig[388]. Bei der vom *OLG Nürnberg* zu entscheidenden Fallkonstellation bereitet dies keine Probleme, da das Rücktrittsrecht des Käufers nur für den Fall vereinbart wurde, daß es zur Genehmigung der geplanten baulichen Nutzung (Errichtung eines SB-Warenhauses) nicht kommt.

Problematisch ist die Frage der Anwendbarkeit des § 39 BauGB also nur dann, wenn der Käufer wegen Änderung oder Aufhebung eines Bebauungsplans[389] vom zulässigen Bauvorhaben[390] zurücktritt. In diesem Fall ist die Planänderung oder Aufhebung für den Wertverlust ursächlich und zieht Entschädigungsansprüche nach sich. Nicht verlangt werden kann von dem Erwerber, daß er das nunmher nicht mehr zu bebaubare Grundstück dennoch erwirbt, nur damit er die Tatbestandsvoraussetzungen von § 39 BauGB erfüllt und in den Genuß von Entschädigungsansprüchen kommt. Auch spricht für einen Entschädigungsanspruch des Auflassungsvormerkungsberechtigten, daß der Nocheigentümer Ersatz für wertlos gewordene Aufwendungen nicht geltend machen kann, da die Änderung, Ergänzung oder Aufhebung des Bebauungsplans nicht kausal für den Wertverlust ist.

Ein Ausschluß des Entschädigungsanspruchs bei einer eingeräumten Rücktrittsmöglichkeit erfolgt somit nicht.

---

[387] Vgl. auch *Battis*, in: Battis/Krautzberger/Löhr, BauGB, § 39 Rdnr. 12 und *Gaentzsch*, in: Berliner Kommentar zum BauGB, § 39 Rdnr. 14.

[388] Ein Indiz dafür, daß der Rücktritt auf der Planänderung beruht kann u. a. sein, daß die Ausübung des Rücktrittsrechts in unmittelbarem zeitlichen oder sachlichen Zusammenhang mit der Planänderung erfolgte.

[389] Falls die Baugenehmigung aufgrund einer Veränderungssperre nicht erteilt wird und es nachher nicht zu einem die bauliche Nutzung ausschließenden Bebauungsplan kommt, so ist § 39 BauGB tatbestandlich nicht anwendbar (*Schenke/Melchior*, NVwZ 1991, S. 1052 (1056)).

[390] Wenn das Bauvorhaben bereits vor Planänderung oder Planaufhebung unzulässig war und erfolgt deshalb ein Rücktritt, so stellt sich die Entschädigungsproblematik des § 39 BauGB grundsätzlich nicht, da hier die Bebauungsplanänderung oder Planaufhebung nicht für die Entwertung der erbrachten Aufwendungen kausal war (*Schenke/Melchior*, NVwZ 1991, S. 1052 (1056)).

f) Entschädigungsanspruch des dinglich gesicherten Optionsberechtigten/Beweislast

Abschließend stellt sich die Frage, ob der Vorhabenträger als dinglich gesicherter Optionsberechtigter einen Entschädigungsanspruch geltend machen kann.

Der durch eine Vormerkung gesicherte Optionsberechtigte, ist genauso wie der mit einer Vormerkung dinglich gesicherte rücktrittsberechtigte Erwerber eines Grundstückes zu behandeln. Auch ihm muß ein Entschädigungsanspruch nach § 39 BauGB zustehen[391]. Ähnlich wie bei einem Kaufvertrag, hängt es nämlich nur noch vom Optionsberechtigten ab, ob das Eigentum an dem Grundstück auf ihn übergeht oder nicht, also ob er die zunächst zulässige bauliche Nutzung zivilrechtlich ausüben kann. Auch hat der Optionsberechtigte bereits eine dinglich gefestigte und gegenüber jedermann wirkende Rechtsposition, die durch Dritte oder den Eigentümer (Optionsverpflichteter) nicht mehr beseitigt werden kann. Er hat somit eine Rechtsstellung inne, die es erlaubt, ihn als sonstigen Nutzungsberechtigten i. S. des § 39 BauGB anzusehen oder ihn zumindest gleichzubehandeln[392].

Zu beachten ist aber, daß der Optionsberechtigte nur Entschädigung für den Wertverlust seiner Aufwendungen verlangen kann, die auf der Änderung bzw. Aufhebung des Bebauungsplans beruhen, also kausal sind. Falls er aus anderen Gründen von seinem Optionsrecht keinen Gebrauch macht, ist für den Anspruch nach § 39 BauGB kein Raum. Die *überwiegende Meinung* hält einen Entschädigungsanspruch gemäß § 39 BauGB mangels Kausalität für ausgeschlossen, soweit der Verwirklichung der Nutzung privatrechtliche Hindernisse im Wege stehen[393]. War aber die Änderung des Planungsrechts kausal dafür, daß von dem Optionsrecht kein Gebrauch gemacht wurde, so ist die Änderung auch für den Wertverlust der Aufwendungen ursächlich[394].

Der Optionsberechtigte ist bei Nichtausübung des Optionsrechtes dafür beweispflichtig, daß diese aufgrund der Änderung oder Aufhebung des Bebauungsplans zurückzuführen ist. Problematisch wird aber sein, den Nachweis hierfür zu erbringen. Jedoch lassen sich die Probleme in der Praxis vermeiden, wenn im Optionsvertrag vorgesehen ist, daß bei baurechtlicher Zulässigkeit des Bauvorhabens der Optionsberechtigte von der Option Gebrauch machen muß[395]. Diese optionsrechtliche Lösung hätte auch den Vorteil, daß anders als bei einem mit einer

---

[391] Vgl. auch *Schenke/Melchior*, NVwZ 1991, S. 1052 (1056).
[392] *Schenke*, WiVerw 1990, S. 226 (255).
[393] Vgl. *Battis*, in: Battis/Krautzberger/Löhr, BauGB, § 39 Rdnr.12; *Gaentzsch*, BauGB, § 39 Rdnr. 14.
[394] Vgl. *Schenke*, in: WiVerw 1990, S. 226 (256).
[395] So ein Vorschlag von *Schenke/Melchior*, NVwZ 1991, S. 1052 (1057).

Rücktrittsmöglichkeit des Käufers versehenen Kaufvertrags, geringere Kosten, wie Notargebühren und Grunderwerbsteuer, anfallen.

g) Ergebnis

Der mit einer Auflassungsvormerkung gesicherter Käufer ist nach § 39 BauGB anspruchsberechtigt. Dieser ist unter das Tatbestandsmerkmal „Eigentümer“ zu subsumieren und nicht als „sonstiger Nutzungsberechtigter“ anzusehen. Daher ist ein Entschädigungsanspruch auch bei fehlendem Besitz und fehlender aktueller Nutzungsbefugnis zu befürworten.

Ist dem Auflassungsvormerkungsberechtigten ein Rücktrittsrecht eingeräumt worden, so schließt dies einen Ersatzanspruch des Auflassungsvormerkungsberechtigten nicht generell aus. Wurde das Rücktrittsrecht ausgeübt, so ist, bei Vorliegen von Kausalität, ein Anspruch auf Entschädigung gegeben.

Dem dinglich gesicherten Optionsberechtigten steht ebenso wie dem mit einer Auflassungsvormerkung dinglich gesicherten rücktrittsberechtigten Erwerber ein Anspruch aus § 39 BauGB zu.

5. Entschädigungsanspruch aus § 42 BauGB

Zu prüfen bleibt ein Anspruch des Vorhabenträgers aus § 42 BauGB, wenn die zulässige Nutzung seines Grundstücks aufgehoben oder geändert wird und dadurch eine nicht nur unwesentliche Wertminderung des Grundstücks eintritt. Zu beachten ist aber, daß § 42 BauGB nur den Schaden ersetzt, der durch die Minderung des Grundstücks eingetreten ist und nicht Aufwendungsersatz für vergeblich aufgewendete Planungskosten gewährt.

Gemäß § 42 Abs. 1 BauGB kann der Eigentümer eines Grundstücks eine angemessene Entschädigung in Geld verlangen, wenn die zulässige Nutzung eines Grundstücks aufgehoben oder geändert wird und dadurch eine nicht unwesentliche Wertminderung des Grundstücks eingetreten ist. Für diesen Anspruch ist also - im Gegensatz zu dem Anspruch aus § 39 BauGB - nicht das Vertrauen in einen Bebauungsplan erforderlich. Vielmehr reicht jede zulässige Nutzung eines Grundstücks, die durch Aufhebung oder Änderung an Wert verliert, für einen Entschädigungsanspruch nach § 42 BauGB aus.

a) Der Rechtsbegriff der zulässigen Nutzung

Eine zulässige Nutzung eines Grundstücks ist dann gegeben, wenn auf ihre Ausübung oder Verwirklichung nach einem der bauplanungsrechtlichen Zulässigkeitstatbestände - § 30, § 34, § 35 oder § 33 BauGB - ein Anspruch besteht, insbesondere also auch die Erschließung gesichert ist.

Im Geltungsbereich eines vorhabenbezogenen Bebauungsplans nach § 12 BauGB ist ein Vorhaben zulässig, wenn es dem Bebauungsplan nicht widerspricht und die Erschließung gesichert ist, § 30 Abs. 2 BauGB. Liegen diese Voraussetzungen vor, so ist eine zulässige Nutzung gegeben. Bei den „Altfällen" enthält die Satzung über den Vorhaben- und Erschließungsplan eine Regelung über die zulässige Nutzung eines Grundstücks, so daß dieses Tatbestandsmerkmal des § 42 BauGB bei Vorhaben nach § 7 BauGB-MaßnG ebenfalls erfüllt ist[396].

b) Aufhebung oder Änderung der zulässigen Nutzung

Die Aufhebung oder Änderung der zulässigen Nutzung geschieht durch Aufstellung, Änderung, Ergänzung oder Aufhebung eines Bebauungsplans, wobei schon vorhandene private Nutzungsrechte bei der planerischen Abwägung (§ 1 Abs. 6 BauGB) zu berücksichtigen sind[397]. Des weiteren kann die Aufhebung oder Änderung der zulässigen Nutzung i. S. v. § 42 Abs. 1 BauGB durch eine Erhaltungssatzung nach § 172 BauGB[398], durch eine Satzung nach § 34 Abs. 4 BauGB, die eine durch eine entsprechende frühere Satzung zulässige Nutzung entzieht oder ändert[399] oder eine Änderung der BauNVO, die zu einer Änderung bestehender Bebauungspläne führt[400], erfolgen. Dies soll auch für eine Baugenehmigung gelten, die nach § 34 BauGB Nutzungen ermöglicht, welche die vorhandenen Bestände planungsrechtlich unzulässig machen[401].

---

[396] *Krautzberger*, in: Ernst/Zinkahn/Bielenberg, § 7 BauGB-MaßnG, Rdnr. 154.

[397] *Battis*, in: Battis/Krautzberger/Löhr, BauGB, § 42 Rdnr. 5.

[398] *Gaentzsch*, BauGB, § 42 Rdnr. 4; *Pohl*, in: Kohlhammer-Kom., § 44 BBauG, Rdnr. 31, a. A. *Breuer*, in: Schrödter, BauGB, § 43 Rdnr. 69.

[399] *Breuer*, in: Schrödter, BauGB, § 43, Rdnr. 68; a. A. *Gaentzsch*, BauGB, § 42, Rdnr. 4.

[400] *Pietzcker*, NVwZ 1989, S. 601 (606).

[401] *BGHZ* 64, S. 366; 81, S. 374; *OVG Münster*, DÖV 1981, S. 347, *Schenke*, WiVerw 1990, S. 227 (259); *Söfker*, BBauBl. 1983, S. 735; *Schmidt-Aßmann*, DVBl. 1976, S. 170 (171), *Bielenberg*, in: Ernst/Zinkahn/Bielenberg, BauGB, § 42 Rdnr. 66 - 69; *Koch/Hosch*, Baurecht, S. 189; a. A. *Breuer*, in: Schrödter, § 43 BauGB, Rdnr. 71 - 74; *Gaentzsch*, in: BauGB, § 42, Rdnr.7; *Kühling*, DVBl. 1969, 214; *Menger*, VerwArch 59 (1968), S. 368 (383); *Papier*, in: Maunz/Dürig, Art.14 GG, Rdnr.364; *Pohl*, in: Kohlhammer-Komm., BBauG, § 44, Rdnr. 38, 57; *Schmaltz*, DVBl. 1982, S. 1060; *Uechtritz*, BauR 1983, S. 523 (526).

Durch die Aufstellung eines Bebauungsplans (§ 7 Abs. 7 BauGB-MaßnG) bei den „Altfällen", wird eine durch die Vorhaben- und Erschließungsplansatzung begründete zulässige Nutzung eines Grundstücks aufgehoben. Ebenso kann bei Vorhaben nach dem 1.1.1998 eine zulässige Nutzung geändert oder aufgehoben werden, indem der vorhabenbezogene Bebauungsplan geändert, ergänzt oder aufgehoben wird. Tritt hierbei eine nicht nur unwesentliche Wertminderung ein, so kann der Vorhabenträger nach § 42 Abs. 1 BauGB unter Berücksichtigung der §§ 42 Abs. 2 ff. eine angemessene Entschädigung in Geld verlangen.

c) Vorliegen einer nicht nur unwesentlichen Wertminderung

Durch die Aufhebung oder Änderung der zulässigen Nutzung muß eine nicht nur unwesentliche Wertminderung des Grundstücks eingetreten sein[402], weil nach § 42 Abs.1 BauGB unwesentliche Wertminderungen nicht entschädigt werden (das BauGB stimmt insoweit mit § 44 Abs. 1 i. d. F.d. Novelle 1976 BBauG und § 44 Abs. 1 S. 1 i. d. F. d. BBauG 1960 überein)[403].

Eine *Wertminderung* des Grundstücks ist gegeben, wenn eine Minderung des Bodenwertes vorliegt. Können durch die Festsetzung einer anderen Art der Nutzung als der ausgeübten, Gebäude oder Räume eines bebauten Grundstücks schlechter vermietet oder verpachtet werden und sinken hierdurch die Erträge, dann liegt auch darin eine Minderung des Bodenwertes und nicht des Gebäudewertes, denn die Festsetzung verändert - wertrelevant - die Qualität des Grundstücks. Der Bodenwert ist durch Preisvergleich im Vergleichswertverfahren zu ermitteln.

Eine Wertminderung ist *nicht nur unwesentlich*, wenn sie eine „fühlbare Beeinträchtigung" des im Grundstück verkörperten Vermögenswertes darstellt[404]. Hierbei ist eine wirtschaftlich vernünftige Betrachtungsweise maßgebend, die zu dem Ergebnis führt, daß es sich um objektiv wirtschaftlich unzumutbare Nachteile handelt[405]. Die Minderung muß nicht besonders gravierend sein[406]. Vielmehr ist eine Wertminderung immer dann wesentlich, wenn sie die vom *BGH* für § 40 BauGB entwickelte „Opfergrenze" für die Unzumutbarkeit von Vermögensnachteilen, übersteigt[407], da hier die gleichen Maßstäbe gelten[408].

---

402 *Battis,* in: Battis/Krautzberger/Löhr, BauGB, § 42, Rdnr. 6; *Gaentzsch,* BauGB, § 42 Rdnr. 6/7.
403 *Bielenberg,* in: Ernst/Zinkahn/Bielenberg, § 42 BauGB, Rdnr. 86.
404 *Gaentzsch,* in: BauGB, § 42 BauGB, Rdnr. 6.
405 So das Rechtsgutachten *(Gewos-Gutachten)* zu § 44 Rdnr. 56.
406 *Gaentzsch,* in: BauGB, § 42 BauGB, Rdnr.6.
407 Siehe z. B. *BGHZ* 63, S. 240, Urt. v. 25.11.1974.
408 *Gaentzsch,* in: BauGB, § 42 BauGB, Rdnr. 6.

So heißt es im *„Sprengstofflagerurteil“*[409]: „Eine wirtschaftlich so geringfügige Beeinträchtigung (Heranbringung des Sprengstoffes statt bisher einmal, zweimal im Monat) begründet aber keinen Anspruch auf Enteignungsentschädigung. Denn auch bei der Enteignung besteht eine gewisse Opfergrenze, die überschritten sein muß, bevor man bei wirtschaftlich vernünftiger Betrachtung die Folge einer behördlichen Maßnahme als Sonderopfer, nämlich als fühlbare Beeinträchtigung von Vermögenswerten bezeichnet. Eine wirtschaftlich geringfügige Vermögensbeeinträchtigung vermag daher den Anspruch auf Entschädigung nicht zu begründen.“

Regelmäßig liegt aber dann eine nicht nur unwesentliche Wertminderung vor, wenn die Wertminderung, die aus der Einschränkung der baulichen Nutzungsmöglichkeit resultiert, mehr als 10 % des bisherigen Grundstückswertes ausmacht und es sich dabei nicht nur um Bagatellschäden, vom absoluten Wert her gesehen, handelt[410].

d) Kausalität zwischen Nutzungsaufhebung und der wesentlichen Wertminderung

Die zu entschädigenden Vermögensnachteile müssen kausal auf die konkrete eingreifende planungsrechtliche Maßnahme zurückzuführen sein. Sinkt der Wert des Grundstücks aus anderen Gründen, so ist der Bebauungsplan für die Vermögensbeeinträchtigung nicht kausal. Beispielsweise, wenn zunächst eine besondere Nachfrage geherrscht hat, diese aber vor Inkrafttreten des eingreifenden Bebauungsplans zurückgegangen ist und das Absinken der Werte verursacht hat, so ist der Bebauungsplan nicht kausal für die Vermögensbeeinträchtigung, es sei denn, die Nachfrage ist schon in Aussicht auf die sich negativ auswirkenden Absichten der Planänderungen zurückgegangen[411].

Die Aufhebung oder Änderung der zulässigen Nutzung ist auch nicht kausal, wenn der Grundstückseigentümer eine ausgeübte Nutzung aufgibt, die er hätte fortführen können und der Bestandsschutz deshalb verloren geht. Ebenfalls mangelt es an Kausalität, wenn er eine erteilte Baugenehmigung verfallen läßt, obwohl er sie hätte ausführen können[412].

Ferner entfällt die Kausalität, wenn Wertminderungen bei Grundstücken eintreten, die auch bei Nichterfolgung der Neuplanung eingetreten wären. Dazu kann

---

[409] Urt. v. 30.5.1960 - III ZR 97.59 -, MDR 1960, 1000 = LM GG Art. 14 (Ct) Nr. 17; vgl. auch Urt. v. 27.3.1961 - III ZR 37.60 -, VersR 1961, S. 541 u. *Gewos -Gutachten* zu § 44 BBauG.
[410] *Battis*, in: Battis/Krautzberger/Löhr, BauGB, § 42 Rdnr. 6.
[411] *Bielenberg*, in: Ernst/Zinkahn/Bielenberg, BauGB, § 42 Rdnr. 90.
[412] Vgl. *Gaentzsch*, in: BauGB, § 42, Rdnr. 7.

die allgemeine Preisentwicklung im Gemeindegebiet oder in vergleichbaren Fällen herangezogen werden. Zu beachten ist aber, daß die Vergleichbarkeit nur gegeben ist, wenn die von den Planungsmaßnahmen betroffenen Grundstücke nach ihrer früheren Qualität mit denjenigen im Vergleichsgebiet verglichen werden und für die Preisermittlung der gleiche Zeitpunkt zugrunde gelegt wird[413].

§ 42 Abs. 1 BauGB besagt nicht, daß jede durch Aufhebung oder Änderung einer zulässigen Nutzung eingetretene wesentliche Wertminderung zu entschädigen ist. Vielmehr bestimmt § 42 Abs. 2, 3, 5, und 7 BauGB, welche Wertminderungen bei den einzelnen Eingriffstatbeständen zu entschädigen sind bzw. aus welchen Umständen sie sich ergeben müssen[414]. Als Folge von Aufhebungen oder Änderungen der zulässigen Nutzung gibt es nämlich auch Wertminderungen, die sich in einem empfindlichen Sinken des zu erzielenden Verkaufspreises ausdrücken, vor allem die unter Abs. 3 fallenden, die nicht zu entschädigen sind. Ziel von § 42 BauGB ist nämlich auch, in Konkretisierung der Sozialbindung des Eigentums, die Entschädigung für bestimmte Wertminderungen auszuschließen[415].

e) Rechtsfolge

Der Entschädigungsanspruch nach § 42 BauGB ist grundsätzlich auf Geldentschädigung gerichtet[416]. Die Höhe der Entschädigung bemißt sich hinsichtlich des Grundstückswertes nach dem Unterschied zwischen dem Wert des Grundstücks aufgrund der ausgeübten Nutzung und seinem Wert, der sich infolge der Aufhebung oder Änderung der Nutzbarkeit ergibt[417]. Ersetzt wird also nur der geminderte Grundstückswert, nicht aber die vom Vorhabenträger getätigten durch Änderung der Bauleitplanung möglicherweise wertlos gewordenen - Aufwendungen.

Es hängt von den Umständen des Einzelfalls ab, ob auch die Siebenjahresfrist des § 42 Abs. 3 BauGB zur Anwendung kommt. Die Anwendung dieser Vorschrift ist nicht grundsätzlich ausgeschlossen, so daß im folgenden die Voraussetzungen sowie die Verfassungsmäßigkeit dieser Frist geprüft werden. Zu beachten ist aber, daß bei einer so langen Frist in der Regel eine Zweckverfehlung i. S. d. § 12 Abs. 6 S. 1 BauGB (ehemals § 7 Abs. 5 S. 1 BauGB-MaßnG) vorliegen wird mit der Folge, daß die Gemeinde den Bebauungsplan bzw. die Vorhaben- und Erschließungsplansatzung aufhebt. Etwas anderes könnte nur dann gelten, wenn für bestimmte Einzelvorhaben ein über die Siebenjahresfrist hinausgehender Realisie-

---

[413] *Bielenberg,* in: Ernst/Zinkahn/Bielenberg, BauGB, § 42 Rdnr. 90.
[414] *Gaentzsch,* in: BauGB, § 42, Rdnr. 7.
[415] *Gaentzsch,* in: BauGB, § 42, Rdnr. 7.
[416] *Battis,* in: Battis/Krautzberger/Löhr, BauGB, § 42 Rdnr. 14.
[417] *Battis,* in: Battis/Krautzberger/Löhr, BauGB, § 42 Rdnr. 8.

rungszeitraum zugrundegelegt und insbesondere auch im Durchführungsvertrag vereinbart wurde[418].

aa) Entschädigung in den ersten sieben Jahren

In den ersten sieben Jahren besteht ein absoluter Plangewährleistungsanspruch, d. h. die zulässige Nutzung wird gegen Aufhebung oder Änderung durch einen Bebauungsplan[419] geschützt, gleichgültig, ob sie ausgeübt bzw. verwirklicht wurde. Wird in dieser Zeit die zulässige Nutzung eines Grundstücks aufgehoben oder geändert, so besteht ein Entschädigungsanspruch. Die Entschädigung wird gemäß § 42 Abs. 2 BauGB nach der Verkehrswertdifferenz bemessen, das heißt, nach dem Unterschied zwischen dem Wert des Grundstücks aufgrund der bisher zulässigen Nutzung und seinem Wert, der sich nach Aufhebung oder Änderung dieser Nutzung ergibt. Die Siebenjahresfrist[420] beginnt mit der Zulässigkeit der Nutzung zu laufen. Zulässig ist die Nutzung bei gesicherter oder ausreichend gesicherter Erschließung[421].

bb) Entschädigung nach Ablauf von sieben Jahren

Die ursprünglich vom Gesetzgeber unbefristete vermögensrechtliche Plangewährleistung geriet immer mehr in Widerspruch zu der aus Gemeinwohlgründen erforderlichen Flexibilität, welche die städtebauliche Planung benötigte, um die zahlreichen Bedürfnisse im Wandel sich ändernder Verhältnisse zu erfüllen[422]. Deshalb sah der Gesetzgeber in seiner Novelle von 1976 eine Einschränkung des vermögensrechtlichen Schutzes bei nicht verwirklichter Nutzung vor. Nach Ablauf der Siebenjahresfrist kann der Eigentümer für die zulässige Nutzung nur noch dann eine Entschädigung für deren Änderung oder Aufhebung verlangen, wenn diese ausgeübt wurde. Die Entschädigungshöhe für die Beeinträchtigung des Grundstücks wird hierbei nach dem Unterschied zwischen dem Wert des Grundstücks, unter Zugrundelegung der ausgeübten Nutzung, und seinem Wert, der sich infolge der Aufhebung oder Änderung der bisher zulässigen Nutzung ergibt, ermittelt. Das heißt, daß nach sieben Jahren die Entschädigung bei Aufhebung oder Änderung der bisher zulässigen Nutzung sich nunmehr nur noch aus der Wertdifferenz zwischen der tatsächlich ausgeübten und der neu festgesetzten Nutzungs-

---

[418] So *Krautzberger*, in: Ernst/Zinkahn/Bielenberg, § 7 BauGB-MaßnG, Rdnr. 154.

[419] Keine Entschädigung nach § 42 BauGB erfolgt, bei Nutzungsbeschränkungen, die sich nicht aus Maßnahmen des Planungsrechts, sondern des Immissions-, Natur-, Landschafts- oder Denkmalschutzes ergeben (*BGHZ* 99, S. 262 = NJW 1987, S. 1320 = NVwZ 1987, S. 531 (L) = BRS 46 Nr. 168).

[420] Zur Verfassungsmäßigkeit dieser Frist, siehe unter III.

[421] *Pohl,* in Kohlhammer-Kommentar, § 44 Rdnr. 60; *Schlichter/Stich/Tittel,* § 44 Rdnr. 13.

[422] Vgl. *Bielenberg,* in: Ernst/Zinkahn/Bielenberg, Vorb. §§ 39 - 44 BauGB, Rdnr. 93.

möglichkeit ergibt und nicht mehr aus der Höhe der Bodendifferenz zwischen der bisher zulässig gewesenen und der nunmehr nur noch zulässigen Nutzung. Hierbei wird der Wert des so genutzten Grundstücks mit dem Wert des Grundstücks nach der Änderung verglichen. Die sich dann errechnete Bodendifferenz wird entschädigt. Nutzungen, die bisher zulässig waren, aber nicht ausgeübt wurden, werden somit bei der Berechnung der Entschädigung außer Acht gelassen.

Bisher zulässige Nutzungen, die infolge der rechtswidrigen Versagung einer Baugenehmigung, infolge der Zurückstellung eines Baugesuchs (§ 15 BauGB) oder aber einer Veränderungssperre (§ 14 BauGB) nicht mehr innerhalb der ersten sieben Jahre aufgenommen werden konnten oder für die vor Ablauf der Siebenjahresfrist eine Baugenehmigung oder ein Vorbescheid erteilt wurden, werden, falls der Eigentümer bereit und in der Lage war sie zu verwirklichen (§ 42 Abs. 8 BauGB), gemäß § 42 Abs. 5 bis Abs. 7 BauGB nach Abs. 2 entschädigt.

Auch werden Eingriffe in ausgeübte Nutzungen stets zusätzlich entschädigt (§ 42 Abs. 4 BauGB). Die Entschädigung des § 42 BauGB ist nach Abs. 1 eine Geldentschädigung, die sich gem. § 43 Abs. 2 BauGB nach den §§ 93 ff., 43 Abs. 4, 5 BauGB bemißt. Wird die zulässige Nutzung eines Grundstücks aufgehoben, kann der Eigentümer nach § 42 Abs. 9 BauGB unter den Voraussetzungen des § 40 Abs. 2 Nr. 1 BauGB statt der Geldentschädigung auch die Übernahme seines Grundstücks gegen Entschädigung verlangen.

cc) Verfassungsmäßigkeit der Siebenjahresfrist gemäß § 42 Abs. 3 BauGB

Fraglich ist, ob die Siebenjahresfrist verfassungsgemäß ist oder gegen Art. 14 GG verstößt. In Art. 14 Abs. 1 S. 2 GG steht, daß es Aufgabe des Gesetzgebers ist, Inhalt und Schranken des Eigentums zu bestimmen. Der Gesetzgeber muß hierbei, die grundgesetzliche Anerkennung des Privateigentums (Art. 14 Abs. 1 S. 1 GG) und auch das Sozialstaatsgebot (Art. 14 Abs. 2 GG) beachten[423].

Die in der Novelle 1976 vom Gesetzgeber eingeführte Siebenjahresfrist stellt eine zulässige Inhalts- und Schrankenbestimmung i. S. v. Art. 14 Abs. 1 S. 2 GG dar[424]. Sie ist ausreichend, angemessen und zumutbar für den Eigentümer um die zulässige Nutzung innerhalb der Frist zu verwirklichen[425]. Insbesondere ist die Regelung verfassungsgemäß, da das Gesetz es ermöglicht, den vermögensrechtlichen Schutz der zulässigen Nutzung über die Siebenjahresfrist hinaus, durch ent-

---

[423] Vgl. *BVerfG*, Beschluß v. 23.4.1974 - 1 BvR 6.74 -, *BVErfGE* 37, S. 132 (140 f.) = NJW 1974, S. 1499; *BVerfGE* 52, S. 1 (29), „Kleingarten-Entscheidung"; *BVerfGE* 58, S. 300 (338), „Naßauskiesungsbeschluß".

[424] Vgl. zu den Bemühungen im Gesetzgebungsverfahren eine angemessene Frist zu bestimmen, den A. -Bericht zur Novelle 1976 BBauG Rdnr. 53.

[425] So *Bielenberg*, in: Ernst/Zinkahn/Bielenberg, Vor. §§ 39 - 44 BauGB, Rdnr. 93.

sprechend geäußerten und dokumentierten Nutzungswillen, zu erstrecken (vgl. § 42 Abs. 6 bis 8 BauGB). Auch ist zu berücksichtigen, daß die „zulässige Rechtsposition" nicht automatisch nach Ablauf der Siebenjahresfrist entfällt. Nach Ablauf der Siebenjahresfrist hat die Gemeinde zwar das Recht, die Änderung oder Aufhebung nicht verwirklichter Nutzungen entschädigungslos vorzunehmen. Diese Aufhebungs- und Änderungsentscheidung der Gemeinde ist aber an eine besondere Planrechtfertigung gebunden, die sich aus den betroffenen gewichtigen Belangen der Eigentümer ergibt[426].

f) Ergebnis

Der Vorhabenträger kann somit grundsätzlich gemäß § 42 Abs. 1 BauGB eine angemessene Entschädigung in Geld verlangen, wenn durch die Aufstellung des Bebauungsplans („Altfälle") bzw. durch die Änderung, Ergänzung oder Aufhebung des vorhabenbezogenen Bebauungsplans eine zulässige Nutzung aufgehoben oder geändert wurde und dadurch eine nicht nur unwesentliche Wertminderung seines Grundstücks eingetreten ist. Die vergeblich aufgewendeten Planungskosten bekommt er aber nach dieser Vorschrift nicht ersetzt, sondern nur nach § 39 BauGB bzw. bei den „Altfällen" nach § 39 BauGB analog.

XI. Rückforderung der Erschließungskosten aus dem öffentlich-rechtlichen Erstattungsanspruch

Die Rückforderung der Erschließungskosten aus dem öffentlich-rechtlichen Erstattungsanspruch kann nur dann in Betracht gezogen werden, wenn das zwischen der Gemeinde und dem Vorhabenträger geplante Projekt überhaupt nicht zustande kommt, beispielsweise, weil die Gemeinde die Satzung wegen Nichteinhaltung der Frist aufhebt (§ 12 Abs. 6 S. 1 BauGB). Macht die Gemeinde von ihrem Aufhebungsrecht Gebrauch, so ist der mit dem Durchführungsvertrag beabsichtigte Zweck - die Projektverwirklichung - nämlich weggefallen und die Erschließungskosten wurden von dem Vorhabenträger ohne rechtlichen Grund geleistet.

Gegen die Rückforderung der Erschließungskosten aus dem öffentlich-rechtlichen Erstattungsanspruch spricht jedoch folgendes: Dem Vorhabenträger sollen bei Nichteinhaltung der Frist gemäß § 12 Abs. 6 S. 2 BauGB keine Ansprüche zustehen. Unter Ansprüche sind dabei nicht nur Schadensersatz- und Entschädigungsansprüche, sondern auch Rückforderungsansprüche hinsichtlich der bereits geleisteten Erschließungskosten zu subsumieren. Würde man hier einen Rückgriff auf

[426] Im Schriftum gibt es daher gegen diese Regelung grundsätzlich kein verfassungsrechtlichen Bedenken, vgl. *Krohn*, in: Berliner Kommentar zum BauGB, § 42 Rdnr. 2.

den öffentlich - rechtlichen Erstattungsanspruch zulassen, so widerspräche es dem Normzweck von § 12 Abs. 6 S. 2 BauGB, der ausdrücklich Ansprüche des Vorhabenträgers gegen die Gemeinde bei Vorliegen der Tatbestandsmerkmale ausschließt[427].

Auch die Interessenlage rechtfertigt nicht die Notwendigkeit, einen Rückgriff auf den öffentlich-rechtlichen Erstattungsanspruch ausnahmsweise zuzulassen, da der Vorhabenträger allein den Umstand, aus dem heraus es hier nicht zur Realisierung eines Vorhabens kam, zu vertreten hat.

Im Ergebnis scheidet die Rückforderung der bereits geleisteten Erschließungskosten aus dem öffentlich-rechtlichen Erstattungsanspruch somit aus.

[427] Unabhängig von der eindeutigen Regelung in § 12 Abs. 6 BauGB dürfte sich ferner aus dem Rechtsgedanken des § 815 BGB bzw. entsprechend aus § 162 BGB ergeben, daß Erstattungsansprüche und somit der öffentlich-rechtliche Erstattungsanspruch hier nicht zum Tragen kommen. So ist gemäß § 815 BGB eine Rückforderung wegen Nichteintritts des mit einer Leistung bezweckten Erfolges ausgeschlossen, wenn der Leistende den Eintritt des Erfolges wider Treu und Glauben verhindert hat.

Dritter Teil

Aufwendungsersatz nach § 39 ff. BauGB bei berechtigtem Vertrauen auf den Bestand eines nichtigen vorhabenbezogenen Bebauungsplan/auf eine nichtige Vorhaben- und Erschließungsplansatzung ?

A. Einführung

Leidet der vorhabenbezogene Bebauungsplan an einem so gravierenden Fehler, daß er auch nicht aufgrund der §§ 214 - 215 a BauGB geheilt werden kann und ist er daher nichtig so stellt sich die Frage, ob die Entschädigungsregelung des § 39 BauGB wenn nicht direkt, so zumindest analog anwendbar ist. Für die sog. „Altfälle" stellt sich die Frage, ob § 39 BauGB doppelt analog anzuwenden ist, wenn der Vorhabenträger auf eine nichtige Vorhaben- und Erschließungsplansatzung vertraut hat.

Weiterhin wird geprüft, ob der Vorhabenträger gemäß § 42 BauGB bei Änderung der gemeindlichen Bauleitplanung eine Entschädigung für eine nicht nur unwesentliche Minderung seines Grundstücks verlangen kann, wenn seine Nutzung durch einen nichtigen vorhabenbezogenen Bebauungsplan bzw. eine nichtige Vorhaben- und Erschließungsplansatzung begründet wurde.

Nachfolgende Ausführungen zur Nichtigkeit eines Bebauungsplans sind übertragbar auf die Satzung über den Vorhaben- und Erschließungsplan, falls nicht etwas anderes erläutert wird.

B. Empirische Untersuchung über die Fehleranfälligkeit von Bebauungsplänen

Daß formelle und materielle Fehler in der Satzungsgebung im Baurecht keine Ausnahme sind, zeigen folgende empirische Untersuchungen über die Fehleranfälligkeit von Bebauungplänen:

So berichtete *Pagenkopf*[1] 1978, daß in einer Großstadt von 870 Bebauungsplänen ca. 840 an formellen oder materiellen zur Nichtigkeit führenden Mängeln litten und nur maximal 30 den Anforderungen der Rechtsprechung genügten. 370 Bebauungspläne waren aufgrund einer fehlerhaften Bekanntmachung und somit wegen Verstoßes gegen § 12 S. 1 BauGB (heute § 10 Abs. 3 BauGB) nichtig. 200 weiteren Bebauungsplänen mangelte es an einer fehlenden Begründung des Satzungsbeschlusses gemäß § 9 Abs. 6 a. F. BBauG (vgl. § 9 Abs. 8 BauGB). 90 % der übriggebliebenen Bauleitpläne waren aufgrund weiterer formeller und mate-

---

[1] *Pagenkopf*, BauR 1979, S. 1.

rieller Fehler nichtig. Bestätigt wurde dies von *Gaentzsch*[2] im Jahr 1985. Gestützt auf Untersuchungen[3], sah er in der Bestandsunsicherheit von Bebauungsplänen auch nach der Einführung der §§ 155 a, 155 b BBauG (vgl. die §§ 214 ff. BauGB) ein „Massenproblem“, das nicht nur für einzelne Städte oder ein einzelnes Bundesgebiet gelte.

Gänzlich anderer Ansicht sind hier jedoch *Schäfer* sowie *Schmidt-Eichstaedt*[4]: „Entgegen landläufigen Vorstellungen werden Bebauungspläne oder baurechtliche Einzelentscheidungen der Gemeinden nur selten förmlich von den Gerichten aufgehoben.“ Das ist richtig. Allerdings ist der Grund hierfür, daß lediglich formell oder materiell rechtswidrige Bebauungspläne geheilt werden können und letztendlich nur nichtige Bebauungspläne gerichtlich beanstandet werden. *Schäfer* und *Schmidt-Eichstaedt* stützen sich bei dieser These auf eigene Erhebungen. So sind in dem Zeitraum von 1977 bis 1982 gegenüber den in den Untersuchungsgemeinden neu aufgestellten Bebauungsplänen nur 5, 1 % angefochten und lediglich 3, 3, % durch Gerichte aufgehoben worden. Diese Zahlen decken sich mit den Ergebnissen des Deutschen Instituts für Urbanistik[5].

Dennoch kann die Fehleranfällikeit und Häufigkeit nicht geleugnet werden, die vielfältige und schwerwiegende Folgen für die Gemeinden und die betroffenen Investoren hat[6]. Deutlich wird dies dann, wenn man sich vor Augen hält, welche Folgen von einer auf einen Verfahrensfehler erkennenden Gerichtsentscheidung ausgeht[7]. Denn die zukünftige weitere Anwendung eines wesentlichen Teils der Bebauungspläne einer Gemeinde kann dann nicht mehr in Betracht kommen[8].

Wie häufig Bebauungspläne nicht den gesetzlichen Anforderungen entsprechen, zeigen auch die Zwischenergebnisse einer Untersuchung von Normenkontrollverfahren in Bausachen[9]. Eine Auswertung der Fehleranfälligkeit führte zu dem Ergebnis, daß fast zwei Drittel aller überprüften Pläne wegen Verstoßes gegen formelle und materielle Vorschriften nichtig waren. Trotz der Heilungsvorschriften der §§ 155 a ff. BBauG (vgl. die §§ 214 ff. BauGB) hielten in einzelnen Bundesländern sogar 85 % der Bauleitpläne einer Überprüfung nicht stand. Als häufigste Fehler wurden in gleichmäßiger Verteilung Verfahrensfehler, Fehler des Planin-

2 *Gaentzsch*, DVBl. 1985, S. 29.

3 *Schäfer/Schmidt-Eichstaedt*, Praktische Erfahrungen mit dem Bundesbaugesetz in der Praxis, S. 311 ff; *dieselben*: DVBl. 1984, S. 588; *Scharmer/Wollmann/Argast*, Rechtstatsachenforschung zur Baugenehmigungspraxis, S. 130 ff.

4 *Schäfer/Schmidt-Eichstaedt*, DVBl. 1984, S. 588 (594).

5 Abgedruckt in NVwZ 1986, S. 108.

6 *Schneider*, DVBl. 1984, S. 577 (579).

7 *Gerschlauer*, DÖV 1984, S. 493.

8 Das Zahlenbeispiel von *Schäfer/Schmidt-Eichstaedt* verführt somit lediglich dazu, die planungsrechtliche Situation zu verharmlosen.

9 Bericht des *Deutschen Institutes für Urbanistik* -difu- , NVwZ 1986, S. 108.

halts und Abwägungsfehler festgestellt[10]. In den letzten Jahren geht der Fehlerkatalog zunehmend in Richtung Abwägungsfehler.

C. Gründe für fehlerhafte Bebauungspläne

Gründe für Fehler in der Bauleitplanung gibt es viele. Fehler bei der Abwägung sind auf die beim Planungsvorgang immensen Probleme zurückzuführen. Der ebenso häufige[11] Verstoß gegen formelle Vorschriften ist damit aber nicht zu erklären[12]. Die Gründe für den „städtebaulichen Torso und Scherbenhaufen gescheiterter Dispositionen und Investitionen“[13] sind im vorgefundenen Recht der Bauleitplanung zu suchen, das ein zu hohes Risiko der Nichtigkeit von Bebauungsplänen mit sich bringt und die Rechtssicherheit sowie den Vertrauensschutz vernachlässigt[14].

Die hohe Fehlerquote bei Bebauungsplänen resultiert daher u. a. daraus, daß nicht nur das Baugesetzbuch eine große Anzahl von Form- und Verfahrensvorschriften vorsieht, sondern es können auch Verfahrensfehler entstehen, wenn die Vorschriften der jeweiligen Gemeindeordnung über die Beschlußfassung durch die Gemeindevertretung nicht richtig angewandt werden. Weiterhin beinhalten landesrechtliche Regelungen über die öffentliche Bekanntmachungsweise die Möglichkeit, durch deren Nichtbeachtung Fehler zu machen.

D. Zur Nichtigkeit des Bebauungsplans bzw. der Vorhaben- und Erschließungsplansatzung führende Fehler

Ein Bebauungsplan/eine Vorhaben- und Erschließungsplansatzung ist nichtig, wenn er/sie an einem formellen oder materiellen Fehler leidet und dieser nicht gemäß den §§ 214 - 215 a BauGB geheilt werden kann. Bis zur Baurechtsnovelle im Jahre 1976 bestand die Möglickeit, die Verletzungen von Verfahrens- und Formvorschriften noch unbegrenzte Zeit nach Bekanntmachung des Bebauungsplans (heute § 10 Abs. 3 BauGB) insbesondere durch Anfechtung eines auf den Plan gestützten Verwaltungsaktes, gerichtlich überprüfen zu lassen[15]. Heute ist

---

[10] Somit sind, entgegen einer weit verbreiteten Literaturmeinung, nicht die Verfahrensfehler dominierend. *Gerschlauer*, DÖV 1984, S. 493 (498); *Große-Hündtfeld*, BauR 1979, S. 15 (19); *Pagenkopf*, BauR 1979, S. 1.

[11] Vgl. difu-Bericht des *Detuschen Instituts für Urbanistik*, NVwZ 1986, S. 108.

[12] *Gerschlauer*, DÖV 1984, S. 493 (498).

[13] So wörtlich *Breuer*, NVwZ 1982, S. 273.

[14] So die amtliche Begründung der Bundesregierung: BT-DS. 8/2451, S. 31; Bericht des zuständigen Bundestagsausschusses, BT. DS. 8/ 2885, S. 35 f., zur baurechtlichen Beschleunigungsnovelle 1979.

[15] Erst seit dem § 47 VwGO i. d. F. des Änderungsgesetzes vom 24. August 1976 (BGBl. I 2437), der die Normenkontrolle gegen Bebauungspläne bereits einheitlich einer unmittelba-

erforderlich, daß Verletzungen von Verfahrens- und Formvorschriften sowie Mängel der Abwägung gemäß § 215 BauGB in den jeweiligen Fristen gerügt werden[16]. Für eine Vorhaben- und Erschließungsplansatzung nach § 7 BauGB-MaßnG verweist § 9 Abs. 3 S.1 BauGB-MaßnG auf diese Heilungsvorschriften.

Während formelle Fehler in einer Bebauungsplansatzung meist geheilt werden, führen materielle Rechtsmängel in der Praxis häufig zur Nichtigkeit des Bebauungsplans[17]. Vereinfacht gibt es drei Gruppen von materiellen Rechtsmängeln, die zur Nichtigkeit führen: Ein Verstoß gegen das Entwicklungsgebot, § 8 Abs. 2 BauGB, ein Verstoß gegen das Begründungsgebot, § 9 Abs. 8 BauGB und Verstöße gegen das Abwägungsgebot, § 1 Abs. 6 BauGB.

Das Entwicklungsgebot aus dem Flächennutzungsplan ist dabei eine häufige Fehlerquelle. Der Grund hierfür liegt darin, daß sich ein Maßstab, wann im Einzelfall die Grenzen des Entwickelns überschritten sind, kaum aufstellen läßt[18]. Aufgrund der fundamentalen Entscheidung des *BVerwG* vom 28. Februar 1975[19] darf an das Entwicklungsgebot zwar kein zu enger Maßstab angelegt werden. Dennoch herrscht in der Praxis über die Anforderungen im einzelnen wenig Klarheit. Die Vorhaben- und Erschließungsplansatzung ist genauso wie der (vorhabenbezogene) Bebauungsplan aus dem Flächennutzungsplan zu entwickeln (§ 7 Abs. 2 S. 2 BauGB-MaßnG). Auch findet das Begründungsgebot nach § 7 Abs. 1 S. 5 BauGB-MaßnG i. V. m. § 9 Nr. 8 BauGB entsprechende Anwendung. Fehler diesbezüglich sind also bei Vorhaben- und Erschließungsplansatzungen möglich. Noch häufiger werden jedoch Fehler bei der Abwägung nach § 1 Abs. 6 BauGB gemacht[20].

---

ren (prinzipalen) Normenkontrolle zugänglich gemacht hat, ist diese nicht mehr auf die Länder Baden-Württemberg (§ 5 Bad-Württ. AG VwGO), Bremen (Art. 7 Brem. AG VwGO), Hessen (§ 11 Hess. AG VwGO) und Schleswig-Holstein (§ 5 a Schl. H. AG VwGO) beschränkt; die übrigen Bundesländer hatten nicht von der Ermächtigung des § 47 VwGO a. F. zur Einführung der prinzipalen Normenkontrolle Gebrauch gemacht, so daß nur die Möglichkeit zur inzidenten Überprüfung der Bebauungspläne bestand.

16 Beachte in diesem Zusammenhang auch den neu eingeführten § 215 a BauGB: Ergänzendes Verfahren.

17 *Gaentzsch*, DVBl. 1985, S. 29 (31).

18 *Bielenberg*, in: Ernst/Zinkahn/Bielenberg, BBauG, § 8 Rdnr. 5 a.

19 BauR 1975, S. 256.

20 Verständlich wird dies, wenn man das Gebot zur gerechten Abwägung - wie es *Schmidt-Aßmann* getan hat (*Schmidt-Aßmann*, in: Ernst/Zinkahn/Bielenberg, BBauG, § 1 Rdnr. 316 f.) - in zehn Teilaussagen unterteilt: Das Gebot der Abwägungsbereitschaft, das Gebot differenzierter Abwägung, das Gebot zielgerichteter Abwägung, das Gebot individualisierter Abwägung, das Gebot gegensteuernder Abwägung, das Gebot distanzierter Abwägung, das Gebot fachlich optimaler Abwägung, das Gebot möglichster Lastengleichheit, das Gebot der Rücksichtnahme und das Verbot unverhältnismäßiger Eigenbegünstigung.) Die Tatsache, daß das Abwägungsgebot als zentraler Bestandteil des Planungsvorganges auch nach Einführung des § 155 b Abs. 2 S. 2 BBauG (heute § 214 Abs. 3 BauGB) noch in vielen Fällen der „wunde Punkt" bei Bebauungsplänen ist, verwundert daher nicht.

Wer für die hohe Fehlerquote bei Bebauungsplänen verantwortlich ist, kann nicht so einfach beantwortet werden. Ob das Gesetz zu hohe Anforderungen bei der Aufstellung eines Bebauungsplans stellt oder die Gemeinden nicht in der Lage sind, rechtsstaatlich zu handeln, oder wiederum die Gerichte die Vorschriften des Baugesetzbuches zu eng auslegen[21], soll hier dahingestellt bleiben. Wahrscheinlich trifft keine der Ursachen ausschließlich zu. Andererseits ist aber auch keine auszuschließen[22].

E. Anwendbarkeit der Plangewährleistungsansprüche bei nichtigen Bebauungsplänen/Vorhaben- und Erschließungsplansatzungen

Ist ein (vorhabenbezogener) Bebauungsplan bzw. eine Vorhaben- und Erschließungsplansatzung unheilbar rechtswidrig und somit nichtig, so hat der Investor z. B. dadurch einen Schaden erlitten, daß er Aufwendungen zur Vorbereitung der Bebauung des Grundstücks gemacht hat, die sich nach der Feststellung der Nichtigkeit des zugrundeliegenden Bebauungsplans/der Vorhaben- und Erschließungsplansatzung als nutzlos erweisen. Zum anderen kann dem Erwerber eines Grundstücks oftmals ein höherer Schaden dadurch erwachsen, daß er ein Grundstück gekauft hat, für das er einen Kaufpreis gezahlt hat, der für bebaubares Land üblicherweise zu zahlen ist, da der Bebauungsplan hierfür Bauland ausgewiesen hatte. Sollte sich nach Abschluß des Kaufvertrages herausstellen, daß der Bebauungsplan nichtig ist und entfällt die Bebaubarkeit des Grundstückes, so ist der Schaden hoch.

I. Anwendbarkeit von § 39 BauGB

Der Wortlaut von § 39 BauGB geht eindeutig von Ersatz für Aufwendungen aus, die der Eigentümer oder ein sonstiger Nutzungsberechtigter im Vertrauen auf den Bestand eines rechtsverbindlichen Bebauungsplan gemacht hat. Ein rechtsverbindlicher Bebauungsplan ist hierbei nur ein inkraftgetretener (§ 10 BauGB) Bebauungsplan. Das heißt, der zugrundeliegende (inkraftgetretene) Bebauungsplan muß zum Zeitpunkt der Aufwendungen wirksam sein, also nicht an einem formellen oder materiellen Rechtsfehler leiden und darf nicht vor den fraglichen Aufwendungen durch gegenläufiges Gewohnheitsrecht oder Funktionslosigkeit außer Kraft getreten sein[23]. Zu beachten ist allerdings, daß ein Bebauungsplan dann als rechtsverbindlich anzusehen ist, wenn er trotz Fehlerhaftigkeit gemäß den §§ 214 - 215 a BauGB als „geheilt" gilt. Ein Ersatz für Aufwendungen entfällt somit auch nicht, wenn diese vor Eintritt der Heilung getätigt wurden, sogar dann nicht,

---

[21] Siehe die „Ermahnung" des *BVerwG* in seinem Urteil vom 26. Oktober 1979, BauR 1980, S. 40.

[22] So *Gaentzsch*, DVBl 1985, S. 29 (31).

[23] So ausdrücklich der *BGH*, in: *BGHZ* 84, S. 292, Urt. v. 24. Juni 1982, III ZR 169/80.

wenn der Betroffene von dem Mangel Kenntnis hatte. Tritt aber entgegen den Erwartungen die „Heilung" nicht ein, so ist die Anwendung des § 39 BauGB ausgeschlossen[24].

Wurden Aufwendungen zu einem Zeitpunkt getätigt, als der rechtswidrige Bebauungsplan noch nicht rechtswirksam war, erscheint es allerdings zweifelhaft § 39 BauGB anzuwenden, da es dem Betroffenen im Augenblick, in dem er die Aufwendungen getätigt hat, an einem „berechtigten Vertrauen" hinsichtlich des Bebauungsplans fehlte[25]. Aufgrund der Rückwirkung der Heilung eines Bebauungsplans, muß der Betroffene aber bezüglich der Bewertung seines Vertrauens, so behandelt werden, wie wenn der Bebauungsplan schon zum damaligen Zeitpunkt rechtswirksam gewesen ist[26]. Das heißt, ein Entchädigungsanspruch gemäß § 39 BauGB ist zu bejahen.

II. Analoge Anwendung von § 39 BauGB auf nichtige Bebauungspläne - doppelt analoge Anwendung auf eine nichtige Vorhaben- und Erschließungsplansatzung/Meinungsstand und Stellungnahme

Es stellt sich die Frage, ob § 39 BauGB auf nichtige Bebauungspläne analog bzw. auf eine nichtige Vorhaben- und Erschließungsplansatzung doppelt analog anzuwenden ist. Für die Festsetzung einer Analogie ist zunächst eine Regelungslücke erforderlich, d. h. zwingende Gründe müssen diese rechtfertigen. Hier wäre ein zwingender Grund der, daß der Investor seinen Vertrauensschaden nicht ersetzt bekommt. Das ist bei einem nichtigen Bebauungsplan jedoch nicht der Fall. Leidet ein Bebauungsplan unter so gravierenden Fehlern, daß er nicht nach den §§ 214 ff. BauGB heilbar ist, so kommt, neben einem Anspruch aus § 48 Abs. 3 VwVfG bei Rücknahme einer ergangenen Baugenehmigung, ein Amtshaftungsanspruch der Gemeinde gemäß § 839 BGB i. V. m . Art. 34 GG in Betracht[27]. Neben der geforderten Amtspflichtverletzung[28] durch den Gemeinderat muß diese insbesondere drittschützend sein, d. h. der Nutzungsberechtigte, der im Vertrauen auf die Wirksamkeit des Bebauungsplans nutzungsvorbereitende Aufwendungen gemacht hat, muß zum geschützten Personenkreis gehören. Bei einem Bebau-

---

24 Vgl. *Bielenberg*, in: Ernst/Zinkahn/Bielenberg, BauGB, § 39 BauGB, Rdnr. 16.

25 So *Schenke*, WiVerw 1990, S. 226 (251).

26 So zutreffend *Schenke*, WiVerw, 1990, S. 226 (251); im Ergebnis gleich, *Bielenberg*, in: Ernst/Zinkahn/Bielenberg, BauGB, § 39 BauGB, Rdnr. 16, der das Problem des „berechtigten Vertrauens" in diesem Zusammenhang nicht sieht.

27 Siehe dazu *Müller*, BauR 1983, S. 193.

28 Als Amtspflichtverletzung kommt insbesondere in Betracht, daß die Gemeinde trotz erkannter Nichtigkeit eines Bebauungsplans und trotz Kenntnis von Investitionsabsichten eines Eigentümers den falschen Rechtsschein des Bestandes eines rechtsverbindlichen Bebauungsplans aufrecht erhält.

ungsplan kann sich diese drittschützende Amtspflicht im Einzelfall aus § 1 Abs. 5, 6 BauGB ergeben[29].

Zu beachten ist aber, daß der *BGH* bei einem nichtigen Bebauungsplan, der nicht aus dem Flächennutzungsplan entwickelt wurde (§ 8 Abs. 2 BauGB) einen Anspruch aus Amtshaftung für nicht gegeben hält. So hat der *BGH* in seinem Urteil v. 28. Juni 1982[30] eine Amtspflicht der Gemeinderatsmitglieder gegenüber dem planunterworfenen, auf die Wirksamkeit des Plans vertrauenden Bürgers mit dem Inhalt, daß dieser vor wertlosen Aufwendungen im Hinblick auf einen nichtigen Bebauungsplan bewahrt werde, abgelehnt: Zwar hafte die Gemeinde, deren Rechtsnachfolgerin die Beklagte ist, soweit es sich um die Beschlußfassung über den Bebauungsplan handelt, für „legislative" Akte ihres Gemeinderates. Auch sei jedem Mitglied nach der ständigen Rechtsprechung des Senats ein „öffentliches Amt" im Sinne von Art. 34 GG anvertraut, so daß dieses als „Beamter" im haftungsrechtlichen Sinne anzusehen ist[31]. Begründung für die Ablehnung eines Amtshaftungsanspruches war aber, daß das Entwicklungsgebot des Bebauungsplans aus dem Flächennutzungsplan keine der Klägerin, „einer Dritten" gegenüber obliegenden Amtspflicht darstelle, die verletzt worden ist[32]. Der *BGH*[33] lehnte ferner einen Entschädigungsanspruch aus entsprechender Anwendung des eine abschließende, nicht erweiterungsfähige Regelung enthaltenen § 39 j BBauG (= § 39 BauGB) bzw. aus einem ungeschriebenen Plangewährleistungsanspruch ab. Begründung hierfür ist, daß nur das Vertrauen in bestehende Bebauungspläne geschützt werden soll[34]. Auch auf rechtswidrige Bebauungspläne, die noch nicht aufgehoben worden sind, sei § 39 j BBauG nicht anzuwenden. Ein von Anfang an rechtswidriger (unwirksamer) Bebauungsplan äußere nämlich nicht die mit ihm beabsichtigten Rechtswirkungen. Es fehle somit von Anfang an an einer rechtsverbindlichen Grundlage für ein schutzwürdiges Vertrauen.

Die Rechtsverbindlichkeit eines Bebauungsplans i. S. d. § 39 BauGB kann auch erst später entfallen, nämlich wenn in besonderen Fällen aufgrund Gewohnheitsrechts oder Funktionslosigkeit der Bebauungsplan (oder die betreffende Festset-

---

29 *BGH*, NJW 1984, S. 2516; NJW 1989, S. 976; *Gaentzsch*, NVwZ 1990, S. 505; a. A. *Müller*, BauR 1983, S. 193; weitergehend *Johlen*, BauR 1983, S. 196. Siehe auch die Ausführungen zum normativen Unrecht im zweiten Teil unter D.VI. 5.

30 *BGHZ* 84, S. 292 (298).

31 Vgl. Senatsurteile vom 18. Juni 1970 - III ZR 13/67 = VersR 1970, S. 100 (109); v. 30. Januar 1975 - III ZR 18/72 = WM 1975, S. 630, 633 = DVBl. 1976, S. 173; *BGHZ* 65, S. 182/3; *BGHZ* 11, S. 192 (197) für Kreistagsmitglieder.

32 Siehe hierzu ausführlich, *BGHZ* 84, S. 292 (299 ff.).

33 *BGHZ* 84, S. 292 (295); siehe auch *Korbmacher*, WiVerw 1979, S. 37 (45).

34 Siehe auch BT- DS. 7/2496, S. 53; Senatsurteil v. 13. April 1978 - III ZR 122/76 = WM 1978, S. 1212 (1213); *Breuer*, Bodennutzung, S. 209 (211), dieser sieht den Entschädigungsanspruch (des § 39 j) als eine Auswirkung des Schutzes von subjektiv öffentlichen Rechten an, deren wirksame Entstehung damit vorausgesetzt wird.

zung) nicht mehr als wirksam (gültig) anzusehen ist[35]. In diesen Fällen ist zu erwägen, ob aufgrund Rechtsscheins eine nach § 39 BauGB Schutz gewährende „Festsetzung“ anzunehmen ist, wenn der Bebauungsplan (bzw. die Festsetzung) ungültig ist, der Bebauungsplan nicht aufgrund von den §§ 214 - 215 a BauGB heilbar ist und der Betroffene die Ungültigkeit nicht erkennen konnte. Eine entsprechende Anwendung des § 39 j BauGB auf Fälle, in denen die Unwirksamkeit des Bebauungsplans nicht ohne weiteres erkennbar war, scheidet nach Ansicht des *BGH* aber ebenfalls aus, weil § 39 j BBauG eine abschließende Regelung darstelle[36]. Aufgrund des eindeutigen Wortlautes von § 39 BauGB hat der Gesetzgeber den Vertrauensschutz hierauf auch nicht ausgedehnt.

Da auch übergeordnete Rechtsgrundsätze nicht zu einer erweiternden Auslegung des § 39 BauGB führen, bleibt für Aufwendungen, die im Vertrauen auf einen nicht erkennbar rechtsunwirksamen Bebauungsplan bzw. (einzelne nicht erkennbar rechtsunwirksame Festsetzungen) getätigt wurden, falls die Voraussetzungen vorliegen, nur ein Anspruch aus Amtshaftung oder möglicherweise aus enteignungsgleichem Eingriff[37]. Da dem Betroffenen durch eine rechtswidrige Festsetzung einer Nutzung nichts genommen wird und die im Hinblick auf die Festsetzungen eines vermeintlich wirksamen Bebauungsplans getätigten Aufwendungen einen reinen Vermögensschaden darstellen, werden sie jedoch nicht vom Schutzbereich des Art. 14 GG erfasst[38], so daß ein Anspruch aus enteignungsgleichem Eingriff ausscheiden muß. Im Ergebnis bleibt festzuhalten, daß die gebotene Rechtsfolge daher die Anwendung der Haftungsgrundsätze des „normativen Unrechts“ und nicht des Plangewährleistungsrechts ist[39].

Bis auf wenige Ausnahmen in der *Literatur*[40] ist es ganz *herrschende Meinung*[41], daß das Vertrauen auf einen nichtigen Bebauungsplan nicht nach § 39 BauGB

---

35 So auch *Bielenberg*, in: Ernst/Zinkahn/Bielenberg, BauGB, § 39 BauGB, Rdnr. 16; *Breuer*, BBauG, § 39 j Rdnr. 17.

36 *BGHZ* 84, S. 292 (297); so auch *Korbmacher*, Wiverw 1979, S. 37 (45).

37 Vgl. *Battis*, in: Battis/Krautzberger/Löhr, BauGB, § 39 Rdnr. 6; *Bielenberg*, in: Ernst/Zinkahn/Bielenberg, BauGB, § 39 Rdnr. 16; *Breuer*, BBauG, § 39 j Rdnr. 18; *Korbmacher*, WiVerw 1979, S. 37 (45); *Pohl*, Bauplanungsrecht, § 39 j BBauG, Anm. III 1;

38 Der *BGH* verweist hierbei auf das Urt. vom 11.3.1982- III ZR 174/80-. Wertpapier-Mitteilungen 1982, S. 663.

39 *Schenke*, DÖV 1987, S. 45 (49), der allerdings eine analoge Anwendung von § 39 BauGB für den Fall vertritt, daß sich das Vertrauen auf das Fortbestehen einer baulichen Nutzungsmöglichkeit nach §§ 34 f. BBauG bezieht.

40 So z. B. *Lenz*, BauR 1981, S. 215, der das Vertrauen auf die Rechtsverbindlichkeit des Bebauungsplans nach § 39 BauGB geschützt haben will und darin das Hauptanliegen des § 39 BauGB sieht; vgl. auch *Baumeister/Baumeister*, BBauG, § 39 j Rdnr. 3; *Heinze*, BBauG, § 39 j Rdnr. 4.

41 Vgl. hierzu z. B. *BGHZ* 84, S: 292 (295) Urt. v. 24. Juni 1982, III ZR 169/80; *Battis*, in: Battis/Krautzberger/Löhr, BauGB, § 39 Rdnr. 6; *Bielenberg*, in: Ernst/Zinkahn/Bielenberg, BauGB, § 39 Rdnr.16; *Birk*, NVwZ 1984, S. 1; *Breuer*, in: Schrödter, § 39 BauGB, Rdnr.

geschützt wird und somit keinen Ersatzanspruch begründet[42]. Nicht überzeugend und somit abzulehnen ist die Ansicht von *Birk*[43], der bei Vollzug eines nichtigen Bebauungsplans durch Baugenehmigung oder Vorbescheid die analoge Anwendung von § 39 BauGB fordert, allerdings offen läßt, weshalb angesichts der Regelung des § 48 Abs. 3 VwVfG, die das Vertrauen des Betroffenen ausreichend schützt, noch eine Regelunglücke gegeben sein soll[44].

Jäde hält die Möglichkeit eines Entschädigungsanspruchs des Vorhabenträgers nach den §§ 39 ff. BauGB für gegeben, wenn die Satzung über den Vorhaben- und Erschließungsplan aufgehoben wird, um den Rechtsschein einer nichtigen Satzung zu beseitigen[45]. Der Gesetzgeber fordere auch für die Beseitigung des Rechtsscheins einer nichtigen Satzung, daß ein förmliches Aufhebungsverfahren erfolgt. Dies ergebe sich daraus, daß nach § 7 Abs. 6 HS 1 BauGB-MaßnG die Vorschriften über die Aufstellung der Satzung über den Vorhaben- und Erschließungsplan auch für ihre Änderung, Ergänzung oder Aufhebung gelten. Die Vorschrift entspräche § 2 Abs. 4 BauGB. Der Gesetzgeber wolle nicht, daß diese Nichtigkeit der Satzung auf andere (und einfachere) Weise (deklaratorisch) durch die Gemeinde festgestellt werden könnte[46]. Wird die Satzung über den Vorhaben- und Erschließungsplan aufgehoben, um den Rechtsschein einer nichtigen Satzung zu beseitigen oder falls sich nachträglich herausstellt, daß die aufgehobene Satzung nichtig gewesen ist, so vertritt *Jäde*, daß man § 39 BauGB einen allgemeinen Rechtsgedanken dahingehend entnehmen könne, daß ein Planungsschadensanspruch allein auf das negative Interesse besteht. Das heißt, der Vorhabenträger ist so zu stellen, wie wenn es die nichtige Satzung nicht gegeben hätte. Einen Planungsschadensersatzanspruch auf ein darüber hinausgehendes positive Interesse, also daß der Vorhabenträger so gestellt wird, als ob die Satzung gültig gewesen

---

37; *Deutsch*, DVBl. 1995 S. 546 (551); *Gaentzsch*, BauGB, § 39 Rdnr. 2; *Koch/Hosch*, Baurecht, S. 192; *Schenke*, DÖV 1987, S. 45 (49); *ders.*, WiVerw 1990, S. 226 (251).

42 So die ganz h. M., vgl. z. B. *Battis*, in: Battis/Krautzberger/Löhr, BBauG, § 39 j Rdnr. 5; *Bielenberg*, in: Ernst/Zinkahn/Bielenberg, BBauG, § 39 j, Rdnr. 16; *Kröner*, ZfBR 1984, S. 20 ff.; *BGHZ* 84, S. 292 mit Besprechung von *Müller*, BauR 1983, S. 193 ff.; *Schenke*, WiVerw 1990, S. 226 (251); a. A. *Lenz*, BauR 1981, S. 215;

43 *Birk*, NVwZ 1984, S. 1 (6).

44 Kritisch hierzu, *Battis*, in: Battis/Krautzberger/Löhr, § 39 BauGB, Rdnr. 6, der zusätzlich zu einem etwaigen Amtshaftungsanspruch zutreffend § 48 Abs. 3 VwVfG für anwendbar hält. Der *BGH* hat die Frage offengelassen, wie die Rechtslage zu beurteilen wäre, wenn ein positiver Vorbescheid ergangen ist (vgl. auch *Kröner*, ZfBR 1984, S. 20 (21); ablehnend auch *Schenke*, WiVerw 1990, S. 226 (251)).

45 *Jäde*, Der Vorhaben- und Erschließungsplan, Rdnr. 223.

46 Siehe hierzu auch *BVerwG*, Urt. v. 21.11.1986 - 4 C 22.83 - , BauR 1987, S. 179 = BBauBl. 1987, S. 245 = BayVBl. 1987, S. 310 = NJW 1987, S. 1344 = DVBl. 1987, S. 481 = UPR 1987, S. 186 = BRS 46 Nr. 3; 4 C 60.84 -, BayVBl. 1987, S. 311 = UPR 1987, S.188 = BRS 46 Nr. 4; Beschl. v. 12.12.1990 - 4 B 143.90-, NVwZ - RR 1991, S. 524; zur Kritik siehe *Jäde*, BayVBl. 1988, S. 5.

sei, gibt dieser Rechtsgedanke nach Ansicht *Jädes* nicht her[47]. Vertraglich begründete Garantiepflichten blieben hiervon unberührt. Somit könnte der Investor nach dieser Auffassung Ersatz seiner Aufwendungen verlangen, nicht aber den entgangenen Gewinn.

Daß § 39 BauGB auf nichtige Bebauungspläne keine Anwendung finden soll, ergibt sich auch aus der Regierungsvorlage der Novelle 1976[48], die ausdrücklich klarstellt, der Schutz solle auf den Bestand der Festsetzungen rechtsverbindlicher Bebauungspläne beschränkt sein.

Gegen die analoge Anwendung von § 39 BauGB beim nichtigen vorhabenbezogenen Bebauungsplan bzw. die doppelt analoge Anwendung bei der Satzung über den Vorhaben- und Erschließungsplan spricht ferner die mangelnde Vergleichbarkeit der Interessenlage. Vertraut jemand auf den Bestand eines rechtsverbindlichen Bebauungsplans/einer rechtsverbindlichen Vorhaben- und Erschließungsplansatzung, so ist sein Vertrauen schutzwürdiger, da er auf eine wirksame Rechtsnorm vertraut hat. Selbst wenn dem Bauherrn aufgrund eines unwirksamen Bebauungsplans bereits eine Baugenehmigung erteilt worden ist, kann § 39 BauGB daher keine Anwendung finden[49].

Auch kann der Vorhabenträger gegebenenfalls Ansprüche aus Amtshaftung gegen die Gemeinde geltend machen. Es fehlt diesbezüglich nicht an dem hierfür erforderlichen Eingriff in individuelle Rechte[50]. Ferner besteht die Möglichkeit, neben einem Amtshaftungsanspruch § 48 Abs. 3 VwVfG geltend zu machen, wenn der nichtige Bebauungsplan durch Baugenehmigung „vollzogen" wurde. Eine analoge bzw. doppelt analoge Anwendung von § 39 BauGB ist daher mangels „Regelungslücke" nicht erforderlich.

Eine analoge Anwendung von § 39 BauGB auf einen nichtigen vorhabenbezogenen Bebauungsplan und somit eine doppelt analoge Anwendung von § 39 BauGB bei Vorliegen einer nichtigen Vorhaben- und Erschließungsplansatzung ist im Ergebnis somit abzulehnen.

---

[47] Vgl. zu § 39 BauGB (bzw. der Vorgängerregelung des § 39 j BBauG) *BGH*, Urt. v. 24.6.1983 - III ZR 169/80 - , *BGHZ* 84, S. 292 = NJW 1983, S. 215 = BauR 1982, S. 457; a.A: *Lenz*, BauR 1981, S. 215.

[48] BT-DS. 7.2496, S. 53.

[49] Vgl. *Birk*, NVwZ 1984, S. 1 (6).

[50] Siehe Ausführungen im zweiten Teil unter D.VI.5., zum normativen Unrecht.

III. Entschädigungsanspruch aus § 42 BauGB bei Begründung der zulässigen Nutzung durch einen nichtigen (vorhabenbezogenen) Bebauungsplan/eine nichtige Vorhaben- und Erschließungsplansatzung ?

Fraglich ist, ob die durch einen nichtigen vorhabenbezogenen Bebauungsplan bzw. durch eine nichtige Vorhaben- und Erschließungsplansatzung begründete Nutzung bei Aufhebung oder Änderung, einen Entschädigungsanspruch gemäß § 42 BauGB nach sich zieht.

Aus dem Wortlaut von § 42 BauGB geht nicht direkt hervor, ob die durch einen nichtigen Bebauungsplan bzw. durch eine nichtige Vorhaben- und Erschließungsplansatzung begründete Nutzung einen Entschädigungsanspruch nach sich zieht.

Der *BGH*[51] hat entschieden, daß sich die bisher zulässige Nutzung aus einem Bebauungsplan ergeben muß, der rechtliche Bestandskraft erlangt hat. Nichtige Bebauungspläne könnten keine städtebaulichen Zulässigkeiten i. S. d. § 42 BauGB begründen und auch vorhandene Zulässigkeiten nicht ändern. Der *BGH* deutet hiermit an, daß eine rechtswirksame zulässige Nutzung durch oder aufgrund eines nichtigen Bebauungsplans nicht geändert werden kann und daher keinen Anspruch aus § 42 BauGB nach sich ziehen kann. Ebenso könne ein nichtiger Bebauungsplan auch keine zulässige Nutzung nach § 42 BauGB begründen. Dies gelte auch für Bebauungspläne, die inzwischen obsolet oder funktionslos geworden sind[52]. Allerdings ist wiederum zu beachten, daß rechtswidrige Bebauungspläne nach den §§ 214 - 215 a BauGB geheilt werden können und somit als bestandskräftig anzusehen sind.

Da nichtige Bebauungspläne keine zulässige Nutzung begründen können, scheidet der Anspruch auch aus, wenn diese durch einen gültigen Bebauungsplan eingeschränkt bzw. ganz entzogen wird. Ein Entschädigungsanspruch aus § 42 BauGB ist somit auch bei Vorliegen einer nichtigen Vorhaben- und Erschließungsplansatzung abzulehnen, die aufgrund eines wirksamen Bebauungsplans aufgehoben oder geändert wird. Wie bei § 39 BauGB bleibt auch hier nur Raum für Amtshaftungsansprüche.

F. Ergebnis

Aus dem oben Gesagten folgt, daß ein Entschädigungsanspruch aus § 39 BauGB bei einem nichtigen (vorhabenbezogenen) Bebauungsplan bzw. einer nichtigen Satzung über den Vorhaben- und Erschließungsplan weder direkt noch doppelt analog besteht. § 42 BauGB ist bei einem nichtigen (vorhabenbezogenen) Bebau-

---

[51] *BGH*, Urt. v. 1.10.1987 - III ZR 184.86 -, ZfBR 1988, S. 145.

[52] *Bielenberg*, in: Ernst/Zinkahn/Bielenberg, § 42 Rdnr. 3.

ungsplan bzw. bei einer nichtigen Vorhaben- und Erschließungsplansatzung ebenfalls nicht einschlägig.

Zusammenfassung der wichtigsten Ergebnisse

I.

Der Vorhaben- und Erschließungsplan stellt ein Planungsinstrument für das Gebiet der ehemaligen DDR dar. Er war ursprünglich in § 55 der Bauplanungs- und Zulassungsverordnung geregelt, welche aufgrund der Wirtschafts- und Währungsunion in enger Abstimmung zwischen den Bauministerien des Bundes und der ehemaligen DDR erschaffen und von der Regierung „de Maizieres" im Juni 1990 für das Gebiet der damaligen DDR erlassen wurde. Am 22. April 1993 wurde er durch das Investitionserleichterungs- und Wohnbaulandgesetz unter der Bezeichnung „Satzung über den Vorhaben- und Erschließungsplan" in § 7 BauGB-MaßnG für das gesamte Bundesgebiet befristet bis zum 31.12.1997 übernommen. Durch das BauROG 1998 wurde der Vorhaben- und Erschließungsplan mit Wirkung vom 1.1.98 in das Baugesetzbuch und zwar in § 12 BauGB übernommen. Die Besonderheit des Vorhaben- und Erschließungsplans ist, daß einzelne Bauvorhaben ohne das Vorliegen eines „normalen" Bebauungsplans und das damit verbundene langwierige Verfahren verwirklicht werden können, was eine erhebliche Zeitersparnis mit sich bringt und eine zügige Realisierung des Projektes ermöglicht. Beabsichtigt der Investor nach § 12 BauGB ein Vorhaben durchzuführen, so muß er mit einem von ihm erarbeiteten Vorhaben- und Erschließungsplan an die Gemeinde herantreten. Kommt es zu einer Einigung, so wird zwischen ihm (dem sog. Vorhabenträger) und der Gemeinde der Durchführungsvertrag geschlossen. Der Vorhaben- und Erschließungsplan wird Bestandteil des vorhabenbezogenen Bebauungsplans.

II.

Der Durchführungsvertrag, der die Verpflichtung des Vorhabenträgers zur Durchführung der Vorhaben- und Erschließungsmaßnahmen und zur Tragung der Erschließungskosten beinhaltet, ist stets ein öffentlich-rechtlicher Vertrag. Sowohl die Schaffung von Baurecht als auch die Verpflichtung zur Errichtung des Bauvorhabens verbunden mit der Erschließung ist vom Gegenstand und Zweck her dem öffentlichen Recht zugeordnet. Allerdings sind Verträge außerhalb des Durchführungsvertrages, z. B. die Übertragung von Grundstücksflächen oder die Einräumung von Nutzungsrechten, zivilrechtliche Verträge. Diese Einordnung ist erforderlich, da ein öffentlich-rechtlicher Vertrag andere Konsequenzen bei der Behandlung von Leistungsstörungen nach sich zieht als ein zivilrechtlicher Vertrag.

Da beim Durchführungsvertrag die Koordination und Kooperation zwischen dem Vorhabenträger und der Gemeinde im Vordergrund steht, handelt es sich um einen koordinationsrechtlichen Vertrag i. S. d. § 54 S. 2 VwVfG und nicht um einen subordinationsrechtlichen Vertrag i. S. d. § 54 S. 1 VwVfG.

III.

Umstritten war bis zur Neuregelung des § 7 BauGB-MaßnG durch § 12 BauGB, zu welchem Zeitpunkt der Durchführungsvertrag zwischen dem Vorhabenträger und der Gemeinde abgeschlossen sein mußte, vor oder aber erst nach Satzungsbeschluß. Aus § 7 Abs. 1 S. 1 Nr. 2 HS 1 BauGB-MaßnG ergab sich lediglich, daß der Vertrag vor Inkrafttreten der Satzung über den Vorhaben- und Erschließungsplan vorliegen muß, nicht aber, ob vor oder nach Satzungsbeschluß. Dieser Streit hat sich nun erledigt. In § 12 Abs. 1 S. 1 BauGB ist jetzt eindeutig geregelt, daß sich der Vorhabenträger im Durchführungsvertrag zur Durchführung innerhalb einer bestimmten Frist und zur Tragung der Planungs- und Erschließungskosten ganz oder teilweise vor dem Beschluß nach § 10 Abs. 1 BauGB verpflichten muß.

IV.

Die Gemeinde soll den „vorhabenbezogenen Bebauungsplan" bzw. bei Projekten vor dem 1.1.98 die „Vorhaben- und Erschließungsplansatzung" aufheben, wenn der Vorhabenträger die vertraglich vereinbarte Frist zur Durchführung des Projektes nicht einhält (§ 12 Abs. 6 S. 1 BauGB bzw. § 7 Abs. 5 S. 1 BauGB-MaßnG). Ebenfalls ist sie zur Aufhebung befugt, wenn der Vorhabenträger gewechselt hat und Tatsachen die Annahme rechtfertigen, daß die Durchführung des Vorhaben- und Erschließungsplans innerhalb der vereinbarten Frist gefährdet ist (§ 12 Abs. 6 S. 1 BauGB bzw. § 7 Abs. 5 S. 2 BauGB-MaßnG). Gemäß § 12 Abs. 6 S. 2 BauGB (§ 7 Abs. 5 S. 3 BauGB-MaßnG) können aus der Aufhebung der Satzung dann keine Ansprüche gegen die Gemeinde geltend gemacht werden. Dieser Ausschluß bezieht sich insbesondere auf die Plangewährleistungsansprüche nach § 39 ff. BauGB. Unberührt von dem Ausschluß bleiben neben vertraglichen Ansprüchen, vor allem Ansprüche aus Amtshaftung, § 839 BGB i. V. m. Art. 34 GG.

V.

Ändert die Gemeinde ihre Planungskonzeption, indem sie nach dem Inkrafttreten des vorhabenbezogenen Bebauungsplans diesen ändert, ergänzt oder aufhebt, kommen mehrere Ansprüche in Betracht. Eine Entschädigung für die vom Investor getätigten Aufwendungen, die durch die Änderung der Bauleitplanung an Wert verlieren, wird insbesondere durch § 39 BauGB gewährt. Ändert die Gemeinde ihre Planungskonzeption, indem sie bei den „Altfällen" (dies sind die Vorhaben, die vor dem 1.1.98 begonnen wurden) nach Inkrafttreten der Vorhaben- und Erschließungsplansatzung (§ 7 BauGB-MaßnG) einen Bebauungsplan aufstellt (§ 7 Abs. 7 BauGB-MaßnG), der die Satzung über den Vorhaben- und Erschließungsplan außer Kraft setzt (§ 7 Abs. 3 S. 8 BauGB-MaßnG), und verlieren die vom Vorhabenträger im Vertrauen auf den Bestand der Vorhaben- und

Erschließungsplansatzung gemachten Aufwendungen an Wert, da der Bebauungsplan andere Festsetzungen vorsieht, so ist die Rechtsgrundlage für einen Ersatzanspruch problematisch, da die direkte Anwendung von § 39 BauGB ausscheidet.

So scheitern z. B. Ansprüche aus positiver Vertragsverletzung und aus Unmöglichkeit daran, daß die Gemeinde aufgrund ihrer Planungshoheit nicht schuldhaft eine ihr obliegende Pflicht verletzt hat bzw. nicht verpflichtet ist, das Vorhaben zu beenden.

Ein möglicher Amtshaftungsanspruch scheitert daran, daß die Gemeinde aufgrund ihrer Planungshoheit nicht pflichtwidrig handelt, wenn sie ihre Bauleitplanung ändert. Außerdem sieht § 7 Abs. 7 BauGB-MaßnG ausdrücklich die Aufstellung eines Bebauungsplans vor.

Eine Amtspflichtverletzung liegt aber dann vor, wenn die Gemeinde den Vorhabenträger nicht vollständig, richtig und rechtzeitig über geplante Änderungen der Bauleitplanung informiert hat. Ebenfalls ist eine Amtspflichtverletzung gegeben, wenn die Gemeinde bei der Aufstellung des Bebauungsplans im Rahmen der Abwägung öffentlicher und privater Belange, die subjektiven Rechte des Vorhabenträgers sowie den abgeschlossenen Durchführungsvertrag, der in den Abwägungsvorgang mit einbezogen wird, nicht ausreichend berücksichtigt hat und deshalb ein Abwägungsfehler vorliegt.

Der für einen Amtshaftungsanspruch erforderliche Drittbezug ist bei Bebauungsplänen aufgrund der „individualisierten Beziehung“ gegeben, so daß diesbezüglich eine Haftung des Staates für normatives Unrecht zu bejahen ist.

Ein Entschädigungsanspruch aus enteignungsgleichem Eingriff ist bei Vorliegen einer rechtswidrigen Hoheitsmaßnahme möglich. Eine rechtswidrige Hoheitsmaßnahme liegt vor, wenn (bei den „Altfällen“) der nachträglich aufgestellte Bebauungsplan beispielsweise wegen eines Abwägungsfehlers rechtswidrig ist.

Ein Entschädigungsanspruch aus § 49 Abs. 6 VwVfG ist grundsätzlich möglich, wenn bereits eine (rechtmäßige) Baugenehmigung ergangen ist und diese widerrufen wird. Hat der Vorhabenträger die Baugenehmigung schon in Anspruch genommen, so ist jedoch regelmäßig ein Widerruf bei § 49 Abs. 2 S. 1 Nr. 4 VwVfG ausgeschlossen, mit der Folge, daß ein Entschädigungsanspruch hieraus nicht entstehen kann.

Der Vorhabenträger bekommt den Ersatz seiner Aufwendungen, die er im berechtigten Vertrauen auf den Bestand der Vorhaben- und Erschließungsplansatzung gemacht hat und die infolge der Änderung der Bauleitplanung an Wert verlieren bei diesen „Altfällen“ somit meist nur durch die analoge Anwendung des §

39 BauGB ersetzt. Für die Begründung einer Analogie sprechen, neben dem Vorliegen einer Regelungslücke, verschiedene rechtliche Gesichtspunkte, vor allem aber die Vergleichbarkeit der Interessenlage des Vorhabenträgers, der im Vertrauen auf die Vorhaben- und Erschließungsplansatzung Aufwendungen gemacht hat, mit demjenigen, der dies im Vertrauen auf den Bestand eines (vorhabenbezogenen) Bebauungsplans getan hat.

VI.

Der Vorhabenträger kann bei einer infolge der Änderung der Bauleitplanung erfolgten Nutzungsaufhebung oder -änderung Entschädigung für die nicht nur unwesentliche Wertminderung seines Grundstücks nach § 42 BauGB verlangen. Voraussetzung ist, daß zwischen der Nutzungsaufhebung bzw. -änderung und der wesentlichen Wertminderung des Grundstücks Kausalität besteht. Zu beachten ist auch, daß nach Ablauf von sieben Jahren nur noch unter bestimmten Voraussetzungen eine Entschädigung aus § 42 BauGB gewährt wird.

VII.

Ist der von der Gemeinde nach Erlaß der Vorhaben- und Erschließungsplansatzung aufgestellte Bebauungsplan (vgl. § 7 Abs. 7 BauGB-MaßnG) rechtswidrig und werden die Fehler nicht gemäß § 214 ff. BauGB geheilt, so ist der Bebauungsplan nichtig. Es besteht jedoch die Möglichkeit, den Bebaungsplan für teilnichtig zu erklären, was zur Folge hat, daß der Bebauungsplan mit seinen Festsetzungen für den Vorhabenträger ungültig ist. Voraussetzung für eine Teilnichtigerklärung ist aber, daß die Fehlerwirkung isolierbar und der Bebauungsplan teilbar ist.

VIII.

Neben dem Eigentümer ist auch der auflassungsvormerkungsberechtigte Vorhabenträger zu den Anspruchsberechtigten des § 39 BauGB zu zählen und bei Änderung der gemeindlichen Bauleitplanung zu entschädigen:

Dieser ist unter das Tatbestandsmerkmal „Eigentümer“ zu subsumieren und nicht als sonstiger Nutzungsberechtigter anzusehen. Daher ist ein Entschädigungsanspruch auch bei fehlendem Besitz und fehlender aktueller Nutzungsbefugnis zu befürworten.

Ist dem Auflassungsvormerkungsberechtigten ein Rücktrittsrecht eingeräumt worden, so schließt dies seinen Ersatzanspruch nicht generell aus. Wurde das Rücktrittsrecht ausgeübt, ist bei Vorliegen von Kausalität zwischen der Planänderung oder Planaufhebung und der Entwertung seiner Aufwendungen ein Anspruch auf Entschädigung gegeben.

Dem Optionsberechtigten steht, ebenso wie dem mit einer Auflassungsvormerkung dinglich gesicherten rücktrittsberechtigten Erwerber, ein Anspruch aus § 39 BauGB zu.

IX.

Hat der Vorhabenträger auf den Bestand eines nichtigen vorhabenbezogenen Bebauungsplans bzw. auf eine nichtige Vorhaben- und Erschließungsplansatzung vertraut, so scheidet ein Anspruch auf Ersatz der vergeblich aufgewendeten Planungskosten gemäß § 39 BauGB analog bzw. doppelt analog aus. Ein Entschädigungsanspruch aus § 42 BauGB scheidet ebenfalls aus, da ein nichtiger vorhabenbezogener Bebauungsplan/eine nichtige Vorhaben- und Erschließungsplansatzung keine zulässige Nutzung begründen kann. Statt dessen kommt ein Anspruch aus Amtshaftung (§ 839 BGB i. V. m. Art. 34 GG) sowie möglicherweise ein Anspruch aus § 48 Abs. 3 VwVfG (Rücknahme der rechtswidrigen Baugenehmigung) in Betracht.

Literaturverzeichnis

Abreß/Grunewald/Merk/Oesterreicher, in: Erschließungskosten und Nachfolgelasten, DEBA Jahrestagung 1969 (zit. Abreß/Grunewald/Merk/Oesterreicher, Erschließungskosten und Nachfolgelasten).

Accursius, Glosse 9 zu Dig. I, 1, 1 pr.

Achterberg, Norbert: Vertrauensschutz im Verwaltungsrecht, VVDStRL 32 (1974), S. 233

- Allgmeines Verwaltungsrecht, 2. Auflage, Heidelberg 1986 (zit. Achterberg, Allgem. VerwR)

Achterberg, Norbert/*Püttner*, Günter: Besonderes Verwaltungsrecht, Bd. I 1990 (zit. Bearbeiter, in: Achterberg - Püttner, Bes.VerwR.)

Anschütz, Gerhard: Die Verfassung des Deutschen Reiches: vom 11. August 1919, Kommentar zur Reichsverfassung, 14. Auflage, 1933 (zit. Anschütz, Kommentar zur Reichsverfassung)

Arndt, Adolf: Staatshaftung für gesetzliches Unrecht, BB 1960, S. 1351

- Die Bindungswirkung des Grundgesetzes, BB 1960, S. 993

Arndt, Hans-Wolfgang/*Rudolf*, Walter: Öffentliches Recht, 11. Auflage, Mai 1996 (zit. Arndt/Rudolf, Öffentliches Recht)

Asam, Manfred: Kommunale Folgelasten und ihre Abwälzung durch Vertrag, BayVBl. 1967, S. 186.

Aust, Manfred/*Jacobs*, Rainer: Die Enteignungsentschädigung, 3. Auflage, Berlin - New-York 1991 (zit. Aust/Jacobs, Enteignungsentschädigung)

Bachof, Otto: Rechtsprechungsbericht, JZ 1957, S. 431

- Nachwort zu Karl August Bettermann (S. 130), Zur Verfassungsbeschwerde gegen Gesetze, AöR 86 (1961), S. 186

Bachof, Otto: Vertrauensschutz im Verwaltungsrecht, VVDStRL 32 (1974), S. 228

Badura, Peter: Wirtschaftsverfassung und Wirtschaftsverwaltung, Frankfurt am Main 1971 (zit. Badura, Wirtschaftsverfassung und Wirtschaftsverwaltung)

- Handbuch des Verfassungsrechts (zit. Badura, Handbuch des Verfassungsrechts), 1983

Baldauf, Dieter: Nachweis der Eigentümerzustimmung zu Bauvorhaben, BayVBl. 1967, S. 161

Bartlsperger, Richard: Die Bauleitplanung als Reservat des Verwaltungsstaates, DVBl. 1967, S. 360

Battis, Ulrich: Novelliertes Bundesbaugesetz und Grundgesetz, DÖV 1978, S. 113

- Grenzen der Einschränkung gerichtlicher Planungskontrolle, DÖV 1981, S. 433

- Allgemeines Verwaltungsrecht, Heidelberg 1985 (zit. Battis, Allgem.VerwR)

- Öffentliches Baurecht und Raumplanungsrecht, 3. Auflage, Stuttgart u. a. 1992, (zit. Battis, Öffentliches Baurecht)

Battis, Ulrich/*Krautzberger*, Michael/*Löhr*, Rolf-Peter: Baugesetzbuch - BauGB, 6. Auflage, München 1998, (zit. Bearbeiter, in: Battis/Krautzberger/Löhr, BauGB)

Battis, Ulrich/*Felkl-Brentano*, Ingelar: Eigentum, Enteignung, enteignungsgleicher Eingriff - eine Zwischenbilanz, JA 1983, S. 494

Battis, Ulrich/*Schmittat*, Karl-Oskar: Rechtsfagen des Denkmalschutzes, NuR 1983, S. 102

Baumeister, Heinz H./*Baumeister*, Ludger: Bundesbaugesetz: in der Neufassung vom 18. August 1976, Münster/Westfalen1981 (zit. Baumeister/Baumeister, BBauG)

Baur, Fritz: Die „Naßauskiesung“ - oder wohin treibt der Eigentumsschutz ?, NJW 1982, S. 1734

Bender, Bernd: Staatshaftungsrecht, 3. Auflage, Heidelberg-Karlsruhe 1981 (zit. Bender, Staatshaftungsrecht)

- Zur gegenwärtigen Situation des Staatshaftungsrechts, BauR 1983, S.1

- Kein Abschied vom enteignungsgleichen Eingriff, VBlBW 1984, S. 225 ff.

Berkemann, Jörg: Aus der Rechtsprechung des Bundesverfassungsgerichtes, JR 1982, S. 229

- Anmerkung zu: BGH Urteil v. 6.2.86 - III ZR 96/84 - OLG München (S. 766), DVBl. 1986, S. 768

Becke, von der: Von Staatsämtern und Staatsdienern, 1797 (zit. v. der Becke, Von Staatsämtern und Staatsdienern)

Berliner Kommentar zum Baugesetzbuch: Schlichter, Otto/Stich, Rudolf (Hrsg.), 3. Auflage, Köln u.a.1988 (zit. Bearbeiter, in: Berliner Kommentar zum BauGB)

Bethge, Herbert/*Detterbeck*, Steffen: Das folgenschwere Bardepot, Jura 1991, S. 550

Bettermann, Karl August: „Der Schutz der Grundrechte in der ordentlichen Gerichtsbarkeit“, in: Grundrechte II/2, 1959, S. 779 (zit. Bettermann,Grundrechte II/2).

- Zur Verfassungsbeschwerde gegen Gesetze und zum Rechtsschutz des Bürgers gegen Rechtssetzungsakte der öffentlichen Gewalt, Archiv des öffentlichen Rechts (AöR) Bd. 86 (1961), S. 129

- Richterliche Gesetzesbindung und Normenkontrolle, in: Staatsorganisation und Staatsfunktion im Wandel, Festschrift für Eichenberger, 1982, S. 593 (zit. Bettermann, FS Eichenberger).

Beutler, Bengt: Fragen der Entschädigung bei Eingriffen in genehmigte Anlagen nach dem Bundesimmisionsschutzgesetz, DÖV 1976, S. 846

Bielenberg, Walter/*Krautzberger*, Michael/*Söfker*, Wilhelm: Baugesetzbuch, Leitfaden und Kommentierung, 3. Auflage, München 1990 (zit. Bearbeiter, in: Bielenberg/Krautzberger/Söfker, BauGB)

- Das neue Städtebaurecht der DDR, Textausgabe mit Einführung, Berlin 1990 (zit. Bielenberg/Krautzberger/Söfker, Das neue Städtebaurecht)

Bielenberg, Walter: Aufstellung eines Vorhaben- und Erschließungsplans - Hinweise für die Praxis, ZfBR 1996, S. 6

Bieler, Frank: Anmerkung zu BVerwG, Urt. v. 18.5.1973- VII C 3/72 (Kassel), NJW 1974, S. 431

Birk, Hans-Jörg: Normsetzungsbefugnis und öffentlich-rechtlicher Vertrag, NJW 1977, S.1979

- Tendenzen des Planungsschadensrechtes, NVwZ 1984, S. 1

- Der „neue" Vorhaben- und Erschließungsplan und seine rechtlichen Bindungswirkungen, in: Driehaus, Hans-Joachim/Birk, Hans-Jörg (Hrsg.): Baurecht - Aktuell: Festschrift für Felix Weyreuther zum 65.Geburtstag, Köln u. a. 1993, S. 213 ff., (zit. Birk, in: FS Weyreuther)

- Die neuen städtebaulichenVerträge nach BauGB und BauGB-MaßnG seit dem 1.5.93 unter besonderer Berücksichtigung der Rechtslage in Baden-Württemberg, VBlBW 1994, S.88

- Der Vorhaben- und Erschließungsplan, NVwZ 1995, S. 625

- Verträge als Möglichkeit der Problembewältigung in der Bebauungsplan-Abwägung, Festschrift für Otto Schlichter zum 65. Geburtstag: Planung und Plankontrolle, Köln u. a. 1995, S. 113 (zit. Birk, in: FS Schlichter)

- Die neuen städtebaulichen Verträge; Erschließungsvertrag, freiwillige Bodenordnung, Folgelastenvertrag,Vorhaben- und Erschließungsvertrag, 2. Auflage, Stuttgart-München-Hannover-Berlin-Weimar-Dresden: Boorberg 1996 (zit. Birk, Die neuen städtebaulichen Verträge)

Blankenagel, Alexander: Amtspflicht gegenüber einem Dritten - Kasuistik ohne Systematik ?, DVBl. 1981, S. 15

Blücher, Viggo Graf: Freizeitbedürfnisse und Wohnsiedlungen der Zukunft, AfK 1968, S. 73

Blumenberg, Hildegard: Neuere Enwicklung zu Struktur und Inhalt des Abwägungsgebotes im Bauplanungsrecht, DVBl 89, S. 86

Boecker, Bernard: Heilung mangelhafter Bauleitpläne und Satzungen, BauR 1979, S. 361

Böhmer, Werner: Grundfragen der verfassungsrechtlichen Gewährleistung des Eigentums in der Rechtsprechung des Bundesverfassungsgerichts, NJW 1988, S. 2561

Bonner Kommentar zum Grundgesetz: Band 2, Art. 6 - 14 GG, Stand August 1992; Band 4 Art. 20 - 37 GG, Stand September 1991 Art.19 (zit. Bearbeiter, in: Bonner Kommentar zum GG)

Boujong, Karlheinz: Enteignungsgleicher und enteignender Eingriff - zum Fortbestand unverzichtbarer Haftungsinstitute für den Umwelt- und Planungsbereich nach dem Naßauskiesungsbeschluß des BVerfG, UPR 1984, S. 137

- Staatshaftung für legislatives und normatives Unrecht in der neueren Rechtsprechung des Bundesgerichtshofes, in Festschrift für Willi Geiger zum 80.Geburtstag: Verantwortlichkeit und Freiheit: die Verfassung als wertbestimmte Ordnung, Tübingen 1989, S. 430 (zit. Boujong, FS Geiger)

Bouska, Wolfgang: Welchen Einfluß hat die wirtschaftliche Leistungsfähigkeit einer Gemeinde auf ihre Planungshoheit ?, BayBgm. 1969, S. 85

Braun, Klaus/*von Rotberg*, Konrad: Kommentar zum Verwaltungsverfahrensgesetz für Baden-Württemberg, Stuttgart 1977 (zit. Berabeiter in: Braun/von Rotberg, VwVfG)

Breuer, Rüdiger: Die Bodennutzung im Konflikt zwischen Städtebau und Eigentumsgarantie, München 1976, (zit. Breuer, Bodennutzung)

- Die Kontrolle der Bauleitplanung - Analyse eines Dilemmas, NVwZ 1982, S. 273

- Baugesetzbuch, BauGB-MaßnG, Kommentar, Begründer und Herausgeber, Schrödter, Hans, Bundesbaugesetz, 5. Auflage 1992 (zit. Breuer, in: Schrödter, BauGB)

Brinkmann, Karl: Grundrechtskommentar zum Grundgesetz für die Bundesrepublik Deutschland vom 23. Mai 1994, Bonn, Loseblatt, Grundwerk 1967 (zit. Brinkmann, Grundrechtskommentar)

Brohm, Winfried: Plangewährleistungsansprüche, Jura 1986, S. 617

Brox, Hans: Allemeiner Teil des Bürgerlichen Gesetzbuches, (zit. Brox, AT d. BGB)

Brügelmann, Hermann (Mitbegründer): Baugesetzbuch - Kommentar Band 1 Kohlhammer-Kommentar, Stuttgart, Stand Jan. 1998 (zit. Bearbeiter, in: Brügelmann, BauGB)

- Kommentar zum BauGB-MaßnG, 3. Aufl. 1993, (zit. Bearbeiter, in: Brügelmann, BauGB-MaßnG)

Brünneck, Alexander v.: Die Eigentumsgarantie des Grundgesetzes, 1. Auflage, Baden-Baden 1984 (zit. v. Brünneck, Eigentumsgarantie)

Bull, Hans Peter: Allgemeines Verwaltungsrecht, 2. Auflage 1986, (zit. Bull, Allgem.VerwR)

Bullinger, Martin: Leistungsstörungen beim öffentlich-rechtlichen Vertrag - Zur Rechtslage nach den Verwaltungsverfahrensgesetzen, DÖV 1977, S. 812

Bunzel, Arno/*Elsner*, Thomas/*Scharmer*, Eckart: Satzung über den Vorhaben- und Erschließungsplan, 2. Auflage, Berlin 1994 (zit. Bunzel/Elsner/Scharmer, Satzung über den Vorhaben- und Erschließungsplan)

Burgi, Martin: Die Enteignung durch teilweisen Rechtsentzug als Prüfstein für die Eigentumsdogmatik, NVwZ 1994, S. 527

Burmeister, Joachim: Zur Staatshaftung für Planschäden der Wirtschaft, Die Verwaltung 1969, S 21

Busse, Jürgen: Kooperatives Recht im Bauplanungsrecht, BayVBl. 1994, S. 353

Dagtoglou, Prodromos: Ersatzpflicht des Staates bei legislativem Unrecht, 1963 (zit. Dagtoglou, Ersatzpflicht)

- in: Bonner Kommentar zu Art. 34 GG

Degenhart, Christoph: Vertragliche Bindungen der Gemeinde im Verfahren der Bauleitplanung, BayVBl. 1979, S. 289

- Die Haftung der Gemeinde für verfahrensfehlerhafte Bauleitpläne, NJW 1981, S. 2666

- Veränderungssperre und baurechtlicher Vorbescheid, DVBl. 1981, S. 994

Degmair, Hans Alfred: Nachfolgelasten bei neuen Wohnbaugebieten, KStG 1965, S. 169

Depiereux, Stefan: Das neue Haushaltsrecht der Gemeinden, Siegburg 1972 (zit.Depiereux, Das neue Haushaltsrecht)

Deutsch, Markus: Planungsschadensrecht (§§ 39 ff.BauGB) und Eigentumsgrundrecht (Art. 14 GG) DVBl. 1995, S. 537

- Rechtsfragen und Probleme des Vorhaben- und Erschließungsplans in der Praxis, veröffentlicht bei Gleiss Lutz Hootz Hirsch & Partner (Frankfurt, 1996).

Deutsches Institut für Urbanistik: Normenkontrollverfahren in Bausachen - Zwischenergebnisse einer Untersuchung des Deutschen Instituts für Urbanistik, NVwZ 1986, S. 108

Doehring, Karl: Allgemeine Staatslehre, Heidelberg 1991 (zit. Doehring, Allgem.Staatslehre)

Dolde, Klaus-Peter: Die Entwicklung des öffentlichen Baurechts 1977/78, NJW 1979, S. 889

- Die Entwicklung des öffentlichen Baurechts 1979, NJW 1980. S. 1657

- Die Entwicklung des öffentlichen Baurechts 1980, NJW 1981, S.1929

- Das Recht der Bauleitplanung 1984/85, NJW 1986, S. 815

- Enteignungsgleicher Eingriff und Amtspflichtverletzung durch Aufstellung nichtiger Bebauungspläne, NVwZ 1985, S. 250

Dolde, Klaus-Peter/*Uechtritz*, Michael, Ersatzansprüche aus Bauplanungsabreden, DVBl. 1987, S. 446

Domnach, Hermann: Neuregelung der Rückforderung von Zuwendungen des Bundes, DÖV 1981, S. 122

Dörr, Dieter/*Schönfelder*, Diether: Amtshaftung bei derAufstellung von Bebauungsplänen für ein ehemaliges Deponiegelände, NVwZ 1989, S. 933

Dossmann, Martin: Die Bebauungsplanszusage, Dissertation Münster 1985 (zit. Dossmann, Bebauungsplanzusage)

Drews, Bill: Drews/Wacke/Martens/Vogel: Gefahrenabwehr: allgemeines Polizeirecht, 8. Auflage, Köln-Berlin-Bonn-München 1975 (zit. Drews/Wacke/Martens/Vogel, Gefahrenabwehr)

Dürr, Hansjochen: Die Entwicklung der Rechtsprechung zur Antragsbefugnis bei der Normenkontrolle von Bebauungsplänen, NVwZ 1996, S. 105

Eckert, Helmut: Die Haftung des Staates bei nichtigen Gesetzen und Verordnungen, Diss., Frankfurt 1973, (zit. Eckert, Haftung des Staates)

Eckert, Lutz: Leistungsstörungen in verwaltungsrechtlichen Schuldverhältnissen, DVBl. 1962, S. 11

Egerer, Jürgen: Der Plangewährleistungsanspruch, Baden-Baden 1971, (zit. Egerer, Der Plangewährleistungsanspruch).

Ehlermann, Claus-Dieter: Wirtschaftslenkung und Entschädigung, Heidelberg 1957, (zit. Ehlermann, Wirtschaftslenkung und Entschädigung)

Engelhardt, Olaf - Roman v.: Der Rechtsschutz gegen Rechtsnormen: eine konkurrenzdogmatische Untersuchung aus der Sicht des Verhältnisses von Anfechtungsklage (§§ 42, 113) und verwaltungsgerichtlicher prinzipaler Normenkontrolle (§ 47 VwGO), Berlin 1971 (zit. Engelhardt, Der Rechtsschutz gegen Normen)

Engelhardt, Hanns: Entschädigung wegen enteignungsgleichen Eingriffs und Primärrechtsschutz, NuR 1986, S. 185

- Neue Rechtsprechung des BGH zum Staatshaftungsrecht, NVwZ 1989, S. 927

Erbguth,Wilfried: Neuere Aspekte zur planerischen Abwägungsfehlerlehre ?, DVBl. 1986, S.1230

- Zur verfassungsrechtlichen Eigentumsgarantie - anhand eines praktischen Beispiels, JuS 1988, S. 699

Erichsen, Hans-Uwe: Staatsrecht und Verfassungsgerichtsbarkeit, 3. Auflage 1982 (zit. Erichsen, Staatsrecht)

Erichsen, Hans-Uwe/*Martens*,Wolfgang (Hrsg.): Allgemeines Verwaltungsrecht, 9. Aufl., Berlin/New York 1992, (zit. Bearbeiter, in: Erichsen/Martens, Allgem. VerwR)

Ernst, Werner/*Zinkahn*, Willy/*Bielenberg*, Walter: Bundesbaugesetz, Kommentar, München, bis 1986 (zit. Bearbeiter, in: Ernst/Zinkahn/Bielenberg, BBauG)

- Baugesetzbuch - Baugesetzbuch - Maßnahmengesetz, Kommentar, Loseblatt, München, Stand Nov. 1997, (zit.Bearbeiter, in: Ernst/Zinkahn/Bielenberg, BauGB).

Ernst, Werner/*Hoppe*,Werner: Das öffentliche Bau-und Bodenrecht, Raumplanungsrecht, 2. Auflage, München 1987, (zit. Bearbeiter, in: Ernst/Hoppe, ÖffBauBoR)

Evers, Hans-Ulrich: Das Recht der Raumordnung; Bauleitplanung, Sanierung und Stadtentwicklung: eine Einführung in das Bundesbaugesetz und das Städteförderungsgesetz, München 1972 (zit. Evers, Das Recht der Raumordnung).

Eyermann, Erich/*Fröhler*, Ludwig: Kommentar zur Verwaltungsgerichtsordnung, 7. Auflage, München 1977 (zit. Eyermann/Fröhler, VwGO)

Faiß, Friedrich: Kommunales Wirtschaftsrecht in Baden-Württemberg, 2. Auflage, Stuttgart 1979 (zit. Bearbeiter, in: Faiß, Kommunales Wirtschaftsrecht)

Finkelnburg, Klaus/*Ortloff*, Karl-Michael: Öffentliches Baurecht, Band I, Bauplanungsrecht, 3. Auflage, München 1995 (zit. Finkelnburg/Ortloff, Öffentliches Baurecht I);

- Öffentliches Baurecht, Band II, Bauordnungsrecht, Nachbarschutz und Rechtsschutz, 3. Auflage, München 1994 (zit. Finkelnburg/Ortloff: Öffentliches Baurecht II)

Fischer, Ulf: Zur Verzinsung öffentlich-rechtlicher Geldforderungen, NJW 1969, S. 1883

Fluck, Jürgen: Probleme des gestuften Baugenehmigungsverfahrens-Die Klage gegen die Baugenehmigung bei nichtbestandskräftigem Bauvorbescheid, VerwArch 80 (1989), S. 223

Forsthoff, Ernst: Lehrbuch des Verwaltungsrechts, Erster Band, Allgemeiner Teil, 10 Auflage, München 1973, (zit. Forsthoff, Verwaltungsrecht)

Frank, Götz: Nichtigkeit des substituierenden Verwaltungsvertrages nach dem Verwaltungsverfahrensgesetz (VwVfG), DVBl. 1977, S. 682

Friauf, Karl Heinrich: Zum gegenwärtigen Stand der Bestandsschutz - Problematik, WiVerw.1986, S. 87

Friesenhahn, Ernst, in: Hundert Jahre Verfassungsgerichtsbarkeit, fünfzig Jahre Verfassungsgerichtshof in Österreich, 1969, S. 125 (zit. Friesenhahn, Hundert Jahre Verfassungsgerichtsbarkeit)

Fröhler, Ludwig: Das Wirtschaftsrecht als Instrument der Wirtschaftspolitik, 1969 (zit. Fröhler, Das Wirtschaftsrecht als Instrument der Wirtschaftsplanung)

- Das Recht am eingerichteten und ausgeübten Gewerbebetrieb, 1972 (zit. Fröhler, Das Recht am eingerichteten und ausgeübten Gewerbebetrieb)

- Vorbeugender Rechtsschutz für den latenten Störer, WiVerw 1977, S. 114

Fronhöfer, Paul: Schadensersatz- und Entschädigungsansprüche bei Planungsänderungen von Gemeinden, in: BayVBl. 1991, S. 193

Fuchs, Manfred: Kommunales Haushaltswesen, 3. Auflage, Göttingen 1980 (zit. Fuchs, Kommunales Haushaltswesen)

Gaentzsch, Günter: Bundesbaugesetz 1979, 4. Aufl., Stuttgart 1979 (zit. Gaentzsch, BBauG)

- Wie kann das Planungsrecht weniger rechtsmittelanfällig gemacht werden ?, DVBl. 1985, S. 29

- Aufhebung der baulichen Nutzbarkeit von Altlastenflächen, NVwZ 1990, S. 505

- BauGB mit BauGB-MaßnG, Köln u. a. 1991 (zit. Gaentzsch, BauGB)

Gailus, Ulrich: Die Zulässigkeit des Widerrufs der Bebauungsgenehmigung aufgrund einer Veränderungssperre, NVwZ 1990, S. 536

Galette, Alfons/*Laux*, Eberhard: Kommentar zur Gemeindeordnung für Schleswig-Holstein, 6. Lieferung, Wiesbaden 1982 (zit. Bearbeiter, in: Galette/Laux)

Gelzer, Konrad/*Birk*, Hans-Jörg: Bauplanungsrecht, Baugesetzbuch, Baunutzungsverordnung, Wohnungsbau-Erleichterungsgesetz, 5. Auflage, Köln 1991 (zit. Gelzer/Birk, Bauplanungsrecht)

Gerschlauer, Christoph: Fortbestand von Bebauungsplänen trotz Verfahrensmängeln, DÖV 1984, S. 493

Gewos-Gutachten: Rechtsgutachten: Der Entschädigungsausschuß nach § 44 Abs.1 S.2 des Bundesbaugesetzes, Schriftenreihe der Gesellschaft für Wohnungs- und Siedlungswesen e. V.- Gewos -, Hamburg 1965 (zit. Gewos-Gutachten)

Gierke, Otto von: Die Genossenschaftstheorie und die deutsche Rechtsprechung, 1887 (zit. Gierke, Die Genossenschaftstheorie und die deutsche Rechtsprechung)

Glanegger, Peter: Der Nachfolgelastenvertrag, Diss., Regensburg 1975 (zit.Glanegger, Der Nachfolgelastenvertrag)

Glässing, F: Die condictio indebiti des deutschen öffentlichen Rechts, 1894 (zit. Glässing, Die condictio indebiti des deutschen öffentlichen Rechts)

- Das Recht der Rückforderung im Gebiete des deutschen öffentlichen Rechts, Hirths Annalen 1896, S. 46

Goerlich, Helmut: Zur Reichweite des Bauvorbescheids, NVwZ 1985, S. 90

Goppert, Thomas: Der enteignungsgleiche Eingriff - Zugleich ein Beitrag zur Reform des Staatshaftungsrechts, Diss., Erlangen 1987 (zit. Goppert, Der enteignungsgleiche Eingriff)

Gormsen, T, in: Forum für Stadtentwicklungs- und Kommunalpraxis, Planungsschaden 1983, S. 19 (zit. Gormsen, Forum für Stadtentwicklungs- und Kommunalpraxis)

Götz, Volkmar: Verzinsung öffentlich-rechtlicher Geldforderungen, DVBl. 1961, S. 433

- Allgmeines Polizei- und Ordnungsrecht, 4. Auflage 1977 (zit. Götz, Allgemeines Polizei- und Ordnungsrecht)

- Anmerkung zu: BGH, Urt. v. 26.1.1984 - III ZR 216/82 . (OLG Celle) (S. 391) in: DVBl. 1984, S. 395

- Der enteignungsgleiche Eingriff, ArgraR 1984, S. 1

- ArgrarR 1984, Beilage 1, S. 26

Grabitz, Eberhard: Vertrauensschutz als Freiheitsschutz, DVBl. 1973, S. 675

Grave, Helmut: § 155 b BBauG - mißglückt und verfassungswidrig !, BauR 1980, S. 199

Große-Hündfeld, Norbert: Plankontrolle aus Sicht des Rechtsschutzes - Vertrauensschutz als Kontrollgrenze, BauR 1979, S. 15

Gusy, Christoph: Zulässigkeit gemeindlicher Verpflichtungen zum Erlaß oder zum Nichterlaß eines Bebauungsplans, BauR 1981, S.164

Haegle, Karl/*Schöner*, Hartmut/*Stöber*, Kurt: Grundbuchrecht, 10. Auflage, München 1993 (zit. Haegle/Schöner/Stöber, Grundbuchrecht)

Hamann, Andreas: Das Grundgesetz für die Bundesrepublik Deutschland: vom 23. Mai 1949, 3. Auflage, Neuwied 1970 (zit. Bearbeiter, in: Hamann, GG)

Hamberger, Karl Martin: Der Vorhaben- und Erschließungsplan iSd § 7 BauGB-MaßnG; eine Darstellung aus baurechtlicher und investitionsrechtlicher Sicht, München: Rehm1994 (zit. Hamberger, DerVorhaben- und Erschließungsplan)

Harnischmacher, Christoph: Der Zinsanspruch des Bürgers gegen die hoheitliche Verwaltung, Diss. Münster 1979 (zit. Harnischmacher, Der Zinanspruch des Bürgers)

Haueisen, Fritz: Erstattungsansprüche im öffentlichen Recht, NJW 1954, S. 977

- Vom rechtmäßigen zum rechtswidrigen Verwaltungsakt, NJW 1956, S. 201

- Die Voraussetzung der Rechtswidrigkeit eines Verwaltungsakts, NJW 1960, S. 1881

- Der Verwaltungsakt im Lichte neuerer Überlegungen, DÖV 1961, S. 121

Hauth, Michael: Der Vorhaben- und Erschließungsplan, LKV 1991, S. 363

Haverkate, Görg: Amtshaftung bei legislativem Unrecht und die Grundrechtsbindung des Gesetzgebers, NJW 1973, S.441

Hedemann, Justus Wilhelm: Entschädigung bei wirtschaftlichen Lenkungsmaßregeln des Reiches, DR 1944, S. 550

Heidenhain, Martin: Amtshaftung und Entschädigung aus enteignungsgleichem Eingriff, 1965 (zit. Heidenhain, Amtshaftung)

- Folgen rechtswidrigen hoheitlichen Verwaltungshandelns, JZ 1968, S. 487

Heinz, Kersten/*Schmitt*, Klaus: Vorrang des Primärschutzes und ausgleichspflichtige Inhaltsbestimmung des Eigentums, NVwZ 1992, S. 513

Heinze, Christian: Bundesbaugesetz, 2. Auflage, Stuttgart-München-Hannover 1980 (zit. Heinze, BBauG)

- Der Ablauf wichtiger Fristen zur Sicherung von Baurechten steht bevor !, BB 1983, S. 1375

- Das planungsrechtliche Abwägungsgebot, NVwZ 1986, S. 87

Heitzer, Sebastian/*Oestricher*, Ernst: Kommentar zum Bundesbaugesetz Band I, Bauplanungsrecht, 7. Auflage, Berlin/New York 1980 (zit. Bearbeiter, in: Heitzer/Oestricher)

Hendler, Reinhard: Zur bundesverfassungsgerichtlichen Konzeption der grundgesetzlichen Eigentumsgarantie, DVBl. 1983, S. 873

Henke, Horst-Eberhard: Mitverursachung und Mitverschulden - Wer den Schaden herausfordert, muß den Schädiger schonen, JuS 1988, S. 753

Henke, Wilhelm: Anmerkung zu: BVerfG, Urt. v. 25.6.1968 - 2 BvR 251/63 (S. 141), JZ 1969, S. 145

- Das Recht der Wirtschaftssubventionen als öffentliches Vertragsrecht, Tübingen 1979 (zit. Henke, Das Recht der Wirtschaftssubventionen)

Henning, Karl-Heinz: Der sogenannte latente Störer in baurechtlicher und planender Sicht, DVBl. 1968, S. 740

Heuser, Ernst: Kommunale Folgemaßnahmen und Folgekosten, Der Landkreis 1966, S. 76

Hill, Hermann: Zur Dogmatik sog. Heilungsvorschriften im Kommunalverfassungsrecht, DVBl. 1983, S. 1

Hoppe,Werner: Verwirklichung von Umweltschutz durch Raumordnung und Landesplanung, in: Achterberg, Norbert/Krawietz, Werner/Wyduckel, Dieter (Hrsg.), Recht und Staat im sozialen Wandel, Festschrift für Hans Ulrich Scupin, Berlin1983, S. 737 ff., (zit. Hoppe, in: FS Scupin)

- Die Bedeutung von Optimierungsgeboten im Planungsrecht, DVBl. 1992, S. 853

Hoppe,Werner/*Grotefels*, Susan: Öffentliches Baurecht, 1.Auflage, München 1995 (zit., Bearbeiter, in: Hoppe/Grotefels, Öffentliches Baurecht)

Hoppe, Werner/*Henke*, Peter: Der Grundsatz der Planerhaltung im neuen Städtebaurecht, DVBl. 1997, S. 1407

Hoppenberg, Michael: Handbuch des öffentliches Baurecht, München 1993, (zit. Bearbeiter, in: Hoppenberg, HdböffBauR)

Huber, Hans: Vertrauensschutz - ein Vergleich zwischen Recht und Rechtsprechung in der Bundesrepublik und in der Schweiz, in: Festgabe BVerwG, 1978, S. 313

Hucko, Elmar: Die Übertragung von Folgelasten auf einen Unternehmer im Erschließungsvertrag nach § 123 Abs.3 BBauG, KStZ 1964, S. 176

Hurst, Werner: Zur Problematik der polizeirechtlichen Handlungshaftung, AöR 83 (1958), S. 63

Hussla, Erich: Entschädigungspflicht bei einem vorübergehenden Bauverbot, NJW 1968, S. 631

Hüttenbrink, Jost: Das Recht auf fehlerfreie Abwägung als subjektiv-öffentliches Recht i. S. der Antragsbefugnis gemäß § 47 Abs. 2 VwGO n. F., DVBl. 1997, S. 1253

Ibler, Martin: Die Schranken planerischer Gestaltungsfreiheit im Planfestsellungsrecht, Diss., Göttingen 1988 (zit. Ibler, Schranken planerischer Gestaltungsfreiheit)

Imohr, Anita: Die Bedeutung der staatlichen Ersatzleistungen für den Gesetzesgehorsam, DVBl. 1968, S. 629

Investitionserleicherungs- und Wohnbaulandgesetzes vom 22. April 1993 (BGBl. I S. 466), DVBl. 1993, S. 453

Ipsen, Hans-Peter: Diskussionsbeitrag, in: Die staatliche Intervention im Bereich der Wirtschaft, VVDStRL 11 (1952), S.74 (129).

- Staatliche Wirtschafts-Intervention, Staatsverfassung und Wirtschaftsordnung, JZ 1952, S. 759

Ipsen, Jörn: Enteignung, enteignungsgleicher Eingriff und Staatshaftung, DVBl.1983, S. 1029 ff.

Ipsen, Knut/*Tettinger*, Peter J.: Altlasten und kommunale Bauleitplanung - Eine Fallstudie zum Amtshaftungsrecht, Bochumer Beiträge zum Berg- und Energierecht, Stuttgart-München-Hannover 1988 (zit. Ipsen/Tettinger, Altlasten)

Jäde, Henning: Die Aufhebung nichtiger Bebauungspläne, BayVBl.1988, S. 5

- Neue Aspekte städtebaulicher Verträge, BayVBl. 1992, S. 549

- Der Vorhaben- und Erschließungsplan; Erläuterungen zur Aufstellung und Anwendbarkeit der Satzung über den Vorhaben und Erschließungsplan nach § 7 BauGB-MaßnG, 1. Auflage, München-Bonn 1993 (zit. Jäde, Der Vorhaben- und Erschließungsplan)

Jaenicke, Günther/*Leisner*, Walter: Gefährdungshaftung im öffentlichen Recht,VVDStRL 20 (1963), S. 135

Jellinek, Walter: Verwaltungsrecht, 3. Auflage, Berlin 1931 (unveränderter Nachdruck Bad Homburg-Berlin-Zürich 1966) (zit. Jellinek, VerwR)

- Schadensersatz aus Amtshaftung und Entschädigung, JZ 1955, S. 147

Jochum, Georg Nikolaus: Amtshaftung bei Abwägungs- und Prognosefehlern in der Bauleitplanung, Dissertation, Münster 1994 (zit.Jochum, Amtshaftung)

Johlen, Heribert: Amtshaftung bei unwirksamer Bauleitplanung - Zur Amtshaftung der Gemeinde und des Staates bei der Aufstellung unwirksamer Bebauungspläne, BauR 1983, S. 196

Kellner, M.: Verhandlungen des 44. Deutschen Juristentages, Bd.II, D 1962, S. 47

Kempf, L.: Zur Rechtsnatur der Vormerkung - BGHZ 25, 16, JuS 1961, S. 22

Kessler, Roland: Zur Verzinsung öffentlich-rechtlicher Erstattungsansprüche, NJW 1974, S. 536

Kimminich, Otto: Die „Zufallsenteignung" im System des verfassungsrechtlichen Eigentumsschutzes, NuR 1985, S. 1

Kirchhof, Ferdinand: Die Baurechtsnovelle 1979 als Rechtswegsperre?, NJW 1981, S. 2382

Kirchhof, Paul: Verwaltungen und Zeit, in: Stetige Verfassung und politische Erneuerung, 1995, S. 21 (zit. Kirchhof, Verwaltungen und Zeit)

Kisker, Gunter: Vertrauensschutz im Verwaltungsrecht, VVDStRL 32 (1974), S.149

Klein, Friedrich: Tragweite der Generalklausel im Art. 19 IV des Bonner Grundgesetzes, VVDStRL, Bd. 8, S. 67 (106)

Kleinlein, Kornelius: Die ausgleichspflichtige Inhaltsbestimmung - eine Alternative zur Enteignung ? DVBl. 1991, S. 365

Knack, Hans Joachim: Verwaltungsverfahrensgesetz, Kommentar, Köln-Berlin-Bonn-München, 4. Auflage 1994 (Bearbeiter, in: Knack, VwVfG)

Knöpfle, Robert: Die Vormerkung, JuS 1981, S. 157

Koch, Hans-Joachim: Das Abwägungsgebot im Planungsrecht, DVBl. 1983, S. 1125

Koch, Hans-Jochim/*Hosch*, Rüdiger: Baurecht,Raumordnungs- und Landesplanungsrecht, Stuttgart u. a. 1988, (zit. Koch/Hosch, Baurecht)

Koch, Hans: Ferienwohnanlagen der Alpenrandzone und ihre Problematik für die Gemeinden, BayVBl. 1965, S. 293

Kohlhammer-Kommentar: Kommentar zum Baugesetzbuch, 1988 (zit. Bearbeiter, in: Kohlhammer-Kommentar, BauGB)

König, F: Allgmeines Sicherheits- und Polizeirecht in Bayern 1962 (zit. König, Allgemeines Sicherheits- und Polizeirecht)

Konow, Karl-Otto: Eigentumsschutz gegen Eingriffe der öffentlichen Hand - Das Recht auf Ersatzleistungen wegen enteignungsgleicher Eingriffe unter besonderer Berücksichtigung hoheitlicher Maßnahmen im Bereich des Bauwesens, Berlin 1968 (zit. Konow, Eigentumsschutz gegen Eingriffe der öffentlichen Hand)

Kopp, Ferdinand: Verwaltungsverfahrensgesetz, Kommentar, 6. Auflage, München 1996, (zit. Kopp, VwVfG)

Kopp, Ferdinand/*Schenke*, Wolf-Rüdiger: Verwaltungsgerichtsordnung, Kommentar, 11. Auflage, München 1998, (zit.Kopp/Schenke, VwGO)

Koppitz, Hans-Joachim: Anwendung des Baugesetzbuches aus Sicht der neuen Länder - Gibt es Handlungsbedarf des Gesetzgebers ?, DVBl. 1992, S. 704

Korbmacher, Guenter: Plangewährleistung und Vertrauensschutz, WiVerw 1979, S. 37

Kosmider, Rainer: Staatshaftung für Satzungsunrecht- Ein Beitrag zur Dogmatik und Praxis der Haftung für rechtswidrige Rechtsnormsetzung, Dissertation, Bonn 1983, (zit. Kosmider, Staatshaftung)

- Haftung für einen rechtswidrigen Bebauungsplan - BGHZ 92,34, JuS 1986, S. 274

Kottenberg, Kurt/*Rehn*, Erich: Kommentar zur Gemeindeordnung für das Land Nordrhein-Westfalen, 7.Lieferung, Siegburg 1982 (zit.Kottenberg/Rehn, Komm.z.GemO)

Krautzberger, Michael: Das Investitionserleicherungs- und Wohnbaulandgesetz - Zu den Änderungen im Städtebau- und Raumordnungsrecht, NVwZ 1993, S. 520

Krautzberger, Michael/*Runkel*, Peter: Die städtebaulichen Vorschriften des Investitionserleicherungs- und Wohnbaulandgesetzes vom 22. April 1993 (BGBl. I S.466), DVBl. 1993, S. 453

Krebs, Walter: Zulässigkeit und Wirksamkeit vertraglicher Bindungen kommunaler Bauleitplanung - Zur Auslegung der §§ 54 und 59 VwVfG des Bundes und der Länder, VerwArch 72 (1981), S. 49

- Konsensuales Verwaltungshandeln im Städtebaurecht, DÖV 1989, S. 969

Kreft, Friedrich: Die Eigentumsgarantie und verfassungsrechtliche Entschädigungspflichten, in: Festschrift für Geiger: Verantwortlichkeit und Freiheit 1989, S. 399

Kriele, Martin: Plangewährleistungsansprüche ?, DÖV 1967, S. 531

Krohn, Günter: Die neuere Rechtsprechung des Bundesgerichtshofes zur verfassungsrechtlichen Eigentumsgarantie nach der „Naßauskiesungsentscheidung“ des Bundesverfassungsgerichtes, WM 1984, S. 825

- Entschädigung für enteignende Eingriffe des Grundeigentums in Wasserschutzgebieten, DVBl. 1986, S. 745

- Enteignung, Entschädigung, Staatshaftung, Köln 1993 (zit. Krohn, Enteignung, Entschädigung, Staatshaftung)

- Rechtsfragen bei Übereignungsansprüchen im Baugesetzbuch, in: Driehaus, Hans-Joachim/Birk, Hans-Jörg (Hrsg.), Baurecht-Aktuell, Festschrift für Felix Weyreuther, Köln u.a. 1993, S. 421 (zit. Krohn, in: FS Weyreuther)

Krohn, Günter/*Löwisch*, Gottfried: Eigentumsgarantie,Enteignung, Entschädigung, 3. Auflage 1984, (zit. Krohn/Löwisch, Eigentumsgarantie)

Kröner, Herbert: Entschädigung und Amtshaftung bei Fehlern im Bauleitplan- und im Baugenehmigungsverfahren, ZfBR 1984, S. 20

Kuffer, Johann: Die Normsetzung als Ausübung öffentlicher Gewalt i. S. v. Art. 19 Abs.4 GG, Diss., Erlangen 1976 (zit. Kuffer, Normsetzung)

Kühling, Jürgen: Anmerkung zu: BVerwG, Urt.v. 25.9.1968 - IV C 4.68 - OVG Lüneburg, DVBl. 1969, S. 214

Kunig, Philip: Aufopferung, Jura 1992, S. 554

Kupisch, Berthold: Auflassungsvormerkung und guter Glaube, JZ 1977, S. 486

Kutschera, Peter: Bestandsschutz im öffentlichen Recht: zugleich ein Beitrag zur Dogmatik von Art. 14 GG, Diss., Heidelberg 1990 (zit. Kutschera, Bestandsschutz)

Laband: Das Staatsrecht des Deutschen Reiches II, 5. Aufl. 1911, (zit. Laband, Staatsrecht)

Lang, Eva/*Ziemer*, Edmund: Folgekosten - Kostenbemessung und Gestaltung von Folgekostenverträgen, Stuttgart - München - Hannover 1979 (zit. Bearbeiter in: Lang/Ziemer, Folgekosten)

Lange, Klaus: Probleme des Vertrauensschutzes im Verwaltungsrecht, WiVerw. 1979, S. 15

- Vertrauensschutz nach dem Verwatlungsverfahrensgesetz, Jura 1980, S. 456

Larenz, Karl: Lehrbuch des Schuldrechts, Bd. I, 14. Auflage 1987 (zit. Larenz, Schuldrecht I)

Lassar, Gerhard: Der Erstattungsanspruch im Verwaltungs- und Finanzrecht, Berlin 1921 (zit. Lassar, Der Erstattungsanspruch)

Lege, Joachim: Enteignung und „Enteignung"- Zur Vereinbarkeit der BGH-Rechtsprechung mit Art. 14 GG, NJW 1990, S. 864 ff.

- Enteignung als Güterbeschaffungsvorgang, NJW 1993, S. 2565

- Der Rechtsweg bei Entschädigung für „enteignende" Wirkungen, NJW 1995, S. 2745

Leisner, Walter: Eigentumswende ?, DVBl. 1983, S. 61

- Situationsgebundenheit des Eigentums - eine überholte Rechtssituation, Berlin u. a., 1990 (zit. Leisner, Situationsgebundenheit des Eigentums)

- Eigentumsschutz von Nutzungsmöglichkeiten, BB 1992, S. 73

Lenz, Wolfgang: Bestandsschutz im Bau- Gewerbe- und Planungsrecht, ZfBR 1989, S.142

- Fragen der Entschädigung bei unwirksamer verbindlicher Bauleitplanung, BauR 1981, S. 215

Lenz, Wolfgang/*Heintz*, Detlef: Bestandsschutz im Bau-, Gewerbe, und Planungsrecht, ZfBR 1989, S. 142

- Öffentliches Baurecht, 3. Auflage 1996 (zit.: Lenz/Heinz, Öffentliches Baurecht)

Lerche, Peter: Übermaß und Verfassungsrecht - Zur Bindung des Gesetzgebers an die Grundsätze der Verhältnismäßigkeit und der Erforderlichkeit, 1961 (zit. Lerche, Übermaß und Verfassungsrecht)

Littbarski, Sigurd: Die Haftung aus culpa in contrahendo im öffentlichen Recht, JuS 1979, S. 537.

Löffler, Helmut: Grundbuch und Grundstücksrecht, 5. Auflage 1993 (zit. Löffler,Grundbuch)

Loebell, Wilhelm v.: Kommentar zur Gemeindeordnung für das Land Nordrhein-Westfalen, 3. Lieferung, Wiesbaden 1982 (zit. Bearbeiter in: von Loebell)

Löhnig, Martin: Rechtsschutz gegen Bauleitpläne nach § 47 VwGO n. F., JuS 1998, S. 315

Looman, Gudula: „Ausverkauf von Hoheitsrechten" in Verträgen zwischen Bauherren und Gebietskörperschaften, NJW 1996, S. 1439

Lorenz, Dieter: Der Rechtsschutz des Bürgers und die Rechtsweggarantie, München 1973 (zit.Lorenz, Rechtsschutz)

Lüers, Hartwig: Die Fortführung des Investitionserleicherungs- und Wohnbaulandgesetz, ZfBR 1993, S. 106

Luhmann, Ulrich: Das enttäuschte Vertrauen des Grundeigentümers in die Beständigkeit gemeindlicher Planungsabsichten, BayVBl. 1974, S. 456

Maecker, A.:Gewährleistung bei staatlicher Wirtschaftsplanung, Diss., Göttingen, 1968 (zit. Maecker, Gewährleist. bei staatl. Wirtschafsplanung)

Maiwald, Beate: Entschädigungspflichtige Eigentumgseingriffe ? Eigentumsschutz für nicht verwirklichte Nutzungsmöglichkeiten, entschädigungspflichtige Inhalts- und Schrankenbestimmungen ?, BayVBl. 1991, S. 101

Mangoldt, Hermann v.: Das Bonner Grundgesetz, 3. Auflage1991 (zit. Bearbeiter, in: Mangoldt, GG)

Mann, Jürgen: Das gestufte verwaltungsverfahren im Baurecht, Diss., Frankfurt/Main u. a. 1992 (zit. Mann, Baurecht)

Martens, Joachim: Normenvollzug druch Verwaltungsakt und Verwaltungsvertrag, AöR 89 (1964), S. 429

- Rechtsnachfolge und Bestandsschutz im Bauordnungsrecht - BVerwG, NJW 71, 1624, JuS 1972, S.190

Masson, Christoph/*Samper*, Rudolf: Bayerische Kommunalgesetze Kommentar, 38. Lieferung München 1982

Maunz, Theodor/*Dürig*, Günter/*Herzog*, Roman/*Scholz*, Rupert (Hrsg.): Grundgesetz, Kommentar, Band 2 (Art. 12 a - 37), München, Loseblatt, Stand: Mai 1994, (zit. Bearbeiter, in: Maunz/Dürig/Herzog/Scholz, GG), Band 1 (Art. 1 - 12)

Maurer, Hartmut: Rechtsschutz gegen Rechtsnormen, in: Tübinger Festschrift für Eduard Kern, 1968, S. 275, (zit. Maurer, in: FS Kern)

- Enteignungsbegriff und Eigentumsgarantie, in Festschrift für Günter Dürig zum 70. Geburtstag: Das akzeptierte Grundgesetz 1990, Hrsg. von Hartumut Maurer, S. 293 ff. (zit. Maurer, in: FS Dürig)

- Der enteignungsgleiche Eingriff und die ausgleichspflichtige Inhaltsbestimmung des Eigentums, DVBl.1991, S. 781

Maurer, Hartmut: Allgemeines Verwaltungsrecht, 9. Auflage 1994, (zit. Maurer, Allgem. VerwR)

Mayer, Franz: Die verfassungsrechtliche Gewährleistung richerlicher Kontrolle gegenüber jeglicher Rechtssetzung, in: Festschrift für Friedrich August Freiherr von der Heydte zur Vollendung des 70. Lebensjahres, Berlin 1977: Um Recht und Freiheit, S.1067 (zit. Mayer, FS v. d. Heydte)

Mayer, Otto: Deutsches Verwaltungsrecht, Bd. II, 1. Aufl. 1896 (zit.Mayer, Deutsch.VerwR)

Mayer, Franz/*Kopp*, Ferdinand: AllgemeinesVerwaltungsrecht, 5. Auflage 1985, (zit. Mayer/Kopp, Allgem.VerwR)

Medicus, Dieter: Bürgerliches Recht,16. Auflage, Köln 1993 (zit. Medicus, Bürgerl. Recht)

Meiendresch, Uwe: Das gestufte Baugenehmigungsverfahren: Vorbescheid und Teilungsgenehmigung im Baurecht, 1. Auflage, Düsseldorf 1991 (zit. Meiendresch, Das gestufte Baugenehmigungsverfahren)

Meier-Branecke, H: Die Anwendbarkeit privatrechtlicher Normen im Verwaltungsrecht, AöR 11 (1926), S. 230

Menger, Christian-Friedrich: Höchstrichterliche Rechtsprechung zum Verwaltungsakt, VerwArch. 49 (1959), S. 368

Menger, Christian-Friedrich/*Erichsen*, Hans-Uwe: Höchtrichterliche Rechtsprechung zum Verwaltungsakt, Verw-Arch. 59 (1968) , S. 167

- Höchstricherliche Rechtsprechung zum Verwaltungsakt - Hans J. Wolff zu seinem 70. Geburtstag am 3. Oktober 1968 in Verehrung gewidmet, VerwArch 59 (1968), S. 366

Meyer, Hans: Das neue öffentliche Vertragsrecht und die Leistungsstörungen, NJW 1977, S. 1705.

Meyer, Klaus/*Stich*, Rudolf/*Tittel*, Joachim: Bundesbaugesetz:Kommentar bearb. v. Otto Schlichter, 3. Auflage, Köln u. a. 1979 (zit. Meyer/Stich/Tittel, BBauG)

Molodovsky, Paul: Rechtliche Bindung und gerichtliche Kontrolle planender Verwaltung im Bereich des Bodenrechts, BayVBl. 1977, S. 339

Mörtel, Georg: Zu Umfang und Struktur des Erstattungsanspruchs, BayVBl. 1970, S. 396

Mutius, Albert v.: Zulässigkeit und Grenzen verwaltungsrechtlicher Verträge über kommunale Folgelasten, VerwArch 65 (1974), S. 201

- Rückforderung überbezahlter Beamtenbezüge - zu Voraussetzungen und Umfang des öffentlich-rechtlichen Erstattungsanspruchs, VerwArch 71 (1980), S. 413

- Kommunales Haftungsrecht (zit. Bearbeiter in: von Mutius, Kommunales Haftungsrecht.)

Mutius, Albert v./*Hill*, Hermann: Die Behandlung fehlerhafter Bebauungspläne durch die Gemeinden, Siegburg 1983 (zit. Mutius/v. Hill, Die Behandlung fehlerhafter Bebauungspläne)

Müller, Karl: Schadensersatz bei nichtigen Bebauungsplänen, BauR 1983, S. 193

Münch, Ingo v.: Besonderes Verwaltungsrecht, 4. Auflage 1976 (zit. Bearbeiter in: von Münch, Besonderes VerwR)

- Grundgesetz Kommentar Bd.1 (Art. 21-69), 3. Auflage, München 1985, (zit. Bearbeiter in: von Münch, GG)

Münchener Kommentar zum Bürgerlichen Gesetzbuch, Bd. 3, 2. Halbb., §§ 652 - 853, Rebmann, Kurt/Säcker, Franz Jürgen (Hrsg.), 2. Auflage, München 1986, (zit.Bearbeiter, in: MünchKomm)

Nöll, Joachim: Die Rückforderung fehlgeschlagener Subventionen 1987 (zit. Nöll, Die Rückforderung fehlgeschlagener Subventionen)

Numberger, Ulrich/*Schönfeld*, Thomas: Neuerungen in der VwGO, UPR 1997, S. 89

Nüßgens, Karl/*Boujong*, Karlheinz: Eigentum, Sozialbindung, Enteignung, München 1987, (zit. Nüßgens/Boujong, Eigentum, Sozialbindung, Enteignung)

Obermayer, Klaus: Verfassungsrechtliche Aspekte der verwaltungsgerichtlichen Normenkontrolle, DVBl. 1965, S. 625

- Leistungsstörungen beim öffentlich-rechtlichen Vertrag, BayVBl. 1977, S. 546

- Verwaltungsverfahrensgesetz, Kommentar, 2. Auflage, Neuwied 1990 (zit. Obermayer, VwVfG)

Oldiges, Martin: Grundlagen eines Plangewährleistungsrechts, Bad Homburg u. a. 1970, (zit.Oldiges, Grundl. eines Plangewährleistungsrechts)

- Bearbeiter in Steiner (Hrsg.), Besonderes Verwaltungsrecht, 4.Auflage 1992

Olivet, Peter: Die Haftungszurechnung beim Rechtsinstitut des enteignungsgleichen Eingriffs, NVwZ 1986, S. 431

Ortloff, Karsten-Michael: Zur Bindungswirkung des baurechtlichen Vorbescheides bei nachfolgender Änderung der Sach- und Rechtslage, NVwZ 1983, S. 705

Ossenbühl, Fritz: Zum Problem der Rücknahme fehlerhafter begünstigender Verwaltungsakte. DÖV 1964, S.511

- Enteignungsgleicher Eingriff und Gefährdungshaftung im öffentlichen Recht, JuS 1971, S. 575

- Vertrauensschutz im sozialen Rechtsstaat, DÖV 1972, S. 25

- Welche normativen Anforderungen stellt der Verfassungsgrundsatz des demokratischen Rechtsstaates an die planende staatliche Tätigkeit, dargestellt am Beispiel der Entwicklungsplanung ?, in: Gutachten B zum 50. Deutschen Juristentag, München 1974, (zit. Ossenbühl, Gutachten B z. 50. DJT)

- Abschied vom enteignungsgleichen Eingriff ?, NJW 1983, S. 1

- Die dogmatische Struktur der Eigentumsgarantie, 1983 (zit. Ossenbühl, Dogmatische Struktur der Eigentumsgarantie)

- Neuere Entwicklungen im Staatshaftungsrecht, Schriftenreihe der Jursitischen Gesellschaft zu Berlin, Heft 90, Berlin u.a. 1984 (zit. Ossenbühl, Neuere Enwicklungen im Staatshaftungsrecht)

- Eigentumsgarantie des GG im Wandel 1984 (zit. Ossenbühl, Eigentumsgarantie des GG im Wandel)

- Staatshaftungsrecht in der Krise, in: Zur Reform des Staatshaftungsrechts, hrsg. vom Bundesministerium der Justiz, Oktober 1987, S. 355 (zit. Ossenbühl, Staatshaftungsrecht in der Krise)

- Enteignungsgleicher Eingriff im Wandel, JuS 1988, S. 193

- Der Anspruch wegen rechtswidriger Eigentumsverletzung (enteignungsgleichen Eingriffs) - eine Zwischenbilanz, in: Festschrift für Willi Geiger 1989, S. 475 (zit. Ossenbühl, FS Geiger).

- Staatshaftungsrecht, 4. Aufl., München 1991 (zit. Ossenbühl, Staatshaftungsrecht)

- Der öffentlichrechtliche Erstattungsanspruch, NVwZ 1991, S. 513

- Inhaltsbestimmung des Eigentums und Enteignung - BVerfGE 83, 201, JuS 1993, S. 200

Ottens, Wolfgang: Gemeinde 1980, Planungsschädensausgleiche, S. 408

Paetow, Stefan: Naturschutz und Eigentumsgarantie, VBlBW 1983, S. 873

- Naturschutz und Eigentumsgarantie, VBlBW 1985, S. 3

Pagenkopf, Martin: Grenzen behördlicher und gerichtlicher Plankontrolle, BauR 1979, S.1

Palandt, Otto (Begründer): Bürgerliches Gesetzbuch - Kommentar, 56. Auflage, München 1996 (zit. Bearbeiter, in: Palandt - BGB)

Papier, Hans-Jürgen: Wirtschaftsaufsicht und Staatshaftung - BGHZ 74, S. 144 und BGH, NJW 1979, S. 1879, JuS 1980, S. 265

- Grunderwerbsverträge mit „Bauplanungsabreden", JuS 1981, S. 498

- Zum Schicksal des enteignungsgleichen Eingriffs, NVwZ 1983, S. 258

- Eigentumsgarantie im Wandel, 1984 (zit. Papier, Eigentumsgarantie im Wandel)

- Enteignungsgleiche und enteignende Eingriffe nach der Naßauskiesungsentscheidung - BGHZ 90, 17 und BGH, NJW 1984, S. 1876, in: JuS 1985, S. 184

- Grundfälle zu Eigentum, Enteignung und enteignungsgleichen Eingriff, JuS 1989, S. 630

Peine, Franz-Joseph: Grundzüge des Bauplanungsrechts unter Berücksichtigung des Raumordnungs- und Fachplanungsrechts, 2. Auflage, Tübingen 1993 (zit. Peine, Bauplanungsrecht)

Peter, Christoph: Zur neueren Enteignungsrechtsprechung des BGH, JZ 1969, S. 549

Pieroth, Bodo: Interpretationsproblem § 48 IV VwVfG, NVwZ 1984, S. 681

Pietzcker, Jost: Änderung bestehender Bebauungspläne durch Änderung der Baunutzungsverordnung?, NVwZ 1989, S. 601

- Die salvatorische Entschädigungsklausel - BVerwG, NJW 1990, 2372, in: JuS 1991, S. 370

- Die Entwicklung des öffentlichrechtlichen Entschädigungsrechts - insbesondere am Beispiel der Entschädigung von Beschränkungen der landwirtschaftlichen Produktion, NVwZ 1991, S. 418

- Der Vorhaben- und Erschließungsplan nach § 55 BauZVO, DVBl. 1992, S. 658

- Der Vorhaben- und Erschließungsplan, Baden-Baden 1993 (zit.Pietzcker, Der Vorhaben- und Erschließungsplan)

Pipkorn, Jörn: Auskunftsansprüche gegenüberVerwaltungsbehörden, DÖV 1970, S. 171

Plagemann, Hermann: Leistungsstörungen beim Folgelastenvertrag, WM 1979, S. 794

Pohl, Günter: Bauplanungsrecht, Neubearbeitung von Volker Piltz, 3. Auflage, Stuttgart u. a. 1981 (zit. Pohl, Bauplanungsrecht)

Portz, Norbert/*Runkel*, Peter: Baurecht für die kommunale Praxis; Grundzüge des gesamten öffentlichen und privaten Baurechts, 2. Auflage 1994 (zit. Portz/Runkel, Baurecht)

Püttner, Günter: Vertrauensschutz im Verwaltungsrecht, VVDStRL 32 (1974), S. 200

Quaas, Michael/*Müller*, Karl: Normenkontrolle und Bebauungsplan, Düsseldorf 1986 (zit. Quaas/Müller, Normenkontrolle)

Quaritsch, Helmut: Eigentum und Polizei, DVBl. 1959, S. 455

- Anmerkung zu:BGH,Urt. v. 20.1.1966- III ZR 109/64 (OLG Düsseldorf) (S. 426), in: JZ 1968, S. 428

Ramsauer, Ulrich: Die faktischen Beeinträchtigungen des Eigentums, Berlin 1980 (zit. Ramsauer, faktische Beeinträchtigungen)

Rebhan: Öffentlich-rechtliche Verträge im Bereich des Erschließungs-Bauplanungs- und Bauordnungsrechts, Diss., Frankfurt am Main 1972 (zit.Rebhan,Öffentlich-rechtliche Verträge)

Redeker, Konrad: Was wird aus dem Bundesbaugesetz?, DVBl. 1982, S. 130

- Staatliche Planung im Rechtsstaat, JZ 1968, S. 537

Redeker, Konrad/*von Oertzen*, Hans-Joachim: Verwaltungsgerichtsordnung, Kommentar, 11. Auflage, Stuttgart - Berlin - Köln - Mainz 1994, (zit. Redeker/von Oertzen, VwGO)

Reidt, Olaf: Haftungsfragen zwischen Planungs- und Projektträgern. Vortragsreihe „Kooperative Baulanderschließung" im Rahmen des Leipziger Kongresses vom 23. und 24. November 1994, im Interconti in Leipzig. (zit. Haftungsfragen zwischen Planungs- und Projektträgern)

- Anwendungsprobleme des Vorhaben- und Erschließungsplans BauR 1995, S. 788

Reiland, Werner: Eigentumsschutz und Störerhaftung,VerwArch 66 (1975), S. 255

Renck, Ludwig: Verwaltungsgerichtlicher Rechtsschutz gegen Rechtsnormen, - BVerwG, DÖV 1965, S. 169, in: JuS 1966, S. 273

RGRK: Kommentar zum Bürgerlichen Gesetzbuch II, §§ 832 - 853, 12. Auflage, Berlin - New York 1989 (zit.Bearbeiter, in: RGRK-BGB)

Rinck, Gerd: Wirtschaftsrecht: Wirtschaftsverfassung, Kartellrecht, Wettbewerbsrecht, Wirtschaftsverwaltung, 6. Auflage, Köln u. a. 1986 (zit. Rinck, Wirtschaftsrecht)

Rinne, Eberhard: Entschädigungsfragen beim eingerichteten und ausgeübten Gewerbebetrieb DVBl. 1993, S. 869

- Der Rechtsweg für Ausgleichsansprüche im Rahmen der Inhaltsbestimmung des Eigentums DVBl.1994, S. 23

Röper, Erich: Beitreibung privatrechtlicher Forderungen durch Verwaltungszwang, DÖV 1982, S. 680

Röskau, Michael: Die Abwälzung von Folgekosten im Spiegel der Rechtsprechung, KStZ 1969, S. 192

Roth, Wolfgang: Faktische Eingriffe in Freiheit und Eigentum: Struktur und Dogmatik des Grundrechtstatbestandes und der Eingriffsrechtfertigung, Diss., Berlin 1994

Rubel, Rüdiger: Planungsermessen: Norm- und Begründungsstruktur, Frankfurt am Main 1982, (zit. Rubel, Planungsermessen)

Rüfner, Wolfgang: Vertrauensschutz im Verwaltungsrecht, VVDStRL 32 (1974), S. 228

Runkel, Peter: Die Satzung über den Vorhaben- und Erschließungsplan nach § 7 BauGB-MaßnG, in: Das neue Bundesbaurecht1994, S. 27 (zit.Runkel, Satzung über den VEP)

Rupp, Hans Heinrich: Reform der Staatshaftung trotz Teilnichtigkeit des Staatshaftungsgesetzes ? NJW 1982, S. 1731

Rupp-v. Brünneck: BVerfGE 32, S. 129

Sarnighausen, Hans-Cord: Abschied vom Bestandsschutz im öffentlichen Baurecht ?, DÖV 1993, S. 758

Sauter, Helmut: (Begr.) Landesbauordnung für Baden-Württemberg: mit Rechtsverordnungen, Verwaltungsvorschriften, Erlassen, 16. Auflage, Stuttgart u. a. 1994 (zit. Sauter, LBO)

Sauthoff, Michael: Zur grundsätzlichen Zulässigkeit der Beitreibung privatrechtlicher Forderungen im Verwaltungsvollstreckungsverfahren, DÖV 1987, S. 800

- Privatrechtliche Forderungen und Verwaltungszwang - Verfassungsrechtliche Anforderungen an das Verfahren zur öffentlich-rechtlichen Beitreibung privatrechtlicher Forderungen, DÖV 1989, S. 1

- Die „neue" Normenkontrolle von Satzungen nach dem BauGB seit dem 1.1.1997, insbesondere: Zum Anspruch auf fehlerfreie Abwägungsentscheidung im Bauplanungsrecht, BauR 1997, S. 721

Schack, Friedrich: Entschädigung bei „legislativem Unrecht" ?, MDR 1953, S. 514

- Ersatzpflicht des Staates bei „legislativem Unrecht" ?, MDR 1968, S. 186

Schack, J: Die Prüfung der Rechtmäßigkeit von Gesetz und Verordnung, 1918 passim (zit. Schack, Die Prüfung der Rechtmäßigkeit von Gesetz und Verordnung)

Schäfer, Rudolf/*Schmidt-Eichstaedt*, Gerd: Das Bundesbaugesetz in der Praxis - Ergebnisse einer Rechtstatsachenuntersuchung, DVBl. 1984, S. 588

- Praktische Erfahrungen mit dem Bundesbaugesetz in der Praxis; Planspiel zum Baugesetzbuch: Methode und Ergebnis des Praxistests, Berlin 1986 (zit. Schäfer/Schmidt-Eichstaedt, Praktische Erfahrungen mit dem Bundesbaugesetz)

Scharmer, Eckart: Der Vorhaben- und Erschließungsplan nach § 55 BauZVO - erste Erfahrungen mit einem neuen Instrument in den neuen Bundesländern, Institut für Städtebau Berlin (Hrsg.), Berlin 1991, (zit. Scharmer, Der Vorhaben- und Erschließungsplan)

Schenke, Wolf-Rüdiger: Rechtsschutz des Bauherrn gegenüber der aufschiebenden Wirkung einer Nachbarklage, NJW 1970, S. 270

- Die Haftung des Staates bei normativem Unrecht, DVBl. 1975, S. 121

- Gewährleistung bei Änderung staatlicher Wirtschaftsplanung, AöR 101 (1976), S. 337

- Der rechtswidrige Verwaltungsvertrag nach dem Verwaltungsverfahrensgesetz, JuS 1977, S. 281

- Rechtsschutz bei normativem Unrecht, Berlin 1979 (zit. Schenke, Rechtsschutz bei normativem Unrecht)

- Rechtsschutz gegen Normen, JuS 1981, S. 81

- Kommentierung zu Art. 19 IV GG, in Bonner Kommentar zum GG, 46. Lieferung, Dezember 1982 (zit. Schenke, in: Bonner Kommentar zum GG)

- Probleme der Bestandskraft von Verwaltungsakten, DÖV 1983, S.320

- Baurechtlicher Nachbarschutz, NuR 1983, S. 81

- Zum Verhältnis von Bauvoranfrageverfahren und Baugenehmigungsverfahren, VBlBW 1985, S.442

- Verjährungsunterbrechung beim Amtshaftungsanspruch- BGHZ 95, S. 238, JuS 1986, S. 694

- Die planungsrechtliche Problematik der Ansiedlung von größeren Einzelhandelsgeschäften und Einkaufszentren, UPR 1986, S. 281

- Der Aufwendungsersatz beim Ausschluß einer gemäß § 34 f. BBauG bestehenden baulichen Nutzungsmöglichkeit durch einen Bebauungsplan, DÖV 1987, S. 45

- Entschädigungsansprüche bei legislativem Unrecht unter dem Akspekt des enteignungsgleichen Eingriffs, NJW 1988, S. 857

- Rechtliche Fragen der Errichtung von großflächigen Betrieben des Einzelhandels, DÖV 1988, S. 233

- Zur Problematik des Bestandsschutzes im Baurecht und Immissionsschutzrecht, NuR 1989, S. 8

- Die verwaltungsbehördliche Aufhebung nachträglich rechtswidrig gewordener Verwaltungsakte, DVBl. 1989, S. 433

- 40 Jahre Grundgesetz, JZ 1989, S. 653

- Probleme der modernen Leistungsverwaltung, DÖV 1989, S. 365

- Gewerbliche Wirtschaft und Bauplanungsrecht (verfassungsrechtliche Schranken, Plangewährleistung), WiVerw 1990, S. 226

- Rechtsprobleme gestufter Verwaltungsverfahren am Beispiel von Bauvorbescheid und Baugenehmigung, DÖV 1990, S. 489

- Formeller oder materieller Verwaltungsaktsbegriff, NVwZ 1990, S. 1009

- Haftung für Verordnungsunrecht am Beispiel des § 6 Abs.6 a. F. der Milchgarantiemengenverordnung (MGVO), ArgrarR 1990, S. 184

- Verfassungsrechtliche Grenzen der Rückwirkung von Gesetzen - Die Verfassungswidrigkeit der Novellierung des § 6 Abs.6 MGVO, ArgraR 1990, S.33

- Widerruf oder Rücknahme rechtswidrig gewordener Verwaltungsakte ?, BayVBl. 1990, S. 107

- Bauordnungsrecht, in: Achterberg-Püttner, Besonderes Verwaltungsrecht, Bd. I ,1990

- Staatshaftung und Aufopferung - Der Anwendungsbereich des Aufopferungsanspruchs, NJW 1991, S. 1777

- Entschädigungsberechtigung des Grundstückserwerbers nach § 39 BauGB ?, NVwZ 1991, S. 1052

- Veränderungssperre und Zurückstellung des Baugesuchs als Mittel zur Sicherung der Bauleitplanung, WiVerw 1994, S. 253

- Der Rechtsweg für die Geltendmachung von Ausgleichsansprüchen im Rahmen der Sozialbindung des Eigentums, NJW 1995, S. 3145

- Anmerkungen zum Urteil des OVG Münster vom 23.01.1997 (DVBl. 1997, S. 675) in DVBl. 1997, S. 853

  Verwaltungsprozeßrecht, 6. Auflage, Heidelberg 1998, (zit. Schenke, Verwaltungsprozeßrecht)

- Die Antragsbefuignis natürlicher und juristischer Personen im Normenkontrollverfahren gem. § 47 Abs. 2 Satz 1, 1. Alt. n. F. VwGO, S. 301

Schenke, Wolf-Rüdiger/*Baumeister*, Peter: Der rechtswidrig gewordene Verwaltungsakt, JuS 1991, S. 547

Schenke, Wolf-Rüdiger/*Guttenberg*, Ulrich: Rechtsprobleme einer Haftung bei normativem Unrecht, DÖV 1991, S. 945

Schenke, Wolf-Rüdiger/*Melchior*, Manfred: Entschädigungsberechtigung des Grundstückserwerbers nach § 39 BauGB ?, NVwZ 1991, S.1052

Schenke, Wolf-Rüdiger/*Ruthig*, Josef: Die Aufrechnung mit rechtswegfremden Forderungen im Prozeß - Zur Rechtslage nach der Neufassung des § 17 II GVG, NJW 1992, S. 2505

Scherzberg, Arno: Die Subsidiarität des „enteignungsgleichen Eingriffs", DVBl. 1991, S. 84

Schink, Alexander: Amtshaftung bei der Bebauung von Altlasten ?, DÖV 1988, S. 529

- Umweltschutz - Eigentum - Enteignung- Salvatorische Klauseln, DVBl. 1990, S. 1375

Schlez, Georg: BBauG: Bundesbaugesetz, Kommentar, 2. Auflage, Wiesbaden-Berlin 1986 (zit. Schlez, BBauG)

- Baugesetzbuch, BauGB, Kommentar mit BauGB-MaßnG, 4. Auflage, Wiesbaden u. a. 1994 (zit. Schlez, BauGB)

Schlichter, Otto/*Stich*, Rudolf: Berliner Kommentar zum Baugesetzbuch, 4. Auflage, Köln-Berlin-Bonn-München 1995, (zit. Bearbeiter, in: Berliner Kommentar)

Schlichter,Otto/*Stich*, Rudolf/*Tittel*, Hans-Joachim: Bundesbaugesetz, 3. Aufl., Köln-Berlin-Bonn-München 1979 (I) (zit.Bearbeiter, in: Schlichter/Stich/Tittel, BBauG)

Schlotterbeck, Karlheinz/*Arnim*, Achim v.: Landesbauordnung für Baden-Württemberg: LBO, 3. Auflage, Stuttgart u. a. 1988 (zit. Schlotterbeck/v.Arnim, LBO)

Schmaltz, Karsten: Buchbesprechung: Brügelmann- Kommentar zum BauGB, DVBl. 1982, S. 1060

- Anmerkung zu: BGH, Urt. v. 9.10.1986 - III ZR 2/85 -(OLG Koblenz, S.568), in: DVBl. 1987, S. 571

Schmidt-Aßmann, Eberhard: Verwaltungsverantwortung und Verwaltungsgerichtsbarkeit, VVDStRL Bd. 34 (1976), S. 221

- Anmerkung zu: BGH, Urt. v. 12.6.1975 - III ZR 158/72 (OLG Frankfurt am Main), DVBl. 1976, S.170

- Verwaltungsverträge im Städtebaurecht, in: Lenz, Wolfgang (Hrsg.), Festschrift für Konrad Gelzer zum 75. Geburtstag, Düsseldorf 1991, S. 117 ff. (zit. Schmidt-Aßmann, in: FS Gelzer)

Schmidt-Aßmann, Eberhard/*Krebs*, Walter: Rechtsfragen städtebaulicher Verträge - Vertragstypen und Vertragsrechtslehren, 2. Auflage, Köln 1992, (zit. Schmidt-Aßmann/Krebs, Rechtsfragen)

Schmidt-Bleibtreu, Bruno/*Klein*, Franz: Kommentar zum GG, 8. Auflage, Neuwied u. a. 1995 (zit. Schmidt-Bleibtreu/Klein, GG)

Schmidt, Eike/*Brüggemeier*, Gert: Zivilrechtlicher Grundkurs, 4. Auflage, Neuwied u. a. 1991 (zit. Schmidt/Brüggemeier, Zivilrechtlicher Grundkurs)

Schmidt, Walter: „Vertrauensschutz“ im öffentlichen Recht, JuS 1973, S. 529

Schmitt-Kammler, Arnulf: in: Festschrift der Rechtswissenschaftlichen Fakultät zur 600-Jahr-Feier der Universität zu Köln, 1988, S. 821 ff. (zit. Schmitt-Kammler, FS der Universität zu Köln)

- Das „Sonderopfer“ - ein lebender Leichnahm im Staatshaftungsrecht ?, NJW 1990, S. 2515

Schneider, R: Rechtsnorm und Individualakt im Bereiche des verfassungsrechtlichen Eigentumsschutzes, VerwArch 58 (1967), S. 197

Schneider, Günter: Rangfähigkeit und Rechtsnatur der Vormerkung, DNotZ 1982, S. 523

Schneider, Oscar: Leitlinien für ein neues Baugesetzbuch, DVBl. 1984, S. 577

Schnur, Roman: Probleme um den Störerbegriff im Polizeirecht, DVBl.1962, S. 1

Schoch, Friedrich: Amtshaftung, Jura 1988, S. 585

- Die Haftungsinstitute des enteignungsgleichen und enteignenden Eingriffs im System des Staatshaftungsrechts, Jura 1989, S. 529

- Der öffentlichrechtliche Erstattungsanspruch, Jura 1994, S. 82

- Der Rechtsweg bei ausgleichspflichtigen Eigentumsinhaltsbestimmungen, JZ 1995, S. 768

Schoch, Friedrich/*Schmidt-Assmann*, Eberhard/*Pietzne*,Rainer: VwGO, Loseblatt, Stand: Februar 1998, (zit. Bearbeiter in: Schoch/Schmidt-Assmann/Pietzner, VwGO).

Scholler, Heinrich/*Broß*, Siegfried: Entschädigungsleistungen an den Störer ?, DÖV 1976, S. 472

Scholz, Georg: Öffentliches Baurecht, 5. Auflage, München-Vahlen 1987 (zit. Scholz, Öffentliches Baurecht)

Scholz, Rupert: Verwaltungsverantwortung und Verwaltungsgerichtsbarkeit, VVDStRL Bd.34 (1975), S.192

Schrödter, Hans: Anmerkung zu: BVerwG, Urt. v. 24.10.67 - 1 C 64.65 - (OVG Münster, S. 35), DVBl. 1968, S. 37

- (Hrsg.): Baugesetzbuch, BauGB-MaßnG, Kommentar, 6. Auflage, München 1998, (zit. Bearbeiter, in: Schrödter, BauGB).

- Zur Bindungswirkung der Teilungsgenehmigung, DVBl. 1982, S. 323

Schrödter/Schmaltz: Anmerkung zu BGH-Urteil vom 26.10.1970, III ZR132/67 (OLG Düsseldorf), DVBl. 1971, S. 465

Schröer, Hans-Herman: Wiederbelebungsversuche des enteignungsgleichen Eingriffs, NJW 1984, S. 1864

- Die Haftung von Stadt- und Gemeinderat- sowie von Kreistagsmitgliedern bei Amtspflichtverletzungen, NVwZ 1986, S.449

Schulte, Hans: Freiheit und Bindung des Eigentums im Bodenrecht, JZ 1984, S. 297

Schulte, Karl-Werner: Handbuch Immobilien-Projektentwicklung, (Hrsg.) 1. Auflage, Köln 1996 (zit.Bearbeiter, in: Handbuch Immobilien-Projektentwicklung)

Schulze-Osterloh, Lerke: Das Prinzip der Eigentumsopferentschädigung im Zivilrecht und im öffentlichen Recht, 1980 (zit. Schulze-Osterloh, Eigentumsopferentschädigung)

- Entschädigungspflichtige Inhalts- und Schrankenbestimmungen des Eigentums und Enteignung, NJW 1981, S. 2537

Schulze-Fielitz, Helmuth: Sozialplanung im Städtebaurecht: am Beispiel der Stadterneuerung, Königstein/Taunus 1978 (zit.Schulze-Fielitz, Sozialplanung im Städtebaurecht)

Schünemann, Wolfgang B.: Unzulänglichkeit der Adäqanztheorie ?- AG und LG Regensburg, VersR 1977, S. 459, in: JuS 1979, S. 19

- Noch einmal: Unzulänglichkeit der Adäquanztheorie ?, JuS 1980, S. 31

Schwabe, Jürgen: Anmerkung zu: BGH Urt. vom 18.5.71 - VI ZR 220/69 (LG Bonn), NJW 1971, S. 1655

- Die Enteignung in der neueren Rechtsprechung des Bundesverfassungsgerichts, JZ 1983, S. 273

Schwär, Günther: Leistungsstörungen bei der Erfüllung öffentlich-rechtlicher Leistungspflichten, Diss., Köln 1968 (zit. Schwär, Leistungsstörungen)

Schwerdtfeger, Gunther: Eigentumsgarantie, Inhaltsbestimmung und Enteignung - BVerfGE 58, 300 („Naßauskiesung"), JuS 1983, S. 104

- Die dogmatische Struktur der Eigentumsgarantie, 1983 (zit. Schwerdtfeger, Eigentumsgarantie)

- Rechtsfolgen von Abwägungsdefiziten in der Bauleitplanung - BVerwGE 64, 33, JuS 1983, S. 270

Selmer, Peter/*Schulze-Osterloh*, Lerke: Der Vorbescheid in verwaltungsrechtlichen Genehmigungsverfahren, JuS 1981, S. 393

Sendler, Horst: Abschied vom „latenten Störer" ?, WiVerw 1977, S. 94

- Über formelle und materielle Illegalität im Baurecht und anderswo, in: Festschrift für Werner Ernst 1980: Raumplanung und Eigentumsordnung , S. 403 (zit. Sendler, in: FS Ernst)

- Guter Rechtsschutz und Verfahrensbeschleunigung, DVBl. 1982, S. 812

Siemer, Hermann: Normenkontrolle durch Feststellungsklage ? Ein Beitrag zur Frage des verwaltungsgerichtlichen Rechtsschutzes gegen rechtswidrige Normen, Berlin 1971 (zit. Siemer, Normenkontrolle durch Feststellungsklage)

Simons, Lothar: Leistungsstörungen verwaltungsrechtlicher Schuldverhältnisse, Berlin 1967 (Schriften zum Öffentlichen Recht Band 45) (zit. Simons, Leistungsstörungen)

Skaupy, Walter: Die ungerechtfertigte Bereicherung im öffentlichen Recht, Berlin 1934 (zit. Skaupy, Die ungerechtfertigte Bereicherung im öffentlichen Recht)

Soergel, Hans Theodor:BGB Kommentar, Schuldrecht III - Band 4, §§ 705 - 853, Stuttgart-Berlin-Köln-Mainz 1985 (zit. Bearbeiter, in: Soergel-BGB)

Söfker,Wilhelm: Zu den Unterschieden der Rechtskontrolle von Bauleitplänen durch die Genehmigungsbehörden und Gerichte aufgrund der §§ 155 a bis 155 c BBauG, ZfBR 1979, S. 191

- Anmerkung zum Urteil des OVG Lüneburgs vom 31. Januar 1980 - 1 A 168/78, ZfBR 1980, S. 152

- Aktuelle Fragen des Planungsschadenrechts, BBauBl. 1983, S. 735

- Einführung des Baugesetzbuchs in die neuen Bundesländer - Entehungsgeschichte, Anliegen und Überblick zu den Sonderregelungen -, ZfBR 1990, S. 266

- Der Vorhaben- und Erschließungsplan - Eine vergleichende Betrachtung und Erläuterung einzelner Regelungsbereiche - ZfBR 1992, S. 149.

Starck, Christian: Die Auskiesungsurteile des Bundesgerichtshofes vor dem Bundesverfassungsgericht - BVerfG, NJW 1977, S. 1920, in: JuS 1977, S. 732

Statistik des Deutschen Instituts für Urbanistik: NVwZ 1986, S. 108

Staudinger, Julius v.: Kommentar zum Bürgerlichen Gesetzbuch, 12. Auflage, Berlin 1989 (zit. Bearbeiter, in: Staudinger, BGB)

Steinberg, Rudolf: Fachplanung: das Recht der Fachplanung unter Berücksichtigung des Nachbarschutzes und der Umweltverträglichkeitsprüfung, 2. Auflage, Baden-Baden 1993 (zit. Steinberg, Fachplanung)

Steinberg, Rudolf/*Lubberger*, Andreas: Aufopferung, Enteignung und Staatshaftung, 1. Auflage 1991 (zit. Steinberg/Lubberger, Aufopferung, Enteignung und Staatshaftung)

Stelkens, Paul: Veränderungssperre und Rückstellung von Baugesuchen bei Bauleitplanung, Umlegung und Enteignung, ZfBR 1980, S. 119

Stelkens, Paul/*Bonk*, Heinz Joachim/*Leonhardt*, Klaus: Kommentar zum Verwaltungsverfahrensgesetz, 3. Aufl, München 1990 (zit. Stelkens/Bonk/Leonhardt, VwVfG)

Stelkens, Paul/*Bonk*, Heinz Jochim/*Sachs*, Kommentar zum Verwaltungsverfahrensgesetz, 4. Auflage, München 1993 (zit. Stelkens/Bonk/Sachs,VwVfG)

Stern, Klaus: Zur verwaltungsgerichtlichen Normenkontrolle. Ein Plädoyer für ihre Auswertung, S. 59, in: Festschrift für Hans Schäfer zum 65. Geburtstag am 26.Januar 1975, Verfassung, Verwaltung, Finanzkontrolle, (hrsg.Eckart Schiffer), Köln u.a.1975 (zit. Stern, in: FS Schäfer)

- Das Staatsrecht der Bundesrepublik Deutschland, Bd.I, 2. Aufl., München 1984 (zit. Stern, Staatsrecht)

- Verwaltungsprozessuale Probleme in der öffentlich-rechtlichen Arbeit, 7. Auflage 1995 (zit. Stern, Verwaltungsprozessuale Probleme)

Stettner, Rupert: Die Bindung der Gemeinde durch den Folgelastenvertrag, AöR 102 (1977), S. 544

Stich, Rudolf: Die Bebauungs-Satzung mit Vorhaben- und Erschließungsplan in den neuen Bundesländern - Zur Auslegung und praktischen Anwendung der §§ 54 und 55 BauZVO nach den „Maßgaben des § 246 a BauGB, BauR 1991, S. 413

- Die Schaffung von Bauland und seine Bebauung nach heutigem Recht - Eine praxisbezogene Problemskizze - ZfBR 1994, S. 258

Stürner, Rolf: Die Haftung der Gemeinde für verunreinigtesWasser - BGHZ 59, 303, JuS 1973, S. 749

Thiedau, Erwin: Die öffentlich-rechtliche Bereicherungsklage und ihre Geltendmachung im Rechtswege, MDR 1952, S. 330

Tittel, Hans-Joachim: Anmerkung zu: BGH Urteil v. 14.7.66 - III ZR 190/64 - (OLG Celle, S. 36), in: DVBl. 1967, S. 39

Trauten, Heinz/*Krier*, Stephan: Veränderungssperre und Entschädigungspflicht bei der Aufstellung von Bebauungsplänen und der Durchführung der Umlegung nach §§ 14 ff. und 45 ff. BBauG, DVBl. 1971, S. 302

Traving, M: Die Staatshaftung nach Art. 34 GG und ihre Anwendbarkeit in Fällen rechtswidriger Gesetzesbeschlüsse durch Abgeordnete, Diss. Kiel 1956 (zit. Traving, Staatshaftung nach Art. 34 GG)

Trimbach, Herbert Josef: Möglichkeiten einer Kodifikation der richterrechtlichen Staatshaftungsinstitute, insbesondere der Ansprüche aus enteignungsgleichem Eingriff und enteignenden Eingrif, im Lichte des „Naßauskiesungsbeschlusses" des Bundesverfassungsgerichts, Diss., Würzburg 1988 (zit. Trimbach)

Uechtritz, Michael: Zur Aktualität des § 44 Abs.2 BBauG - Planungsschadensrecht ab 1. 1. 1984, BauR 1983, S. 523

- Grenzen der Legalisierungswirkung der Beugenehmigung und des Bestandsschutzes bei Nutzungsänderungen und -unterbrechungen, Festschrift für Konrad Gelzer, 1991, S. 268. (zit. Uechtritz, in: FS Gelzer)

- Der Vorhaben- und Erschließungsplan nach dem Investitionsvorranggesetz, DVBl. 1993, S. 181

Ule, Carl Hermann/*Laubinger*, Hans-Werner: Verwaltungsverfahrensrecht, 3. Aufl., Köln-Berlin-Bonn-München 1986 (zit. Ule/Laubinger, VerwaltungsverfR)

Ule, Carl/*Rasch*, Ernst: Allgemeines Polizei- und Ordnungsrecht, 2. Auflage, Köln 1982 (zit. Ule/Rasch, Allgemeines Polizei- und Ordnungsrecht)

Vieth, Willi: Rechtsgrundlagen der Polizei- und Ordnungsproblematik 1974 (zit. Vieth, Rechtsgrundlagen)

Vogel, Klaus: Der Verursachungsbegriff im Polizeirecht, JuS 1961, S. 91

Wallerath, Maximilian: Das System der öffentlich-rechtlichen Erstattungsansprüche, DÖV 1972, S. 221

- Allgemeines Verwaltungsrecht, Siegburg 1979 (zit. Wallerath, Allgem.VerwR)

Weber, Eckart: Der Erstattungsanspruch - Die ungerechtfertigte Bereicherung im öffentlichen Recht, Berlin 1970 (Schriften zum öffentlichen Recht Band 129) (zit. Weber, Der Erstattungsanspruch)

Weber, Hermann: Beitragsrückgewähr nach irrtümlich angenommener Mitgliegdschaft in Zwangsverbänden - OVG Hamburg MDR 1968, S. 1036, JuS 1970, S. 169

- Anmerkung zum Urteil des OVG Münster vom 13.4.1973 - V A 966/71 - in: JuS 1974, S. 191

- Der öffentlichrechtliche Erstattungsanspruch, JuS 1986, S. 29

Weber, Hermann: Anmerkung zu BVerfG, Beschluß v. 14.7.1981 und zu BVerfG, Beschluß v. 15.7.1981, JuS 1982, S. 852

Weber-Dürler, Beatrice: Vertrauensschutz im öffentlichen Recht, Habil., Basel u. a. 1983 (zit. Weber-Dürler, Vertrauensschutz)

Weidemann, Clemens: Widerruf einer Bebauungsgenehmigung nach Erlaß einer Veränderungssperre ?, BauR 1987, S. 9

Weidemann, Clemens/*Deutsch*, Markus: Der Vorhaben- und Erschließungsplan - Ein Überblick über die gesetzliche Regelung, NVwZ 1991, S. 956

Weitnauer, Hermann: Noch einmal: Unzulänglichkeit der Adäquanztheorie ? AG und LG Regensburg, VersR 1977, 459, JuS 1979, S. 697

Wendt, Rudolf: Eigentum und Gesetzgebung, Hamburg 1985 (zit. Wendt, Eigentum und Gesetzgebung)

Werner, Fritz: Allgmeine Verwaltungsgerichtsbarkeit und Sozialgerichtsbarkeit, NJW 1954, S. 1625

Weyreuther, Felix: Rechtliche Bindung und gerichtliche Kontrolle planender Verwaltung im Bereich des Bodenrechts, BauR 1977, S. 293

- Bauen im Außenbereich 1979, S. 101 (Weyreuther, Bauen im Außenbereich)

- Die Zulässigkeit von Erschließungsvertrag und das Erschließungsbeitragsrecht, UPR 1994, S. 25

Wilken, Rainer: Rechtsschutz gegen Normen und verwaltungsgerichtliche Normenkontrolle, DVBl. 1969, S. 532

Windthorst, Kay: Staatshaftungsrecht, JuS 1996, S. 894

Wolff, Hans J./*Bachof*, Otto: Verwaltungsrecht I, 9. Auflage, München 1974 (zit. Wolff/Bachof, Verwaltungsrecht)

Wunner, Sven Erik: Gutglaubensschutz und Rechtsnatur der Vormerkung, NJW 1969, S. 113

Würtenberger, Thomas: Verwaltungsprozeßrecht, 1998 (zit. Würtenberger, Verwaltungsprozeßrecht)

Zachariae, Heinrich: Die deutschen Verfassungsgesetze der Gegenwart, 1855 (zit. Zachariae, Verfassungsgesetze)

Ziegler, Jürgen: Zum baurechtlichen Bestandsschutz und zur eigentumskräftig verfestigten Anspruchsposition, ZfBR 1982, S. 146

Zoepfl, Heinrich: Grundsätze des allgemeinen und des constitutionell-monarchischen Staatsrechts, 3. Aufl., Heidelberg 1846 (zit. Zoepfl, Grundsätze des Staarsrechts)

Zuck, Rüdiger: Das Recht des Bebauungsplans - Verfahrensgang - Rechtsbindung - Plansicherung - Gerichtskontrolle, 2. Auflage, Stuttgart - München - Hannover 1980 (zit. Zuck, Recht des Bebauungsplans)

Kolibri 360 GmbH
Ferdinand-Jühlke-Straße 7
99095 Erfurt, Deutschland
produktsicherheit@kolibri360.de